唐景崧 (1842.1.8 — 1903.3.2)

热血翰林
民族英雄

唐景崧传

文崇礼 著

广西师范大学出版社
桂林
TANG JINGSONG ZHUAN

图书在版编目（CIP）数据

唐景崧传 / 文崇礼著. —桂林：广西师范大学出版社，2019.9
ISBN 978-7-5598-2154-6

Ⅰ.①唐… Ⅱ.①文… Ⅲ.①唐景崧（1841-1903）—传记 Ⅳ.①K827=52

中国版本图书馆 CIP 数据核字（2019）第 190075 号

广西师范大学出版社出版发行

（广西桂林市五里店路 9 号　邮政编码：541004）

网址：http://www.bbtpress.com

出版人：张艺兵
全国新华书店经销
桂林金山文化发展有限责任公司印刷
（广西桂林市中华路 22 号　邮政编码：541001）
开本：880 mm ×1 240 mm　1/32
印张：11.75　　　字数：230 千字
2019 年 9 月第 1 版　2019 年 9 月第 1 次印刷
定价：68.00 元
如发现印装质量问题，影响阅读，请与出版社发行部门联系调换。

中共灌阳县委员会　灌阳县人民政府
唐景崧同胞三翰林编纂委员会

编纂委员会

主　任：周春涌　卢　嵩

副主任：陈礼兵　周恒志　陈春虹

文史专家组

组长：蒋人早　邓祝仁　唐咸明

成员：李规勤　熊光嵩　王晓亚　王　晶　袁赵园

审验专家组

组长：周恒志

成员：唐　凌　钱宗范　蒋钦挥　李　敏　陈春虹
　　　唐泽化　陈国栋　雷祖文　王飞雄　刘海东

研究会

负责人：曹增平

成　员：李向阳　戈春花　唐方韬　邓冬祥

我写唐景崧（代序）

还在青少年时期就觉得唐景崧是个人物，是晚清朝中一个有故事的人物，便总想为之做点什么。却因世人对唐景崧的生平存在一些争议和非难，而彼时可供查验的史料奇缺且散乱杂芜，有心无力，终未能遂愿，及至退休，依然耿耿于怀。

因缘际会，2016年秋，灌阳县决定将同胞三翰林研究与开发作为实施"文化兴县"战略的重点内容，登门商讨，一拍即合，商定由我负责延请专家学者，从最基础的史料工作做起，做完整，做系统，做扎实，力争三年之内出成果。而后，兵分三路：一路立足桂林，一路奔赴台湾，一路深入北京，展开全方位、大规模史料搜集与整理工作。

论从史出，这是做历史人物研究的基本常识。经过近一年时间的艰苦努力，终将采集到的上千万字资料按编年体形式整理编纂成28本约800万字的资料长编。对于这套资料长编，广西历史学会会长唐凌教授撰文称："填补了晚清历史的空白，打开了中国近代史研究的新窗口。"

　　史料搜集和整理过程中，我等越细读深研，越发敬重其事迹，感佩其精神，一致认为，唐景崧一生中最为耀眼的个性特征，是强烈的爱国主义精神。这种精神，从下面两个维度去观察分析，会更加凸显：

　　一是从中国传统知识分子的维度看，唐景崧走的是由"士"而"仕"的正途。入"仕"之后，面对朝政腐败、民生凋敝、国家惨遭西方列强蹂躏，唐景崧忧患焚心，强烈的社会责任感和历史使命感令其做出种种震惊朝野的"士子"之举。

　　1882年4月，法军占领河内，越南告急，中国南疆告急。清廷内部陷入主战与主和喋喋不休的争吵之中，唯六品候补主事唐景崧挺身而出，上折请缨，单枪匹马千里南征，赴越南招抚刘永福抗法，且表示不用封官，不需拨款，如果不成功，就算客死异乡也毫无怨言——此是何等书生意气，热血激情！1894年甲午战争，中国作为战败国被迫签订丧权辱国之《马关条约》，将台湾和澎湖列岛割让日本。作为署理台湾巡抚，唐景崧理应无条件服从朝廷决定"回京陛见"，但唐景崧根本不顾自己的前程，于1895年4月1日，一日五次致电朝廷，申言台湾万不可割让，并"代递血书"恳请废约，如若废约不成，愿与台湾军民一道誓以死守。拳拳爱国之心，天地日月可鉴！为排除唐景崧的阻碍并撇清关系，清政府5月20日下达圣谕，革除唐景崧的顶戴并饬令其内渡回京。这时候的唐景崧只要借梯下楼，一切皆顺风顺水，但唐景崧却断然选择留在台湾组织民众抗倭保台。及至后来，甚至采取成立"民主国"的特殊举措，力图为大清王朝守护台湾。

好"以天下为己任"，明知不可为而为之，中国传统知识分子的这种禀性，在唐景崧身上表现得尤其鲜明。从这个维度上着眼，堪称"热血翰林"。

二是从晚清社会大背景的维度上观察分析，看谁在为中国的尊严，为国家安危和领土主权而战。

1840年鸦片战争后，中国日渐沦为半殖民地半封建社会，清朝统治腐败无能，在西方列强迫使下，清廷签订众多不平等条约，民族危机日甚一日，有诗曰："天地日流血，朝廷谁请缨？"中法、中日两次战争中，涌现出不少浴血奋战的英雄，而唐景崧从越南到台湾，马不停蹄，冲在最前线。什么是爱国主义？当国家和民族遭受外敌威胁和侵犯时，敢于挺身而出，为捍卫国家和民族利益无惧牺牲，英勇战斗，这就是具有最高境界、最值得社会敬重的爱国主义，唐景崧正是其中的典范。1940年，广西省政府编译委员会印行的《民族英雄唐景崧》一书，对唐景崧评价说："在越南抗法和乙未台湾抗日战争中，态度至决，策划至多，主持指挥至力的首推唐景崧先生，其在这两场战争中的表现，堪称一代民族英雄。"专家团队研究认定，这个评价是实事求是、客观公允的，评价所称的"民族英雄"与"爱国主义"的内涵也是一致的。

我们的立场和观点，肯定与旧有的一些观点和说法存在不一致，甚至尖锐对立，也可能会引出一些新的非议和争论。这不要紧，也很正常，只要撇开偏见，摒弃臆断，坚守"论从史出"，一切都可以化解，坦露出来的自然就是真相。

对唐景崧有非议的观点和说法主要集中于乙未台湾抗日这个时段，大概在三个方面：一是说其"消极抗日"；二是说其"携款潜逃"；三是将"台湾民主国"与"台独"联系，疑有"台独"之嫌。

先说"台湾民主国"的问题。这个问题比较简单，无须多费口舌，只要稍懂中国近代史的人都不会将其与"台独"联系挂钩。且两岸学界均无疑义，国家也早就定性——国家清史纂修领导小组办公室、国家清史编纂委员会编《清史镜鉴——部级领导干部清史读本》将"台湾民主国"定性为"这是不得已而采取的御敌保台的应急举措，其目的不在于独立建国，而是为维护国家统一和领土完整"。

再说"消极抗日"的问题。这个问题看似复杂，但分阶段切块来看，也是不难弄清的。一看唐景崧在什么情况下署理台湾巡抚。中日甲午战争爆发两个多月后，第一阶段中国惨败，台湾保卫战即将打响之际，台湾巡抚邵友濂调湖南巡抚。"台湾防务极关紧要"，翻遍满朝文武官员名录，再也找不到比唐景崧更合适的人选。于是朝廷于10月13日，就地擢升其署理台湾巡抚，授职谕旨千交代"责任綦重",万嘱咐"妥为筹备",可见朝廷那时候对唐景崧是多么的信任和倚重。二看署理巡抚后至乙未战争爆发(1895年3月底)5个多月时间里,唐景崧在防务军备上是如何做的,做得怎么样。接任巡抚后,唐景崧即着手整顿军防,从台南、澎湖、台中、台北四个方面继续补充完善台湾防务,申请军饷、购买枪械、广招义勇、增补统领、组织团防,并密切与刘永福、杨岐珍等将领会商,协调指挥,全面提升了防倭保台的战力部署。朝廷曾秘密责令闽浙总督谭钟麟去暗访和督查过台湾的布防,得出的结论是:唐景崧"布置防营,似尚周密","尚无不合之处";直到乙未战争打响前几天,谭钟麟还在密呈皇帝的督查汇报中评价唐景崧说"器局开展,才识优长,理财用人,舆论悉洽"。可以肯定,唐景崧署理巡抚5个多月的工作,特别是军备防务工作是在朝廷监控下进行并得到认可的。三看澎湖失守,唐景崧该担什么责。乙未台湾保卫战于1895年3月23日在澎湖打响,尽管唐景崧密切筹划指挥前线作战,血战三天,守军将领伤亡殆尽,但日军仍攻入城内,澎湖失守。唐景崧自知罪过,两次向朝廷请求严加处分,军机处群议后向光绪皇帝报告,不仅没有给予处分,反而"着加恩宽免"。四看澎湖失守至撤职开缺(1895年5月20日),在这不到两个月的时间里唐景崧说了些什么,做了些什么。这期间,李鸿章代表清政府在日本商签《马关条约》,涉及割让台湾和澎湖列岛问题,直接导致台湾局势由防御日军进犯向反割让、争主权转变。作为台湾巡抚的唐景崧不仅没有放弃防御之事，而且在澎湖失守后，为阻止日军继而进犯台湾，加强了全境布防。4月1日，在回复军机处问询时，唐景崧就南、中、北三路如何调整军事部署作了全面汇报，得到朝廷认可后表示：誓以死守护。但是，随着中日谈判有关割台的消息不断传入，引起台湾军民极度不满，义勇尤其强烈，唐景崧忧心如焚。到了4月17日《马关条约》正式签订，台湾及澎湖列岛割让日本，全台震怒，忧乱四起，自此反割让、争主权成为唐景崧的主要任务：不断向朝廷申明台湾不能割让的万千理由并强烈表示临处危地，誓以死守的决心；不断提出拖延交割，争取西方列强押台保台的种种方案，以至成为落实割让条款的最大阻碍，迫使清廷于5月20日谕令将其撤职开缺。

上述四个阶段，合起来是唐景崧署理台湾巡抚的全过程，实在看不出"消极抗日"的问题。那么，后来呢？后来唐景崧在台湾包括"民主国总统"任内总共待了14天，这14天也得从三个方面看：首先，如果唐景崧稍微圆通一点，按开缺谕令要求立即"回京陛见"，不就平安无事了？起码不会"休致回籍"，更不会遭人非议了，但唐景崧偏没有这样做。虽有被台民强留的因素，但终究是主观决定，断然选择留下来与台湾人民一道抗击日寇。这不正体现了其爱国血性和生死与共的担当精神吗？其次，唐景崧组织领导抗日斗争，虽然只坚持了14天，过程中也的确存在一些文官用事和处置不当的地方，难道因此就可以指责其"消极抗日"吗？须知此时的台湾已割让日本，主权不存，为谁而战？况且清政府将军政骨干大部分内调，并下令切断了一切外援。联想一下，甲午战争中北洋精锐败得一塌糊涂，在这种情况下唐景崧坚守14天，还苛求他什么？最后，失败后的台湾社会局势已经完全失控，在极度混乱之中唐景崧仓皇内渡。假如不走呢？兵匪涌入城内烧杀抢掠，"总统府"起火，火药局爆炸……唐景崧已无藏身之地。而日寇叠加悬赏四处布网缉拿，叛乱分子全城搜寻疯狂追杀，如果不走，留给唐景崧的只有死路一条，难道非得要死于乱枪之下才称得上英雄？

三说"携款潜逃"的问题。这原本就是个伪命题，是日本间谍为了抹黑唐景崧、扰乱台湾局势编造的，被不明真相或别有用心的人引用炒作出来的假消息，书中已有详细考证，此处不做多的阐述。

对历史人物，特别是像唐景崧这样处于晚清风口浪尖上的历史人物，有看法有争议很正常，但一定要放在当时的历史背景下，坚守"论从史出"的原则——史之不存，论何而来？史之不确，论何而立？史之有误，论何以立？

一百多年前唐景崧与弟子丘逢甲同谒延平郡王祠，宣誓抗日，合成一联："由秀才封王，为天下读书人别开生面；驱异族出境，语中国有志者再鼓雄风"。对联虽然是为郑成功而题，又何尝不是他自己一生的真实写照？德意志思想家歌德说过一句很有哲理的话："历史给我们最好的东西就是它所激起的热情。"借此，希望如歌德所言，能激起读者诸君对唐景崧这一特定历史人物的历史热情。

文崇礼

2018年8月20日

于上海七一阁

目　录

001　**第一章　寒门学霸**
　　清顺治初年，唐氏纯明公携章德、章徵、章行三子由湖南东安县穆家村卜居广西桂林府灌阳县江口村。
　　道光二十一年十一月二十七日（1842年1月8日），唐景崧出生。
　　咸丰十一年（1861），唐景崧广西乡试中解元。
　　同治四年（1865），唐景崧殿试中二甲第八名。

018　**第二章　京城消磨**
　　同治四年（1865），唐景崧入翰林院庶常馆为庶吉士。
　　同治七年（1868），散馆，入吏部文选司为候补主事。

034　**第三章　热血请缨**
　　光绪三年十二月十二日（1878年1月14日），唐开旭去世，唐景崧丁父忧二十七个月。
　　光绪八年七月（1882年9月），唐景崧请缨赴越南，联刘抗法。

061　第四章　富春探底

光绪八年十二月四日（1883年1月12日），唐景崧抵达越南都城富春。

079　第五章　密谋永福

光绪九年三月八日（1883年4月14日），唐景崧与刘永福会于越南山西，计出三策。

099　第六章　纸桥大捷

光绪九年四月十三日（1883年5月19日），黑旗军取得纸桥大捷。唐景崧代作《黑旗檄告四海文》。

七月十三日、八月初三日，黑旗军连胜法军于怀德、丹凤。

131　第七章　山西陷落

光绪九年十一月十七日（1883年12月16日），越南山西陷落。

光绪十年二月十五日（1884年3月12日），北宁失守。

159　第八章　总理前营

光绪十年二月二十九日（1884年3月26日），广西巡抚徐延旭以唐景崧总理前敌营务，节制诸军。

七月，得两广总督张之洞支持，唐景崧招募"景字四营"。

光绪十年十二月、十一年一月，唐景崧等率兵六攻宣光城。

204　第九章　班师入关

光绪十一年二月（1885年4月），《中法停战条件》签订；三月十九日（5月3日），唐景崧率部撤回龙州。

十月十八日（11月24日），唐景崧以功补授福建台湾道兼按察使衔。

224　第十章　台湾巡抚

光绪十一年七月二十日（1885年8月29日），唐景崧奉旨随周德润入滇勘界。

光绪十三年三月一日（1887年3月25日），唐景崧抵达台北府城，履职台湾道。

光绪十七年十一月二十四日（1891年12月16日），唐景崧补授福建台湾布政使。

光绪二十年九月十五日（1894年10月13日），唐景崧署理福建台湾巡抚。

251　第十一章　力阻割台

光绪二十一年二月二十九日（1895年3月25日），澎湖为日军所陷。

三月二十三日，《马关条约》签订，割台湾诸岛。

四月二十六日，清廷饬令台湾大小文武官员内渡。

四月二十九日，唐景崧发布《"台湾民主国"独立宣言》，"自立"以保台，两日后被拥为"总统"。

288　**第十二章　仓皇内渡**

光绪二十一年五月十四日（1895年6月6日），唐景崧离台内渡厦门。五月三十日，清廷电命唐景崧"休致回籍"。

310　**第十三章　创新桂剧**

光绪二十二年（1896），唐景崧组建桂林春班。

326　**第十四章　教育维新**

光绪二十三年（1897），唐景崧同康有为、岑春煊等发起圣学会，创广仁学堂及《广仁报》。

光绪二十五年（1899），广西巡抚黄槐森聘请唐景崧主持体用学堂堂务。

341　**第十五章　抱憾客逝**

光绪二十九年二月四日（1903年3月2日），唐景崧病殁广州。

353　**参考文献**
358　**后　　记**

第一章
寒门学霸

清顺治初年,唐氏纯明公携章德、章徵、章行三子由湖南东安县穆家村卜居广西桂林府灌阳县江口村。

道光二十一年十一月二十七日(1842年1月8日),唐景崧出生。

咸丰十一年(1861),唐景崧广西乡试中解元。

同治四年(1865),唐景崧殿试中二甲第八名。

一

时隔六世近两百年后,唐景崧在会试朱卷上所写籍贯为"广西桂林府灌阳县江口",其弟唐景崇、唐景崶的会试朱卷上则填写"世居本邑上乡江口市"。[1]

---

[1] 清时,灌阳县以县城为界南北分上乡和下乡。

灌阳县位于广西东北部，是桂林市辖下的一个山区县。县东南面与湖南道县、江永县隔着逶迤的都庞岭山脉，西北则与灵川、兴安和全州隔着巍峨的海洋山脉，整个县域大致囿于两大山脉之间，或平原或丘陵，物产丰富。纵贯县境的河流叫灌江，自都庞岭、海洋山合围处奔流而北。与广西绝大部分水流向东汇入珠江不同，灌江北注湘江，汇入长江。

母亲河，滔滔不息。

以涓涓之流一路向北，不断得到来自都庞岭和海洋山的支流加注，经两乡两镇到达中部的新街镇江口村时已成泱泱之势，又与从都庞岭下来的马山江和安乐源江在此地形成三江交汇，江面豁然开阔。两岸古木参天，东面街市倚山而筑，西边旷野一马平川——春夏之时水流湍急，夜听拍岸惊涛；秋冬季节江水平缓，晨观旭日磅礴……三江口，湖北汉口三江口、湖南岳阳三江口、浙江宁波三江口，中国多少三江口，哪一处不是人杰地灵、富庶繁华之地？

于斯三江口，但等贵人识。

清顺治初年，湖南省东安县穆家村唐氏家庭发生变故，纯明公携章德、章徵、章行三子从家乡出走，一边做生意一边向南行进。他们不求即时发财，只希望找到新的栖身之所，爬山涉水，风餐露宿，榴月抵达灌阳县境。在县城磨蹭几天，继续溯江而上，午时步入江口村。纯明公以生意人精明的眼光发现，这里街市虽小，但满街商铺：豆腐店、染印店、小吃店、中药铺、打铁铺和

第一章

寒门学霸

清顺治初年，唐氏纯明公携章德、章徵、章行三子由湖南东安县穆家村卜居广西桂林府灌阳县江口村。

道光二十一年十一月二十七日（1842年1月8日），唐景崧出生。

咸丰十一年（1861），唐景崧广西乡试中解元。

同治四年（1865），唐景崧殿试中二甲第八名。

一

时隔六世近两百年后，唐景崧在会试朱卷上所写籍贯为"广西桂林府灌阳县江口"，其弟唐景崇、唐景崶的会试朱卷上则填写"世居本邑上乡江口市"。[1]

---

[1] 清时，灌阳县以县城为界南北分上乡和下乡。

灌阳县位于广西东北部,是桂林市辖下的一个山区县。县东南面与湖南道县、江永县隔着迤逦的都庞岭山脉,西北则与灵川、兴安和全州隔着巍峨的海洋山脉,整个县域大致囿于两大山脉之间,或平原或丘陵,物产丰富。纵贯县境的河流叫灌江,自都庞岭、海洋山合围处奔流而北。与广西绝大部分水流向东汇入珠江不同,灌江北注湘江,汇入长江。

母亲河,滔滔不息。

以涓涓之流一路向北,不断得到来自都庞岭和海洋山的支流加注,经两乡两镇到达中部的新街镇江口村时已成泱泱之势,又与从都庞岭下来的马山江和安乐源江在此地形成三江交汇,江面豁然开阔。两岸古木参天,东面街市倚山而筑,西边旷野一马平川——春夏之时水流湍急,夜听拍岸惊涛;秋冬季节江水平缓,晨观旭日磅礴……三江口,湖北汉口三江口、湖南岳阳三江口、浙江宁波三江口,中国多少三江口,哪一处不是人杰地灵、富庶繁华之地?

于斯三江口,但等贵人识。

清顺治初年,湖南省东安县穆家村唐氏家庭发生变故,纯明公携章德、章徵、章行三子从家乡出走,一边做生意一边向南行进。他们不求即时发财,只希望找到新的栖身之所,爬山涉水,风餐露宿,榴月抵达灌阳县境。在县城磨蹭几天,继续溯江而上,午时步入江口村。纯明公以生意人精明的眼光发现,这里街市虽小,但满街商铺:豆腐店、染印店、小吃店、中药铺、打铁铺和供过客暂住的伙铺，丁字路上做生意的、挑脚的、放排的、叫卖的、耍猴的、舞狮的川流不息。唐公兴奋地对三个儿子说："发现没有？这里是生财宝地啊！"

细打听得知，街市原来是去桂林、平乐做生意的茶马驿站，而且很多人是从湖南过来的老乡，父子一行便找个伙铺住了下来。隔天爬上后龙山，但见森森松林随着起伏的山岭一直绵延至都庞岭上的判官山，唐公登上高地指着后龙山脉问孩子们，你们看这山像不像一条龙，一条卧龙？孩子们一脸茫然。于是他便拉着他们转到村街前面的拱桥上，站在古樟的荫盖下俯瞰三江口：汹涌的江水拍打着或隐或现的嶙峋怪石，仿佛龙爪扑腾，卧龙戏水……纯明公拍着孩子们肩膀说："宝地啊，这里不仅能坐地生财，而且聚气养人！"

唐家于是在此卜宅落脚。

纯明公安居之时，精于商，勤于农，善交友，睦邻里，家资日趋殷实。继而又生两子，至公辞世，唐家业已成为江口市上的大户人家。

人众自然势大，儿多必定分家。长子章德自立门户后，继承父亲衣钵，一面坐堂做生意，一面广置田亩，家业渐厚门庭日旺。经四世，传到唐景崧祖父唐廷植手上，唐家出现了重大转折。此公不甘寂然于野，摈弃祖业，走上一条迥然相异的家道——课读问仕。道光乙酉年（1825），经县学推荐到京师国子监学习，得了个"恩贡生"的名号，后屡举不第，遂终生教书为业。

唐廷植先是在江口一带设帐开课，教几个富家士绅子弟，儿子唐开旭（懋功）也被带在身边接受儒学经史教育。虽家境式微，日渐陷于窘迫，但老先生书教得好且为人厚道，声名远播，被桂林燕怀堂王云飞老板看中，聘其赴桂林燕怀堂"课徒"兼"课子"，于是唐公廷植便带着儿子开旭在灌阳和桂林两地间辗转。

自唐开旭娶桂林处士沈家礼之女为妻以后，家庭平添许多喜色。之前所娶阳氏夫人没有生育且疾病缠身，沈夫人则自幼聪慧，工诗赋，精时文且持家有方，精女红可补家用。更令唐家欣喜的是，沈夫人过门不到三年，便于道光辛丑年十一月二十七日（1842年1月8日）诞下长子唐景崧（行二），道光甲辰年四月二十九日（1844年6月14日）诞下次子唐景崇（行三）；[1]其夫唐开旭参加道光丙午科（1846）乡试，又中了举人。

中举人后，唐开旭并没谋得一官半职，满腹诗书，百无用处，只好跟着父亲在燕怀堂做私塾先生。当是时，全家租住在桂林北门外简陋的小屋中，合家十来张嘴，仅靠父子二人的聘薪养活。日子过得紧紧巴巴，常常经月不见肉味，全赖沈夫人日夜操劳，勉强维持生计。唐开旭十分过意不去，作了首《寄内》，诗云：

别来井臼累亲操，
无米难炊计更劳。

---

[1] 沈夫人前后共生育三子六女。

且耐光阴谋缓度，
　　网张四面聚钱刀。

诗的前两句描述做妻子的不易，表达怜爱和感激之情；后两句书写自己的歉疚之意，表示今后的日子里，做丈夫的会千方百计多赚钱，缓解妻子的压力和家庭的困顿。

二

燕怀堂与唐家是有缘也有恩的。先期为转型过渡时期的唐廷植提供了"课徒"兼"课子"的立足之地，后来为唐景崧三兄弟求学问仕创建了通天之路。

燕怀堂位于桂林商贾云集的盐道街，即现今的五美路一带。顾名思义，盐道街绝大部分是经销食盐的铺号，商贩从湖南或灌阳运来鸭蛋、桐油等土特产在这里换成食盐、铜盆、铁壶等必需品，熙熙攘攘，喧闹异常。唯王云飞闹中取静，在大街上独树"燕怀堂"旗号，集王家子弟开课授业。"燕怀堂"由五代王仁裕《开元天宝遗事·梦玉燕投怀》故事而来，讲"张说母梦一玉燕自东南飞来，投入怀中，而有孕生说，果为宰相，其至贵之祥也"。仅此便能看出堂主王云飞对家庭教育的重视和对子嗣的厚望。

起初聘唐廷植是临时性的，唐家与燕怀堂的稳定关系是王云飞之子王诚仁接手后才形成的。王诚仁亦是个读书重教之人，欲请高人坐堂，誓言重整燕怀，便向四邻八县搜罗有名望的教书先生。王诚仁依然看中带着儿子唐开旭前来应聘的唐廷植，同样允其"课徒"兼"课子"，王唐两家从此结下不解之缘。

唐开旭道光丙午科（1846）中举后，未能谋职于外，而家内上有衰龄之父，下有稚齿嗷嗷然，只得暂屈檐下以待时日，便子承父业留在燕怀堂做教书先生，其子女也就成了王家子女的陪读。

未几，唐廷植病情日重，于咸丰壬子年（1852）溘然辞世。天昏地暗，举家悲恸，时年十一岁的唐景崧更是哭得厉害，两天两夜鼻涕眼泪没个停歇。出殡那天竟趴在爷爷的灵柩上，怎么也拉不下来，哭着说要跟爷爷走。父亲唐开旭张开双臂抱他不动，抬丧客只好抬着爷孙出门，直到半路歇棺时他才被母亲沈夫人强拉回家。

乖张的个性表现缘于至深的情感。世人常言：爷孙隔代亲，胜过父母情。爷爷唐廷植含饴弄孙，对长孙宠爱有加，从四五岁起就每天牵着他的小手徒步至燕怀堂跟王家子女课读诗书，每有闲暇便带着他下漓江洗澡、上叠彩山捕蝉，入夜天黑爷孙常常交颈而眠。从牙牙学语到孩提幼学，爷孙俩如影随形，鼻息相闻。去世前几个月，桂林历经壬子兵争[1]，唐廷植时在灌阳龙川讲院课

---

[1] 咸丰二年（1852）二月二十八至四月初一，太平军围攻桂林城33天，大小水陆24战，最终未能攻克桂林城。

徒，因担心孙儿安危而连夜赶回桂林，见景崧、景崇平安无恙，拥怀惊呼"天相吉人"。可现在爷爷突然撒手而去，可怜孙儿"笔墨无语可问谁？"

爷爷常夸长孙聪颖绝伦而勤奋好学，六岁能解《幼学琼林》，八岁可诵《孔子家语》，十岁能对对子，且字也入门自通。习《九成宫醴泉铭》时爷爷手把手教他握笔，一年便可上墙示范，随后教他练苏东坡《黄州寒食诗帖》、黄庭坚《李白忆旧游诗卷》等。下笔大有宋人之意，成就了唐景崧后来飘逸婉丽，雍容而有矩度的书风。

爷爷离世后，父亲唐开旭接过课子的教鞭。与爷爷慈面亲和不同，父亲一脸冷峻，教风近乎严苛，常常是背不了书就被罚进忏悔室面壁，字写不好便当场尺戒。长子唐景崧比次子唐景崇好动调皮，因此隔三岔五总少不了挨父亲鞭笞。不过，父亲教书的确不一般，既承袭了爷爷循循善诱的优点，又将自己参与科举应试的经验体会融于课本的选择、释疑和解题之中，唐氏兄弟进步极快。及至岁试，父亲带着十四岁的唐景崧第一次走进考场便收获惊喜：一举中了第一等第一名。燕怀堂王员外疑心唐开旭有偏心，暗中窥探半年，才发现唐氏兄弟比王家子女聪明且会读书，尤其是唐景崧眉清目秀，聪敏过人，言语举止透出俊才英气，断定此人将来必成大器。于是，便择定吉日良辰，请唐家父子堂前高坐，香火面前将自己年方七岁的女儿许配给唐景崧。长时期漂泊寄居且受雇于人的唐家突然攀上了雇主豪门这门亲事，自是喜出望外，受宠若惊。

婚配之喜更激发了唐景崧科场取仕之志，决心发奋求得功名尽早与王家小姐完婚。然王氏豆蔻之年突染疾病，不治而夭，一场美事未开始便已终结。虽然不幸，但燕怀堂王家并没见外，一如既往将唐家子弟当作自家人一般照顾。[1]

除了在燕怀堂接受爷爷和父亲的学堂应试教育外，不得不说母亲沈夫人对唐景崧及其兄弟们的家庭教育。唐氏族谱记载："（景崧）自幼秉庭训，从未出就外傅而受母教居多。"据此而论，沈夫人堪称妇道允谐、母仪俱美之人。全家老少十来口人吃穿行用一应家务全靠她的操持，手长袖短，茹苦含辛，更阑夜静还得停下手中针线察验孩子们的课业，讲《幼学琼林》之类讲不完的故事。有一例说，咸丰六年十一月二十七日（1856年12月24日）丑时，夜阑人静，唐景崧睡得正香，母亲搓洗完最后一盆衣物，把唐景崧从被窝里拽出来说："坐好了，儿知道今天是什么日子吗？"

唐景崧揉揉惺忪睡眼，茫然看着母亲。

"十五年前的这个时候，你随辛丑那场大雪降临这个世界。"

"哦，我长尾巴，十五岁啦！"

"坐好来，娘给你束发。"

唐景崧穿上棉袄，端坐于条凳上。

---

[1] 王氏侄孙王鹏运为晚清著名词人，与唐氏三兄弟更是至交。

母亲一边给他梳理发型,一边问:"儿长大了,可有志向?"

"考状元做大官呗。"

"开科以降,多少状元宰相刊留青史?鸦片战争失败,国运日衰,列强欺凌,这条约那条约引起天怒人怨,知道都是谁签的字谁画的押吗?"

唐景崧咬指不语。

"娘的意思是,这世上还有比考状元当大官更重要的事。你可记得《论语·子罕》之三达德?"

"知者不惑,仁者不忧,勇者不惧。"唐景崧回答说。

"此即伟男子,大丈夫也!做到这三点,才成其为一个人,望儿自今夜起,时刻自勉。"

常说母亲伟大,着重点多放在"生"的不易上,往往忽略了"育"。这种偏颇误导了许多人。沈夫人不然,生而后育,而且把育看得更重,特别在乎日常生活中的言传身教,妇道允谐,遂能成就"寒门出贵子,同胞三翰林"的美谈。

三

咸丰八年(1858)春节,一元复始,万象更新。借着除夕夫妻对饮的余兴,唐开旭一大早就搬张椅子,悠闲地在庭院喝茶嗑瓜子。不一会儿,孩子们穿戴整齐呼拥而出,依年岁大小,一一上前给父亲作揖拜年。父亲揽过四岁的景崶抱在怀里,笑呵呵地先是出了几个谜语给孩子们猜，猜中的奖赏一块姜片糖，不中的打三下屁股；继而对着堂屋里几副对联，指指点点，不住地夸奖长子景崧的才学。玩着玩着父亲似乎来了灵感，突然放下景对进了书房，孩子们便一哄而散，跑出院子拜年去了。及至中午回家，才见父亲步出书房朝堂屋而行，背着手高声吟诵元旦示景崧、景崇两儿诗：

夜雨连晨洗岁华，鸿钧一气转龙坨。
尊馀腊酒偕妻醉，户换春联少客挝。
身外浮名同爆竹，眼前生计问梅花。
三年循例开秋榜，努力功夫邃密加。

诗的前半部分写戊午春节景象，后半部分感怀自己一生都在为科考取仕奋斗，虽然也中了举人，却未能谋个一官半职，就像爆竹响亮几下并没有多大实质意义，以至于当下家境陷入困顿，至今也拿不出什么办法解决。故而全部希望都寄托在景崧、景崇身上，希望俩儿加倍努力，志存高远，争取在三年后的乡试中桂榜题名。

说也神奇，在三年后咸丰辛酉年（1861）的乡试中，唐景崧果然考中头名解元。

这一年唐景崧十九岁。发榜那天还闹出个笑话：唐景崧带着唐景崇等一班小伙伴兴冲冲跑去贡院看榜，挤进重重围观人群，抬眼看第一榜第二榜没有自己的名字，唐景崧急得心都快跳出来，发到第三第四榜依然不见，唐景崧撇开小伙伴悄悄挤出人群往漓江边狂跑，躲在竹林中放声大哭起来。直到中午时分，唐景崇带着伙伴们才找到他，告诉他中了，中了第一名！唐景崧以为是哄他，又一起跑回去看，果真是中了，而且真的是头名解元，这才破涕为笑。原来这个榜是倒着放的，最后一榜才是第一名解元，第二名亚元，第三四五名经魁。年轻的唐公子被忽悠了一把，还好，没像范进一样疯掉。

回到租屋，全家人甚是高兴，父亲唐开旭和母亲沈夫人正商量着设宴请客之事，门外突然传来锣鼓声响。错愕间，燕怀堂主王员外高抬拱手说着"恭喜恭喜"进了大门，后面带着家人和八音队前来祝贺。一阵热闹后，王员外握着景崧的手赞不绝口，说这孩子外生龙虎之貌，内聚相国之才，只可惜季女无福消受，王唐两家无缘联姻。见唐开旭回避不快之事，转面打个哈哈，一语断言：他年春闱必定金榜题名！

王员外说的这个"他年"，本属应酬性的随意指代，出人意料的是，在四年后的同治四年（1865）乙丑科会试中唐景崧果真一举高中。

所谓会试，简单说就是"共会一处，比试科会"的意思，每三年一次，由礼部主持，参考者是各省乡试中举举人。为了这次考试，唐开旭带着唐景崧在京城租屋生活，东借西凑，准备了三四年时间。

先说说乙丑科的主考官。按规定主考官必须是进士出身的大学士，尚书以下副都御使以上的官员。清咸丰后例定主考官为四人，一正三副，统称"总裁"，考生尊称为"座师"，考生自然就是门生学子了。因为这一层关系，座师对学子今后仕途升迁具有极大影响，也因此容易形成一荣俱荣、一损俱损的山头派系。这一科礼部奏请派充的主考官是大学士贾桢，副考官是户部尚书宝鋆、刑部右侍郎谭廷襄、内阁学士桑春荣，都是位高权重、学问了得之人。此外，还有由十八位进士出身官员充当的同考官。

如乾隆定制，乙丑科会试时间也是在春暖花开的三月，地点在京城东南边的贡院，第一场在初九日，第二场在十二日，第三场在十五日，每场三天，三场所试项目为：四书文、五言八韵诗、五经文及策问。每个考生的考试场所叫"单间"，长五尺，宽四尺，高八尺，十分窄小，进去前先搜身，每人发三根蜡烛，进去后房门马上封锁，唐景崧等一众考生便开始在里面答题。

展开试卷，见今次头场的钦命四书题是：

1. 孝慈则忠，举善而教，不能则劝；
2. 必得其寿；
3. 不违农时，谷不可胜食也。

诗题是：

赋得芦笋生时柳絮飞，得生字五言八韵。

唐景崧研墨提笔，按顺序先做第一题，略加思索破题道："忠劝有不待使者，尽己以导民而已。夫孝慈则己已尽，举而教则民能导矣，而忠劝即由此得焉……"起承转合，洋洋洒洒，答完一题接着一题。最后由论转到诗题，更是灵感迸发："画意洋川满，芦洲笋乍生。垂杨三月暮，飞絮一天晴……溢浦诗中景，阳关曲里声。"将笔放下，复看两遍，脸上禁不住露出一抹得意的笑容。

接下来便是惴惴难熬的等待。

所有考生都明白，他们此时翘首以盼的并不是会试考了个第几名，因为会试的名次并不重要。会试入闱的一律称贡士，第一名叫会元，虽贡士尚不足以入仕做官，但它又的确很重要，只有会试入闱的考生才有资格参加接下来由皇帝主持的殿试，殿试取得名次才算"金榜题名"，方可释褐授官。

终于在三月二十四日，礼部以会试中额请，得旨：

满洲取中七名，蒙古取中二名，汉军取中五名，直隶取中二十四名，奉天取中三名，山东取中二十一名，山西取中十一名，河南取中十九名，陕甘取中八名……广东取中十三名，广西取中十二名，四川取中十四名，云南取中六名，贵州取中三名。

全国共取中二百六十五名。唐景崧这一次没再犯傻，睁大眼睛看得清清楚楚：广西一百四十一位举子参加会试，取中十二名，唐景崧入闱，总排名第二百五十二名。

对于这个成绩唐景崧并不满意。事实上，四位主考官对他的会试朱卷给予了极高评价：

正考官大总裁贾桢中批：清刚隽上。

副考官大总裁桑春荣取批：陈言务去。

副考官大总裁谭廷襄取批：风骨高骞。

副考官大总裁宝鋆取批：博大精深。

有情绪也奈何不得，入闱就好，等着接下来的殿试，兴许会有更佳的发挥呢。

没那么容易，殿试之前还得进行一场覆试。清规制，礼部主持的会试分两场，第一场叫作初试，第二场叫作覆试，会试入闱后，只有通过覆试者才能参加皇帝亲自出题考试的殿试。

休整一个月后，同治四年四月十六日（1865年5月10日）唐景崧等初试入闱者再次走进考场，参加覆试。

覆试结果第二天公布：一等四十八名，二等六十二名，三等一百四十一名，四等二名，通过二百五十三名。唐景崧位列二等第五十名，总排名第九十八名，比初试前进了一百五十四个位次。

最熬人的时刻到了，通过覆试后唐景崧获准于四月二十一日参加殿试。天尚未明，二百六十五名贡士款步进入保和殿，历经点名、散卷、赞拜、行礼等步骤，然后颁发策试题。殿试只考策试题。今次的策试题：

制曰：朕以冲龄，懋膺大宝，四载于兹，仰荷昊穹笃祐，列圣诒谟，上承训迪于两宫，下肇升平于四海……凡兹四端，稽古以懋修途，考课以厘政绩，除莠以清里闬，诘戎以靖边陲，皆经国之远猷，立政之要务也。多士力学有年，其各陈谠论毋隐，朕将亲览焉。

策题凡一千零七十字，所询四事，策文不限长短，日暮交卷，经受卷、收掌、弥封等官收存。

至阅卷日，分交读卷大臣。本次殿试八位读卷大臣依次是：协办大学士瑞常，吏部尚书朱凤标，户部右侍郎董恂，礼部右侍郎锦宜，兵部左侍郎毕道远，内阁学士延煦、桑春荣，都察院左副都御史景霖。阅卷大臣每人一桌，轮流传阅，各在卷上加"○""△""丶""｜""×"五种符号，得"○"最多者为佳卷，而后就在所有卷中选"○"最多的十本进呈皇帝，钦点御批。二十五日，皇帝亲临太和殿举行传胪大典。所谓"传胪"，即殿试公布名次之日，皇帝至殿宣布，由阁门承接，传于阶下，卫士齐声传名高呼。

赐一甲崇绮、于建章、杨霁三人进士及第，二甲牛瑄、沈成烈、韦业祥、吴仁杰、罗家劭、宗宝松森、张清华、唐景崧、胡聘之等一百人进士出身，三甲吴汝纶等一百六十二人同进士出身。

在这场决定仕途命运的关键大考中，唐景崧不负厚望，果然有上佳发挥，位列二甲第八名，加上一甲的状元、榜眼、探花三人，总排名第十一。三场考试的名次一场一场皆是跨越，可谓名副其实的学霸了！

官是当定了，但接下来还有一场决定仕途去向的朝考。按例，一甲三人立即授职入官，状元授翰林院修撰，榜眼、探花授翰林院修编；二、三甲进士则还要在保和殿再经朝考一次，综合前后考试成绩，择优入翰林院庶吉士，即俗称的"点翰林"，点中者到翰林院做庶吉士，其余发六部任主事、中书、行走、评事、博士、推官或者外地任知州、知县等职。

朝考依例于传胪后三日即四月二十八在保和殿举行。朝考只行一日，当日完卷，其要求一如殿试例。这个名次，如果被点中翰林，跟第一名是一样的，如果没被点中翰林，则跟最后一名也没多大区别。朝考好与不好，区别只在于留翰林院还是去朝廷六部或各省地方，所以唐景崧对朝考并不十分在意，考试名次也因此有所下滑，位列二等第二十四名，总排名第八十四。

朝考名次出炉后，新科进士们唯一能做的事，就是静候皇帝引见，等待决定各自仕途走向的御批钦点。

五月初九日，唐景崧及所有新科进士黎明时分来到紫禁城保和殿集合，按指定位置就座。未几，引见新科进士，传旨：

一甲三名崇绮、于建章、杨霁业经授职外，牛瑄、罗家劭、沈成烈、宗室松森、韦业祥、张华清、吴仁杰、唐景崧、胡聘之……等七十七位俱着翰林院庶吉士。张增亮……黄峻等五十六位俱着分部学习。吴汝纶……傅炳墀等五位俱着以内阁中书用。何寿增……柳祖彝等一百一十一位俱着交吏部掣签，分发各省以知县即用。

如此，唐景崧仍以二甲第八名的位次钦点翰林，从此昂首步入朝廷中枢。更令人钦羡的是，这一年他还不满二十四岁！

时隔六年，其弟唐景崇参加同治辛未科（1871）殿试，也中进士并钦点翰林；又六年，三弟唐景崶参加光绪丁丑科（1877）殿试，亦中进士并钦点翰林。同胞三兄弟先后中进士并钦点翰林，不仅在广西是唯一，在中国一千三百年科举史上也属罕见。"一县八进士，同胞三翰林"，灌阳因此名震一时。

第二章

京城消磨

同治四年（1865），唐景崧入翰林院庶常馆为庶吉士。
同治七年（1868），散馆，入吏部文选司为候补主事。

一

从明朝英宗皇帝时起有个惯例：非进士不入翰林，非翰林不入内阁。这有两层意思：一是翰林院乃朝廷储才备相之地，凡钦点翰林院庶吉士的人都有平步青云的机会；二是没有点中翰林院庶吉士者，入内阁无望，遑论在朝中揽权执重了。

清承明制，但到了雍正帝以后挑选翰林院庶吉士更为严苛，不仅考题难度大了，而且增开朝考——殿试后接着由皇帝主持再考一次，并亲自决定谁进翰林院为庶吉士。因为一甲三人已授予翰林院修撰、编修，庶吉士则自新科进士排名靠前的二甲、三甲中挑选文学优等及善书者为之。乙丑科同治皇帝总共钦点七十七名翰林院庶吉士，唐景崧以二甲第八名绝对靠前的名次入列，过关斩将，仕途似乎一马平川。

所谓翰林院庶吉士，简单说是个三年时间的短期职位，无品无级，重点练习办事。唐景崧是同治四年五月初九日（1865年6月2日）入庶常馆学习的。原以为既已入朝为官，这种学习应该会轻松快乐一些，比如隔三岔五喝杯小酒、猜猜谜语啦，没想到宽严与否全由教习的脾气性格决定。而今次的两位大教习是大学士周祖培和都察院左都御史全庆，都以严厉著称，有他俩管着几乎天天见不着笑脸，丝毫都不敢苟且。生活上也是十分清苦，虽然每人每月可到户部领取四两五银钱的生活津贴，但像唐景崧这样出身寒微的人，这些津贴勉强够个人吃用而已，根本没办法照顾父母家人。

时间晃眼就到了同治七年四月（1868年5月），经过一千多个日夜的勤学苦练，时间确实长了不只一点点，但不得不承认这个明洪武十八年（1385）创立的庶吉士制度有它的道理，其作用是能将书生与官员实现有效衔接，以至四百七十多年后，唐景崧他们这一茬庶吉士们亦能受益于理实相融、内外兼修。面对即将散馆，庶吉士们无不信心满满，期待着授职履新大展才华。所谓散馆，在现代语境里就是毕业。既然是毕业就得考试，以考察三年学习的成效并作为授职依据，因此这个毕业考试跟朝考一样，又是一次决定仕途去向的重要考试。考试后的去向有三：一是留在翰林院做编修、检讨，二是分配到六部候用，三是签发全国各地做知县。三者虽然品级相当，但地位、待遇和今后晋升的空间有天壤之别。比如编修，虽也是个七品，但可以入值内廷，常有机会接触皇帝，一旦被皇帝看中就有可能进入权力中枢，明朝的张居正，晚清的曾国藩、张之洞莫不如是，因此，朝中谁也不敢低看了编修，甚至连高官厚禄者都不惜纡尊降贵攀亲交友，岂是县令可以相比的。

事实上大家都心知肚明，散馆考试就是冲着翰林院编修的职位去的。谁留谁去，就看考试成绩和运气了。三年前，唐景崧是以第八的名次进入翰林院庶常馆学习的，只要正常发挥，留在翰林院做编修一点问题都没有。退一步说，每一届庶吉士都会留下四五十位做编修，担什么心呢？

散馆考试照例在紫禁城的保和殿进行，考场的氛围仍旧隆重而庄严。展开试卷，唐景崧吃了一惊，这个试题比他准备的简单多了，只考一赋一诗：

钦命赋题诗题：学问至当蕆赋，以先民有言询子刍荛为韵；赋得清江一曲抱村流，得花字五言八韵。

考完试以后唐景崧感觉不妙，自己的长处在策论两项，今次不考了，只考诗赋二题，偏又是自己的薄弱环节。成绩公布，果然糟糕透了，在所有七十五名考试者当中，位列第五十九名。大意失荆州，彻底考砸了，唐景崧沮丧到了极点。

虽然遭遇重挫，但还得涎着脸去听命授职。四月二十八日，吏部引见全体散馆庶吉士，得旨：二甲四十六名全部授职翰林院编修，三甲前六名授职翰林院检讨。唐景崧名列三甲第十二，已无缘翰林院，与另外十三名中下等级者着以部属用，三甲最后九名着以知县即用。"着以部属用"是什么意思？就是分配到六部中的某个部里，在主事一职上学习候用，也就是常说的"候补"。

结果已无法逆转，唐景崧只能在叹息之中默默地接受既定的事实。没过几天便接到吏部的一纸签条"以主事用，签分吏部"，就是说将唐景崧安排到吏部做主事了。

有清一朝设吏部、户部、礼部、兵部、刑部和工部，通称"六部"，吏部居首，其长官称尚书，副长官称侍郎，职掌天下文职官员的任免、考课、升降、勋封、调动等。吏部下设文选、考功、稽勋、验封四个清吏司以及清档房、本房、司务厅、督催所、当月处，分担本部事务。

在外人看来，分配在职掌文官命运的吏部工作，唐景崧应该高兴才是，近水楼台不说，吃香喝辣肯定不成问题，但这要看安排在吏部哪个内设机构里做主事。研究晚清历史会发现，六部的机构设置有个奇特现象，都有一个叫"额外司员"的内设机构。顾名思义，是用来安置空额之外或者说编制之外司员的，它没有职掌更没有权力，纯粹就是一个让编外官员"候用"或"候补"的地方。唐景崧踏进吏部门槛第一天就被领到"额外司员"的机构报到，他怎么高兴得起来呢？且吏部只有十五个主事编制，挂在"额外司员"的候补主事就有六十三人之多，只能等到十五个主事出缺，才有机会挤进去，但这种机会可以说少之又少。历朝历代没有退休制度，更没有退居二线的说法，要出现主事岗位出缺无外乎：一是有主事升迁，二是有主事"休致"，三是有主事卒殁，四是有主事被革职。如若熬到这四种情况的某一种情况出现，候补的主事们就会像饿狼扑食一样，或背地里蝇营狗苟，请托钻营，或对同事暗下毒手，栽赃陷害，或相互倾轧，无所不用其极，上演一出出闹剧丑剧。因此，有许多耐不住煎熬的候补主事挂冠而去，也有许多痴心不改的候补主事郁郁而终。唐景崧则既不想半途而废，也不愿同流合污，所以就一直在"额外司员"里候补着，直到十五年后一纸请缨，才跳出这个泥潭。

当然，在"额外司员"做候补主事也是吃朝廷俸禄的，既然吃了俸禄就不可能什么事也不干，只是干的不是主事该干的事，如唐主事自从进入"额外司员"第一天起，就被打发到文选司做勤杂，一直到离开的那一天止，做了十五年。

文选司职掌中央和地方所有文职官员的额缺设置，以及官员的选授与升迁调补等，有职有权，肥得冒油。初期，唐景崧还幻想着有出头之日，凭着一腔热情埋头傻干，几乎将司里最脏最累的活都揽到自己手上，甚至连值夜这种活也接下来，经常替人当月值宿。可是任凭干得再好，在文选司额员的眼中，他不是文选司的在册职员，更不是在职主事，终归不过是役派来协助工作，做勤杂事务的编外人员。因此，评级考功没他的份，油水好处也与他无关。日复一日，年复一年，唐景崧觉得自己的努力没什么意思，不仅眼前看不见仕途上有任何希望，而且自入吏部以来的所见所闻，让他那股向上的精气神也饱受煎熬。

最让唐景崧伤怀的是"文酒之会"盛行，满朝公务废弛。"自乾隆以后，重臣兼职者多，遂不恒入署。而阅折判牍，移入私宅。且事繁，私宅亦不得见。往往追逐数月，司官以为苦事。"大臣们不上朝，只在家中办公，那些职位低微的官吏更是有过之而无不及，寻欢作乐，偷奸耍滑，每日只到衙署签个到，小坐一会儿便开溜了。泡在这缸污水里，天长日久，唐景崧的筋骨也被泡酥软了，成了一根折不断、挺不起的"老油条"。于是也学着到吏部点个卯，稍坐一会儿，便去喝酒或者看戏，做自己喜欢做的事，倒也乐得个逍遥自在，"忍把浮名，换了浅唱低吟"。

后来，唐景崧在回顾吏部这段经历时说："余十五年吏部主事，潦倒在文选司中。""潦倒"二字，道尽了十五年"候补"生涯的颓废、失意和绝望。

二

唐景崧二十七岁进吏部，直到四十出头离开，这个年龄段，正是成家立业的黄金时段，对任何人而言都是耗不起的。唐景崧却偏在这个阶段仕途上毫无长进，陷入绝望的境地，可以说在"立业"这个方面已然失败，那么"成家"呢？

先给他算笔经济账。三年庶吉士的时候，每月廪饩银四两五银钱，够自己吃用而已。到吏部候补主事六品官，每年正俸大约是六十两银子，什么概念呢？晚清普通京官每年维持最低限度开支需要一百两银子，而且由于朝廷财政困难，只能按六折发给，再加上其他七除八扣，实际到手三十二两左右。除了现银也还有俸米三十石（一石约一百斤），但六品仅发老米，而老米多不能食，只好折给米店，"两期仅得好米数石"。另外，地方官有养廉银，京官则给"恩俸"。乾隆即位后，考虑到京官薪俸太少，生活困难，下诏给京官加薪，不论品级高低，一律按原俸加倍发放，俸米也按照原数加倍发放，这就叫"恩俸"。光绪朝的"恩俸"如正俸一样也是要东扣西扣的。

唐景崧在吏部这段时间先后娶了三位夫人，三个男孩也陆续出世；同治七年二弟唐景崇来京参加会试，就留在这里跟他一同吃住，继续读书备考；同治十年父母携三弟唐景崶及两个妹妹举家迁移了过来。算算一家子多少口人了？租住房子、烧炭买柴、油盐酱醋……生活的重担几乎全压在唐景崧肩上。作为长子，唐景崧尽力去做，孝敬父母、善待弟妹、照顾妻儿，一大家子倒也长幼有序，兄妹相谐，穷得其乐。而且，每有闲暇便往戏馆里去，听那出《京官曲》：

淡饭儿才一饱，破被儿将一觉，奈有个枕边人却把家常道。道只道，非唠叨，你清俸无多用度饶，房主的租银促早，家人的工钱怪少，这一只空锅儿等米淘，那一座冷炉儿待炭烧，且莫管小儿索食傍门号，眼看这哑巴牲口无麸草，况明朝几家分子，典当没分毫。

这曲儿唱的几乎就是唐景崧的真实写照，每听一遍心中就减轻些许压力，激起一片浪花。

维持一大家子低水平正常生活已是不堪重负，而官场交际又添新担。唐家要摆脱目前的生存危机没别的办法，只有靠他在官场混出个模样才行，要混出个模样，就绝对少不了人际交往。清代官场中的人际交往需要什么？少不了是要花大把的银子的。诸如春节、端午、中秋三节得给座师及师母"各送贺礼祝敬如初谒时"；朋友乡亲有红白喜事，封包送礼还不能太薄了；同僚之间的职务升迁，三邀四请也得凑份子参与；还有年节集会、联谊团拜、以文会友、梨园看戏；等等。全家人只好再勒紧裤腰带支持他。何况唐景崧本就是性情中人，喜群欢好交友，尤其好交酒友、诗友、谜友、戏友。有记载说，一谜友来家中拜访，谈至傍晚，唐景崧留客道："秋菊始花，霜蟹正肥，三壶两盏，一醉方休如何？"说罢急忙叫仆人市上买蟹，仆人皱眉告诉他，家中已少米下锅，哪里来钱买蟹？唐景崧避开仆人，进内室攫下小儿帽上银饰，让仆人典当易钱买蟹，以谜为筹，吆喝至五更方止。

令人不禁要问，仅就唐景崧吏部候补主事官俸，一家人日常用度尚且拮据，怎么还能呼朋唤友，豪气冲天？作为候补主事，无职无权，受贿腐败似无可能，但他的确是可以捞点"外快"的。一是陋规性的"印结银"。所谓"印结"就是清末为了防止来京参加会试、大挑和捐官者被人冒名顶替，规定需有在京为官的老乡为其出具担保书，称"印结"。为人出具印结是有风险的，一旦被担保人有假，出结官必被问罪。于是便出现了交易，需要出具印结者免不了要向出具官馈赠钱物。初时找谁都可以，馈赠多少也没个定数，久而久之，京官们为了方便来京老乡和规范馈赠，商定成立"印结局"，由进士出身等有身份的同乡京官主持，凡需要出结的来京老乡，直接去"印结局"交纳"印结银"即可办理印结。朝廷虽没规定，却也默认。"印结局"将"印结银"统一核算后，按等级分发。唐景崧人缘广，故找其出结者也多。这项收入不是很稳定，但却是唐景崧一年收入的大头。二是来京地方官的馈赠。外官馈赠京官，夏有冰敬，冬有炭敬，出京则有别敬。这项收入因人而异。

即使如此，仍解决不了入不敷出的窘境。唐景崧燕怀堂结下的至交、临桂词派领衔人物王鹏运戏言曰："若知薇卿乎，仅余一裤矣！"堂堂六品京官，家中只剩一条裤子了。王鹏运的戏言未免有些夸张，但朋友之间拿家事开玩笑，除了说明两人关系亲密外，再就是说唐景崧这个家的确贫寒。

及至光绪八年（1882），离开吏部即将出关抗法之前，唐景崧交给二弟唐景崇两千多两银子的借款单叫他保管，才真相大白，原来唐景崧一直靠举债支撑着这个家。

唐景崧为朝廷尽忠"立业"之路不顺,反倒促成他倾心于"成家"。家虽穷得叮当响,一家人却是"穷且益坚,不坠青云之志"。正是在这段穷苦的岁月里,二弟唐景崇中进士并钦点翰林,接着三弟唐景崶又中进士并钦点翰林。谁人知晓这个震惊整个京城的奇迹背后,作为兄长的唐景崧付出了多少?

尽管官场不顺,家境窘迫,但唐景崧并未因此消沉下去,生性乐观豁达的他反而激发出广泛的兴趣爱好。吏部那张椅子时不时去点个卯、小坐一会儿,便可相约相邀,或取乐诗文,或纵情山水。那时候的文人喜欢玩,也会玩,特别是像唐景崧这样多才多艺的才子,更是玩得出花样,玩得出水平。不过,物以类聚,人以群分,唐景崧常以四个朋友圈为核心,结社活动。

觅句堂诗酒唱和 "觅句堂"是龙继栋京城寓所名,出自黄庭坚为陈无己(师道)写的"闭门觅句陈无己"诗句。龙继栋是道光二十一年(1841)状元龙启瑞之子,同治元年乡试中举,次年赴京会试不第,留京居三年返乡,同治十年再次抵京,任职户部候补主事。此公少承父学,博学群籍,尤擅诗词,且热情好客,喜交朋友,其寓所便成了唐景崧等京城文化名人"以文字饮"的最佳场所,亦是晚清京师有影响的文学"沙龙"。

龙继栋除了与唐景崧同是桂林老乡外,还有一层亲戚关系。唐景崧之弟唐景崇娶龙继栋之妹为妻,二人是姻兄姻弟,所以往来甚密。此外,常来"觅句堂"唱和的人物,据《唐景崧日记》载,多为桂林老乡,有韦业祥、王鹏运、侯绍瀛、谢元麒等,外省人则有浙江袁昶、安徽俞炳辉、山西王汝纯、顺天白子和等。这班人"性好冶游"，常常是公暇之余结伴而出，或近郊诸佛寺，或名区胜地，放情山水，饱览名胜，归来则饮于龙继栋之"觅句堂"，选调联吟，把酒唱酬。"觅句堂"唱和之作，多为咏物和纪游。唐景崧在《题〈槐庐诗学〉》中描绘道："竟陵烛钵今销歇，觞咏何当快主宾。"略可窥见唐景崧及朋友们举酒高歌、意气风发的神采，可惜雨打风蚀竟没留下一诗半稿。

光绪八年（1882），随着唐景崧和龙继栋相继离开京城，热热闹闹十余年的"觅句堂"诗酒唱和也落下了帷幕，但留给京城士子们的却是久远的怀念。王鹏运在《忆旧游·记开帘命酒》小序中称"曩与薇卿、伯谦诸君，联吟于槐庐之觅句堂，曾倩子石作图纪事，致乐也"，念念不忘当年联吟雅趣。唐景崧也曾在《请缨日记·跋》中不无深情地回忆"盖觅句堂中交情缱绻"。

三矫堂诗钟斗捷 嘉庆、道光时期福建出现了一种限时吟诗的文字游戏，叫"诗钟"，咸丰年间传入京师。开始并没什么影响，同治、光绪时期朝政废弛，人心贪玩，形成一股"诗钟"热。一时间，京城"钟社"如雨后春笋般出现，那些科举出身的大小官员、进京参加会试的士子以及各界名流无不趋之若鹜，"都下宴集相率为诗钟"。

这等好事怎么少得了唐景崧，在朋友们的支持下，他将租住的寓所取名为"三矫堂"。三矫者，龙、虎、鹿也，语出《道藏》，意含深远。文友们相聚于此，"三矫堂"便成为京城名噪一时的诗钟会所。后来唐景崧回忆道：

> 余曩宦京师，尝与朋辈作文字饮，而诗钟之聚为尤多。维时作者则有李宪之、黄晓昔、敖金甫、周生霖、谢子受、周子谦、余揩珊、鲍印廷、王幼霞、龙松琴、韦伯谦、俞潞生、白子和、李燕伯、唐芷庵诸君。京曹多暇，时时习此以为乐。季弟禹卿游岭南，制精具以归。于是，诗钟以余所寓三矫堂为盛。

通过这个记载可以看出，常到"三矫堂"参加诗钟活动的除了"觅句堂"那班老朋友，还增加了许多新面孔，"其中跻显仕、掇魏科，去者颇不乏人"，就连新点翰林其三弟唐景封也成了积极分子。这么多的文人雅士追捧，"三矫堂"的诗钟活动在整个京城堪称首屈一指。

诗钟具有如此魔力，怎么个玩法呢？

一方面，它是一种文字游戏。诗钟限一炷香工夫吟成一联或多联，香尽鸣钟，所以叫"诗钟"。诗钟吟成，再作为核心联句各补缀成一首律诗，游戏结束。最后是点评环节，先由点评人挑选最好的联句评述其妙，其他联句则指出瑕疵。这是一个相互学习提高的阶段，因为联句是文学作品，没有统一的评价标准，往往是见仁见智争得面红耳赤，场面异常火爆。

另一方面，它是一种赌博，时称"雅赌"。要不是按一定比例抽取"赌资"用于钟友们的酒食消费，清寒的唐景崧根本无力发起组织这样的活动。既然是一种赌博，就具有相当的刺激性、竞争性和残酷性，有人耽于此道不能自拔，也有人倾家荡产，甚至命丧赌场。后来有人评价唐景崧"久官京师，脱略不羁，好与博徒游"，大概指的就是他喜好诗钟这种活动。

唐景崧不仅是"三矫堂"诗钟活动的组织者、领头人，而且是京城当之无愧的诗钟高手，诗钟大家李嘉乐赞其为"钟中将帅"。光绪十八年（1892），唐景崧在台湾布政使任上应召入京，等候皇帝召见期间，昔日钟友得其消息，设宴迎聚，把酒叙旧，感慨万千。席间李宪之提议说："景崧兄是钟友的骄傲，为我们争了光，此次回京，我们重整旗鼓，大战一场如何？"唐景崧连忙起身拱手："宪之兄谬赞了。各位兄台，小弟这段时间俗事冗务缠身，等有时间再说吧。"在场诸位觉得机会难得，纷纷请求赏光赐教，唐景崧不好拂了钟友的一片盛情，便答应下来。于是与一众好友摆开战场，"鏖战数日，于车马酒食日不暇给中，而从容乐为，其所嗜如此"。

后来唐景崧离开京城，依然对诗钟情有独钟。在台湾任职期间，于光绪十九年（1893）辑录刊刻了《诗畸》十卷，共录诗钟六百四十五题四千六百六十九联、七律三十五题二百二十一首，涉及钟友五十八人，可谓诗钟集大成之作。

伏魔寺谜社遣兴　玩得了诗钟的人，大都喜好谜语，唐景崧尤甚。京城菜市口胡同与北半截胡同相交处有一座寺庙，叫伏魔寺。伏魔寺坐北朝南，中路为三进院落，西路后部为二进方丈院，东部为一窄巷，寺后有一大片空地。唐景崧别出心裁地借用伏魔寺这块空地，与灯谜大家韩芸谷、田其年、古铭猷等发起组建谜社，猜谜遣兴。

仅半年时间，伏魔寺谜社便在京城众多谜社中脱颖而出，吸引灯谜名家鲍恩绶、陈应禧、胡蕙馨、张秀涛、张延秋、陈心言、黄公度等相继加入，带动众多谜友参与，一时风头无两，"文人丛集，澄思骋妍，厥趣斯永"。谜社活动的高峰期是元宵、中秋两节。每逢佳节便在伏魔寺悬棚列彩举行灯谜盛会，文人雅士、社会名流以及灯谜爱好者摩肩接踵，热闹非凡，连伏魔寺香火也给带旺起来，喜得寺庙主持连呼"阿弥陀佛"。

唐景崧好谜，源自其父自小培养。父亲唐开旭一辈子课读为生，授课之余，每逢年节尤其喜出谜语让孩子们竞猜，既陶冶了心性，又锻炼了思维。在这样的家庭氛围中，唐景崧积累了制谜、猜谜的深厚功底。居京时，官闲无事，常以吟诗作谜寄托自己的心志。如其所作，谜面"汉高恩隆汤沐易（《滕文公》一句）"，谜底"沛泽多"，借沛公恩泽多施之句，颂扬汉高祖刘邦格外施恩泽于沛县故里，迫切希望光绪皇帝能早日起用自己。又如谜面"周至文王姬昌犹未兴也（《三字经》一句）"，谜底"始发奋"，借史上周朝至周文王犹未能兴盛国力之事，激励自己要像周武王姬发发愤灭商建周那样，不甘沉寂，奋发图强。

唐景崧制谜擅长别解，谜艺娴熟。《清稗类钞》称"唐薇卿谜有绝诣"，所作大都扣合贴切，兴味盎然，其中可称脍炙人口者亦甚多。其谜有典雅大方、浑化灵通者，亦有浅白风趣、平易近人者。后之神童谜家韩英麒就十分推崇其浅白之作，说："唐薇卿虽以浅语为谜，然学足以举之，故句句是浅语，句句有深意，尤不易学。"

被尊称"晚清谜坛巨擘"的唐景崧，不仅自己十分专注投入，而且从小培养引领儿侄辈进入谜坛，使其成为射谜高手。唐景崧《谜拾》一书就附有长子唐运溥著的《谜学》。"《谜学》，子运溥作，后生习此，贤于不弄纸笔。"舐犊之情，溢于言表。其侄唐景崇长子唐毅斋、次子唐温斋追随伯父，游于谜社，亦成灯谜玩家，分别著有《听雪书屋廋词》《卧云室隐语》等谜籍。

对谜社唐景崧用心投入，不仅花大量时间研究和筹办，而且定期开展活动，或进行知识讲座，或交流社员作品，或进行竞猜比赛，以达到相互促进、共同提高的目的。唐景崧据此辑录社员优秀作品，刊刻有《十八家灯谜》一书，其中收录自己的谜作三十条。

梨园看戏交友　因老佛爷慈禧太后嗜好看戏，同治、光绪两朝京师梨园极盛。上有所好下必甚焉，京城大小官员莫不相率盛行，非戏不欢。

唐景崧本就是个喜欢热闹、兴趣广泛之人，不仅公私聚会有戏必看，而且经常独自出入戏园，听戏度曲，成了十足的戏迷。这为他晚年回桂林振兴桂剧埋下了伏笔。

在欣赏舞台演出时，他细心揣摩戏中人物性格、情节安排、唱腔处理、舞台设计。曲终人散后,他依然沉湎戏曲之中,或与名角交流,或找行家探讨,并在这种常来常往中与京剧名家余紫云结下了情谊,演绎出轰动京城的梨园佳话。

余紫云是湖北罗田人,自幼随父来京,入"景和堂"从梅巧玲习花旦,并私淑胡喜禄之青衣戏。其花旦戏《打面缸》《虹霓关》《梅龙镇》等,青衣戏《祭江》《探寒窑》《宇宙锋》《玉堂春》等均极出色,与红极一时的时小福并驾齐驱。余紫云对京剧的贡献在于继承了其师梅巧玲融花衫、青衣于一炉的优良创造,在京剧旦角表演的发展上起到了承上启下的作用。因拒绝为某御史唱堂戏而遭封杀要挟,余紫云便不再登台,潜心于寓所"胜春堂"课书授徒,致力传习教授。唐景崧每有空暇就往"胜春堂"跑,听课学艺,知音察律。余紫云不把唐景崧当学生,视其为好友,但凡有求,便知无不言,悉心传授。

二人交往因戏剧始,天长日久,情投意合,结下深厚友谊。唐景崧请缨抗法,余氏得知其行前体有不适,便前去探视并重金相馈。"京班中有青衣旦余紫云来视疾,私馈五千金,公乃成行。"离京出关之时,余紫云还专为之饯行,并赠一联:

称心一日足千古,

高会百年能几何?

第三章

热血请缨

光绪三年十二月十二日（1878年1月14日），唐开旭去世，唐景崧丁父忧二十七个月。

光绪八年七月（1882年9月），唐景崧请缨赴越南，联刘抗法。

一

光绪三年（1877）对唐景崧及其家庭来说绝对是个重要年份。

先是上半年三弟唐景崶参加丁丑科会试。三月初九日入闱，唐景崧跟全家人待在家里翘首以盼，静候佳音。父亲唐开旭和母亲沈夫人共生育九个孩子，三男六女，长子唐景崧行二，次子唐景崇行三，三子唐景崶行七。三子中唐景崧同治乙丑科进士并钦点翰林，唐景崇同治辛未科进士并钦点翰林，如若唐景崶得偿所愿，对唐家来说就是"大满贯"，必将成为科场佳话，千年罕见，何等荣光！

老三景崶果然不负厚望，经过一个多月三场激烈搏杀，以总排名第七、二甲第四名的优等成绩金榜题名，并于五月初四日由皇帝钦点翰林院庶吉士。

消息传出，震动京师，大街小巷茶楼酒肆，无不热议"同胞三翰林"奇闻；唐家门前亲朋好友更是接踵而至，热闹非凡。全家老少欢声笑语，喜气洋洋——喜社稷又多干才，喜宗族再增荣耀，喜家庭新添梁柱，从此无忧柴米油盐……喜不自胜，怎不欣喜若狂。

可是下半年，唐家人还没从喜庆中完全平静下来，却又悲从中起，十二月十二日，父亲唐开旭带着培育出"同胞三翰林"的自豪和欣慰，也带着自己科场的不甘与失落撒手人寰，时年六十三岁。

全家人似乎一下子又跌入冰窟，沉浸在万分悲痛之中。父亲一辈子课读为生，呕心沥血，好不容易把孩子们拉扯大，三兄弟遂愿金榜题名，正是苦尽甘来却折身西去，阴阳两隔，哭无泪、断肝肠。

父亲一生最大的愿望是将唐景崧三兄弟培养成有用之才，这一点他做到了，而且比任何做父亲的都做得成功；父亲一生最大的遗憾是科场上止于乡试举人，同治十年（1871）父亲携家人僦居京师后，连续三度挑战春闱，屡试屡败。自此，父亲心力日衰，对科举仕进之途彻底绝望。在愿望和失望两轮驱动下走完人生之路，留给后人的是无尽的哀思。

逝者长已矣，生者如斯夫。作为家中的长子，父亲走了，唐景崧得把这个"家长"的担子挑起来。虽然长期以来，这个家靠他在外赚钱供养，但家内有父亲和母亲持撑，他才得以风流倜傥，可如今里里外外都得他一手操持，别说"诗钟""谜社"玩不转了，眼下为父亲治丧就够他头痛的。

汉朝以降崇尚孝治天下，"父母丧，天下通义，治丧守制，人子之情"。《大清律例》明确规定："内外官员例合守制者……开明呈报，俱以闻丧月日为始，不计闰二十七个月，服满起复。"如此，唐景崧三兄弟按例须守孝丁忧二十七个月。

年节之前，唐景崧兄弟姊妹扶老携幼，冒着呼啸的北风和纷飞的大雪，奉托父亲灵柩，哭号着踏上了返归故土之途。

将父亲安葬在桂林郊区的东乡，唐景崧和景崇、景崶两个弟弟就吃、住、睡在坟前，陪伴长眠地下的父亲。兄弟间或聊聊天，或看看书，话不高声，足不乱步，守制丁忧两年零三个月。

丁忧期满，唐景崧陪着母亲，带着一家老小回到京城时，已是光绪六年（1880）的夏天。

物是人非事事休，欲语泪先流。回到家里歇息几天，唐景崧每每看着父亲的遗像发呆，沉浸在哀思之中难以自拔。父亲走了，是带着儿女们成家立业的欣慰和个人科举仕途的遗憾走的——父德如山，自己也为人父，为家长，却在主事的职位上十多年候补着，在寻欢作乐中长期消磨——愧对严父啊！在对父亲无尽的哀思中，唐景崧反思了许多，也悟透了许多，加上桂林丁忧期间，耳闻与家乡紧邻的越南风云突变，边关吃紧，终于挑动了唐景崧那条潜沉已久的"士子"神经，看到了为朝廷建功立业的机会，思想上来了个脑筋急转弯，将目光聚焦到了家乡的边关。他在《请缨日记》中记载：

余官京师，于海国情形粗有涉猎，环顾九州，慨然有纵横海外之想。河南才士黄晓耆跳荡负奇气，两人相与穷庐风雪中，时时以越南为说。

自从交上黄晓耆这类朋友，唐景崧就很少跟"诗钟"和"谜社"往来了。黄晓耆是河南商城人，官礼部主事，博学多才，能说善辩，常游走于上海、广州，其志在南方且见识卓越。唐景崧与其"时时以越南为说"，深受其影响，"慨然有纵横海外之想"，于是取别字"南注生"，笃志于南方，人生态度由消极玩世向忧患担当转向。

在与国内友人密切讨论越南情势的同时，唐景崧还将目光盯住了越南使者阮飞熊，趁他来京解贡的机会，多次前往拜会，深入详细了解越南政局和法方的动态。唐景崧在日记中记载：

越南贡使到京，臣就询情势，谓澜沧一江，法人志在必得，为进规云南计。赖刘永福驻军保胜，而夷船不敢肆行。去岁，法人屡胁越南撤刘永福入富春。

越南在秦朝时属象郡，宋代以后也一直是中国的藩属，两国山水相连、唇齿相依，长期保持着良好的宗藩关系。自18世纪后期起，法国就对越南起了觊觎之心，妄图占领越南后把势力伸入中国西南地区。第二次鸦片战争中，法国乘清政府内外交困之际，派遣远征军入侵越南南部，于同治元年（1862）迫使越南阮氏王朝签订第一次《西贡条约》，割占嘉定、边和、定祥三省及昆仑岛。同治六年（1867）又占领了永隆、河仙、昭笃三省，在越南南部建立了法属殖民地，并控制了湄公河三角洲。法国原想从湄公河上溯，侵入我国云南，但后来发现湄公河上游不能通航，便改变计划，准备出兵占领越南北部的北圻，由红河侵入云南。

到了光绪时期，法方入侵意图越来越明显。光绪八年（1882）三月，清廷以法越兵端已起，上谕各省督抚通筹边备。一时间朝野乱成一团，主战主和议论纷纷，各持一端。主战一方主要是"清流派"，以军机大臣李鸿藻为首。由于军机处主和派占了多数，李鸿藻感到力单势孤，便笼络一批御史和翰林在自己周围以壮声势。他们多以"台谏词垣"标榜风节，"严义利之分"，以经世匡时为己任，故有"清流派""清流党"之称。其中最活跃、最积极的是清流健将侍讲学士张佩纶和山西巡抚张之洞等，主张即日开战。张佩纶道：

沉痼非瞑眩不瘳，髋髀非斧斤不解，……正不如奇，守不如战。

张之洞道：

法人狡谋已遂，情势已彰，徒遣使招抚无益，徒在法京办亦无益，惟有遣使带兵赴越保胜，助越之势，沮法之气，……越祸既纾，滇防自绥，……非庇属国无以为固吾圉之计，非扬兵威无以为议条约之资。……语云：守则不足，攻则有余。

畏战主和派代表人物当粤抚裕宽莫属，裕宽主张中国不要干涉法越事务：

越积弱已久……决不能再与法抗……若中国预间其事，势不得不代与法争。争之而不听，徒损威信，无益事机；争之而听，法人必见恩于越南，而市惠于中国，甚或置越南之事，而于中国别有要求。

在他看来，即使一时能代越谋解决之一方法，然数年之内，变故复生：

一有违言，法人、越人俱将有词于中国。

对战和之议唐景崧了然于心，对局势变幻唐景崧洞若观火。在主战主和纠缠不清之际，慈禧太后的态度已然开始往主战派倾斜。继正月将广西巡抚庆裕调任漕运总督，任命倪文蔚为广西巡抚、徐延旭为广西布政使后，四月，乘直隶总督李鸿章丁忧之机，调两广总督张树声暂署直督，以陕甘总督曾国荃署理两广总督；同月，命广东水师提督吴全美统带广东兵轮，定期出洋，与滇、粤边防军遥为呼应；五月，命云贵总督刘长佑入京陛见，以岑毓英署理云贵总督。

山雨欲来风满楼，在大战将起未起之际，唐景崧笃定自己期待已久为国效力的机会终于出现了。

唐景崧决心抓住这个机会赴边关抗法。他知道这无异于将自己置于风口浪尖，但那又何妨？他首先向母亲沈夫人说了自己的想法，试探一下母亲的态度。母亲沉思良久问道："束冠之年娘跟你说的话可曾记得？"唐景崧一时记不起来，母亲又问："何谓大丈夫？"唐景崧这才想起《论语·子罕》"三达德"，回母亲话说："知者不惑，仁者无忧，勇者无惧。"母亲这才点头应允。得到母亲的支持这很重要，接下来的问题是如何上达天听，准允前行。他想找景崇、景崶两个弟弟商量谋划一下。

是时，景崇、景崶都是翰林院编修，唐景崧先将自己的想法和母亲的态度向两位弟弟说了，三弟景崶首先表态支持，并要求跟大哥一起出去。

唐景崧赞赏三弟"聪颖绝伦，跌宕有识，泛览群书，讲求时事，议论常出人意表"，但不同意他跟着出关。"安心待在翰林院吧。"唐景崧问："景崇意见如何？"

二弟唐景崇博览群籍，通天文算术，专攻经史，练达老成，平时言语不多，但出言必中要害。唐景崇说："时机不错，哥你也准备很久时间了，此行必成大事。眼下的问题是如何操作，才能达致目的。"

"我准备写个折子，请李鸿藻中堂大人代为上奏。如何？"唐景崧说。

当是时，三兄弟都没有直接给皇帝递奏折的资格，李中堂是主战派，请他代递较为合适。但唐景崇有自己的看法，说："这样未必能成，先写一个说帖吧。"接着建议说："三弟热衷时事，协助大哥先写个说帖，分送李中堂和宝中堂，弟以为这样稳妥一些。"

"二哥的话有道理。"唐景崶分析说，"李中堂本是主战派，定然同意。而宝中堂虽是主和派，但他是大哥的座师，有必要知会一声。他知道了，即使不同意，看在门生份上，有可能睁一只眼闭一只眼，如此大哥的事就算成功了。"

唐景崧想了想对两个弟弟说："那就按景崇的意见办。"

于是，唐景崧在三弟唐景崶的协助下，以"绥藩固圉"为题，很快写出一份六千多字的说帖，于七月初九日递进李鸿藻和宝鋆的府邸，并献之以诗：

狼星悬焰亘西方，又见传烽到雉王；
可有大刀平缅甸，已无神弩出安阳。

何人更下求秦泪，说客将治使越装；
岂是唐衢轻痛哭，乡关消息近苍黄。

岁岁藤厅覆翠阴，花前独怅受恩深；
无才且学屠龙技，有臂终存射虎心。
简练阴符开夜笈，萧疏霜鬓抚华簪；
贾生欲报吴公荐，汉室陈书涕满襟。

诗中流露出唐景崧对祖国边关形势满怀忧虑之情，表达了保卫南疆，为国效力的强烈愿望，同时满心期盼两位大人力荐，促成其出关抗法之目的。

二

宝鋆，字佩蘅，索绰络氏，满洲镶白旗人，时任武英殿大学士、军机大臣、总理各国事务大臣，可谓位高权重，同治四年（1865）为唐景崧会试座师，在法越战和之争中偏向议和。而李鸿藻是汉人，字兰荪，时为协办大学士、吏部尚书、军机大臣、总理各国事务大臣，权倾朝野，与宝鋆旗鼓相当。但与宝鋆的"和合中协"不同，李鸿藻对外立场强硬，对内直言敢谏，以清流议政，时人号以"清流首领"。

果然如唐景崧所料，宝鋆见了唐景崧的说帖，水浸石头，没什么反应；李鸿藻这边截然不同，看了唐景崧的说帖，如获至宝。他们"清流派"面对越南北部告急、中国边关吃紧的情势，力主开战，但也多是些高谈阔论之士，正好缺少一位像唐景崧这样敢于冲锋陷阵之人。第三天，即七月十二日，李鸿藻来到吏部衙门，直接找到唐景崧说："你前两天的说帖我看过了，很好啊！时事艰难，不是一句两句说得清楚的。这样吧，你明天到我府上，我们详细谈谈。"

得到顶头上司的夸奖和重视，唐景崧别提有多激动了。第二天一大早，唐景崧就应约来到李府门口等候。唐景崧与李鸿藻素无渊源，且李鸿藻到吏部任尚书也才几个月时间，内心难免有些惴惴。进到府内，李鸿藻将唐景崧带到书房，饮茶而叙，海国情势，绥藩固圉，朝政时弊无所不谈。唐景崧后来对这次谈话追记道："论及时事，太息咨嗟，垂询时人贤否极详，余据实以对。"叙谈半天，李鸿藻最后说："你的说帖对于赴越抗法之事筹划相当完密，计划也很合机宜。虽然成败利害难以料定，但人事当为。"李鸿藻的态度十分鲜明："这样吧，等我明天将说帖携入枢垣，与恭亲王、景秋坪尚书和王夔石侍郎一起看过，再确定具体办法。

在忐忑中度过了好几天，七月十九日终于有了眉目。这一天李鸿藻一到吏部，就把唐景崧找来说："你的说帖，我已与恭亲王他们一起看了，都说甚好。只是如何前往，一定要请旨。"于是交代说："说帖不方便进呈，你回去抓紧时间赶快将其改为奏折，交给我代为上奏。"

没想到李鸿藻如此尽心竭力，更没想到李鸿藻对他这个候补主事这般信任器重，对此唐景崧甚为感激。带着李鸿藻的厚望与交代，唐景崧一身轻松走出吏部衙署。正急着回家将说帖改为奏折，半路突然收到龙继栋的邀饮帖，说"觅句堂"一帮好友正等着他不见不散。有一段时间不在一起活动了，唐景崧也想去见见大家，便改向去了"觅句堂"。龙继栋知道他正在为去边关之事奔波，一见面文友们便纷纷举杯预祝他早日达成心愿，觥筹交错之间，唐景崧不觉大醉。

是龙继栋护送唐景崧回家的。小坐一会儿，唐景崧没有忘记李鸿藻大人交代的任务，进书房泼墨铺纸，趁着酒兴，剪烛抽毫，一气呵成。

奏本开宗明义，唐景崧指出法人觊觎北圻的目的：

窃越南一隅，分南、北圻，接壤滇、粤，中国西南之藩篱也。南圻六省，久为法据。同治十二年，突攻北圻、河内等省，越南招广西人刘永福率众败之，议和罢兵。而法人终眈眈于北圻者，实欲撤我中国之屏蔽，而窥滇与蜀、楚之道路也。

接着唐景崧详述了当前越南在法人侵入后的情形：

……越君臣穷守富春，意在乞和，而劫制过甚，势难遽从，即乞救天朝之章亦不敢骤进，恐漏泄愈遭毒虐。惟伏刘永福一军遥峙声援，苟延旦夕。法人欲割其山西、兴化、宣光等省，则以地近云南、广西故也。奸民四出，密探内境，募诸不逞，集有千人；又招贼党陆之平、覃四棣等，幸皆拒之。

继而，唐景崧对当前越南和我国南疆面临的复杂形势，提出了自己的看法：

中国往援，即虑有碍，争以公法，亦决不从；而越南患难之来中国与共，又未可听其存亡。伏见宸谟深远，于法氛未动之先，曾谕内外臣工，详加揆度，合力图维，是朝廷固未尝置越南于度外也。本年总理各国事务衙门奏请筹备，复有敕疆臣相机因应之旨。疆臣建议，无外筹防。揆时度势，力止于斯，而终归于无救。越南有损，中国殊可叹已！臣窃维救越南有至便之计。越南存，则滇、粤固，请为皇太后、皇上敬陈之。

越南有将有兵而不知用，君臣贪黩，政治不修，即无夷难，亦几无以自存。中国不与共安危则已，既与共安危，则赖有人往提挈之也。

随后，唐景崧大胆建议朝廷招抚刘永福，使其为我所用：

刘永福少年不轨，据越南保胜，军号黑旗。越南抚以御法，屡战皆捷，斩其渠魁。……云贵督臣刘长佑已疏其名入告，当确有见闻也。……

　　臣维刘永福者，敌人惮慑，疆吏荐扬，其部下亦皆骁勇善战之材，既为我中国人，何可使沉沦异域？观其膺越职而服华装，知其不忘中国，并有仰慕名器之心。闻其屡欲归诚，无路得达。若明畀以官职，或权给以衔翎，自必奋兴鼓舞；即不然，而九重先以片言奖励，俟事平再量绩施恩。若辈生长蛮荒，望阊阖如天上，受宠若惊，决其愿效驰驱，不敢负德。惟文牍行知，诸多不便，且必至其地，相机引导而后操纵得宜。可否仰恳圣明，遣员前往，面为宣示，即与密筹却敌机宜，并随时随事开导该国君臣，释其嫌疑，继以粮饷。刘永福志坚力足，非独该国之爪牙，变即我边徼之干城也。

　　或谓刘永福一武夫耳，岂能倚任大事？而臣则以为过论。前者河内之捷，海岛闻知，至今夷见黑旗，相率惊避，正宜奖成名誉，藉生强敌畏惮之心。中国人士轻之，则彼族亦遂轻之矣。臣尝见今之言者，訾毁重臣，弹劾宿将，愚昧之见，窃叹未宜。盖四邻环伺之秋，与承平有间。重臣宿将，所籍以御外侮者，亦赖威望有以镇慑之。必曰不可恃，诚恐长寇雠之玩志，而堕我长驾远驭之先声。夫刘永福诚何足道，然既驰声海峤，亟应奖励裁成。臣所以请遣使前往者，乃欲藉国威灵，培彼名望，未尝非控制强邻之一术也。

最后，唐景崧主动请缨，愿意冒着生命危险，只身赴越去联

络、说服刘永福：

以上各节，发一乘之使，胜于设万夫之防，岂非至便？惟使臣难得其人。越南四境虎狼，强之以行，其气先馁。且非用一刘永福遂能资其靖寇也，是赖胸有成算者往焉，用彼爪牙为吾凭藉，而后扩充，以图事业之有成。

昔汉陈汤为郎求使外国，傅介子以骏马监求使大宛，皆以卑官而怀大志，卒立奇勋。微臣慨念时艰，窃愿效陈、傅之请。刘永福所部皆属粤人，臣籍隶广西，谊属桑梓，则前往出入有因。寓越之粤人极多，情势易于联络，盖尝熟筹及之，非敢冒昧而请行者也。

今者琉球固无望矣，朝鲜又生事矣，日本、俄罗斯皆睢盱而欲蠢动者也。民穷财尽，巨患日深，苟可以补救万一，虽职系小臣，亦不得诿为分外之事。其济，国之灵也；不济，则虽绝脰夷庭，粉身蛮徼，均不必在顾计之中。

臣不冀迁官，不支公帑，抵越南后，毋庸援照洋使章程办理。惟乞假以朝命，俾观瞻肃而操纵有权。奋往之忱，矢诸夙夜，一得之虑，期报涓埃。

写到这里，唐景崧几乎是热血澎湃，愿将生命赴国难——他说愿意效仿汉时的陈汤、傅介子之请，出关说服刘永福抗法，并誓言：如果有所作为，那是国家之幸；如果不成功，就算战死异国他乡，也决无怨言。他说他完全是出于保卫家乡守护国土的自愿行为，他不要朝廷封官，也不需朝廷拨款，只要允许他假借朝廷钦派名义就行。

热血翰林，不鸣则已，一鸣惊人。

唐景崧的奏折一出，顿时震动京师，成了朝野议论的热点话题。有人为他国难当前、慷慨以赴的英雄壮举击节赞叹；有人为他"位卑未敢忘国忧"的家国情怀所折服；有人为他热血翰林、铁骨铮铮的精神操守所感动。但是，也有人认为他是"不守规矩"，也有人说他是"书生意气"，更有人说他"远适异乡，毫无符信，万有不测，不值一文"。面对这一切，唐景崧早有预料，所以倒也坦然，褒贬由之。

最重要的是皇帝如何御批。此时的光绪皇帝才十二岁，慈安太后又不理朝务，军政大权全被慈禧太后一手把持。慈禧太后亲览了唐景崧的折子后大为惊叹，不禁为唐景崧的胆识和精神打动，对当值大臣们说：我大清落到现在这个地步，全是因为缺乏像唐景崧这样的热血官员所致！

但是，慈禧太后在如何批复这个折子上却是想了又想，难以下笔。招抚刘永福抗法，慈禧曾经是考虑过的，但是没有人敢去，她只好放弃。现在有唐景崧主动请缨，却又有些为难了：如果明旨让他直接去越南，必然引起法国不满，一旦被法国人抓住把柄，必不肯善罢甘休，就将给李鸿章在天津与法国公使宝海交涉越南之事造成极其被动的局面。故此，慈禧反复思量，几经权衡之后，发布了一道让人揣摩不透却又寓含指向的上谕：

> 吏部候补主事唐景崧，着发往云南，交岑毓英差遣委用。

这道上谕在别人看来，难于理解，唐景崧是要去越南说服刘永福抗法的，怎么把他发往云南了呢？但唐景崧心领神会，有他自己的理解：

> 余之疏请入越也，而敕下往滇，盖中旨谓滇越毗连，刘在保胜，尤与滇近。其命入滇，未尝非暗寓用刘之意也。

故而，唐景崧后来并没有按上谕所说去云南，而是直接去了越南。

八月初五日，谕旨下达，候补了十五年的吏部主事唐景崧如愿以偿，心中喜不自胜，连呼谢主隆恩。京城呼朋唤友、浑噩消磨的日子即将成为过往，一切都将从头开始。

留在京城的日子不多了，许多事情他得抓紧去做：对关心帮助过他的前辈师长要辞谢和请益，对亲朋好友要招呼辞别，对母亲和家人要妥善安排，对欠下的债务要处理妥当……

接下来的时间，唐景崧忙碌而有序地进行：

> 八月初六日，余入城谒恭邸、醇邸、佩蘅师、兰荪相国、王

夔石侍郎。

八月初十日以后，则同年、同乡、戚友饯行，终日拜客，车马劳顿，酒食接连，刻无暇晷。

……

八月十八日，谒总理各国事务衙门、署礼部侍郎、顺天府府尹周小棠，并谒刑部尚书张太夫子子青、原任吏部尚书万藕舲师，垂询甚详。

八月二十一日，由都赴天津，二十三日抵卫。二十五日，谒北洋大臣直隶总督李傅相（李鸿章），谓其志甚壮，并为述近日边情。

八月二十九日，津海关道周玉山观察赠行资二十两，手函话别。

八月三十日，遣家人至白塘唐仁廉元甫军门营中。元甫，东安同乡，现任芦台镇，驻白塘，赠行资三十两。

九月初三日，由津旋都。初五日，抵京寓。

九月初七日，谒阎大司农丹初。赴津后，阎公属其乡人霍编修来道意。余与阎公无渊源，而峻节清风，一时无两，早拟往谒，无介而止。是日呈阅奏稿，承函致两广制府曾宫保及广东臬司龚霭仁前辈，照料前进。

九月初九日，谒军机大臣、户部尚书秋坪世丈。

九月初十日，寄上云南岑宫保函，为述禀商政府大臣及合肥傅相，航海南行至粤东，假道越南，详看情形，再行赴滇等情。

九月十一日，谒刑部尚书潘伯寅师，谓未观奏疏，已闻大概。事业亦关福命，此举并关国运，且尽人事之所当为。索观奏稿。

九月十三日，胜春堂余紫云饯行，为赠一联，四屏。其联用成语曰："称心一日足千古，高会百年能几何？"同座者为龙松琴、赵心笙、白子和、俞潞生、陈筱农、王粹甫。是日，季弟出闱，得士十六人，大半南方绩学之士，亦来与宴。

临南行前，登门话别者更是接踵而至。龙继栋（松琴）派人送来一图，唐景崧展开一看，纸额签曰：

请绘《万里请缨图》为送唐吏部之越南。

其图短衣匹马男人拱别于春明门外，谯楼一角，烟树苍凉，极有易水荆卿不顾而去之概。是图为龙松琴亲笔所绘，谢子石题诗。龙继栋是唐景崧姻亲和文友，谢子石即谢元麒，广西桂林老乡，光绪十二年（1886）进士，亦是唐景崧诗文挚友。二人合作此图，取荆轲刺秦王的典故，为唐景崧国难当前，慷慨以赴壮行，其意深远，其情可叹。见好友一番良苦用心，唐景崧为之感动不已，手捧图画，似觉沉甸甸的。

唐景崧久久凝视《万里请缨图》，眼前浮现当年燕太子丹、荆轲易水河边送别时"风萧萧兮易水寒，壮士一去兮不复还"的悲壮情景，联想起杜甫"天地日流血，朝廷谁请缨。济时敢爱死，寂寞壮心惊"的讽刺和责问，不由得感慨万千，疾笔写下：

惜乎匕首不灵，虎狼不死，天乎人乎，有同慨夫！

三

明天就要起程了。

帖改折的时候，为表达出关抗法的强烈愿望，唐景崧豪迈激情，体谅朝廷，说不要拨款，但当明天就要启程南行的时候，现实却让他有些有口难言。

此行路途辗转，责任綦重且异常艰巨，家里不仅拿不出现银支持，而且二弟景崇还替他接下超过两千两银子的欠债单，所需盘缠全部依赖亲友支助，唐景崧一一谢过，并记录在册，以志不忘盛情：

佩蘅师一百两，唐景星一百两，郑让卿、静卿兄弟一百两，龙松琴三十两，岑泰阶三十两，唐元甫三十两，妹婿赵心笙三十两，门人孙宗麒二十两，郑国瑢十两，皆在都中所赆。

尤为难忘的是，九月十五那日，唐景崧特意不做别的安排，专程赴宝鋆座师府上辞行。唐景崧知道，宝大人收到说帖后，虽然没有像李鸿藻大人那样为之奔波操心，但毕竟是他学生，不仅没有加以阻挠，反而做了许多疏通工作，主动与李鸿藻一起积极推动。为此，唐景崧曾多次上门请益，得到他老人家的一一指点，受教匪浅，但绝没想到他会捐资助行。

唐景崧匆匆来到宝邸，门人通报，宝大人门口迎接，问："都安排好了？"

"老师放心，学生一切皆已安排妥帖。"

进到府内，宝大人竖起大拇指夸奖说："景崧啊，老夫为有你这样的弟子深感骄傲！"

"老师过奖了。"

"不，这不是老夫过奖。老夫活到这把年纪，可谓桃李满天下，门生弟子中，官比你大的多得是，职位比你高的多得是，但论胆识，论血性，论担当，你是独一个！"

"弟子就是不怕死罢了。"

"说得好！"宝大人叫唐景崧在对面椅子上坐着说话，"我大清朝要的就是像你这样不怕死的人。现在，朝野都在议论你，说你不守规范。景崧啊，不要听他们胡言乱语，陈汤、傅介子之辈，岂是拘守绳墨之流可以度猜妄议的！"

唐景崧恭敬回答："弟子谨记于心。"

"景崧啊，这次出师，一定要有定识和定力，坚百忍以图成。老夫等着为你的捷报鼓掌！"宝大人呷口茶，转而体恤道，"老夫知道你家境困顿，这次出关又不支公帑，老夫特为你准备了一百两银子，权且当作路上开销吧。"

唐景崧急忙顿首说："老师大恩大德，学生没齿不忘！"

这一百两银子，虽不甚济事，却是一种态度。在主和与主战仍然争吵不休时，作为主和派的核心人物，进与退只要他军机大臣一句话就可以定夺，关键时刻宝大人对唐景崧这个主战派学生，不仅是声声悦耳，句句贴心，而且慨当以慷，捐资助行，这种态度对即将出关征战的唐景崧更为重要。

临别时，宝大人坚持要送唐景崧到府外，唐景崧行礼如仪，准备告辞而行，宝大人却言犹未尽，拍着他的肩膀说："景崧，老夫想了想，再送你六个字吧！"

唐景崧肃立敬听。

"壮哉，班定远（班超）也！"宝大人长吟道。

宝大人如此高看此行，唐景崧感激涕零，深鞠一躬，挥手告别。

通州，京杭大运河北起点。

九月二十日晚上，月明星稀，秋风萧索，唐景崧独自伫立通州码头，回首眺望京师，不由感慨万端。自同治四年（1865）二十三岁入翰林院至光绪八年（1882）四十一岁离京南行，将近十八年，人生最宝贵的黄金时段，留下多少师友值得思念，留下多少亲人需要牵挂，留下多少事业未能如愿……

只是，世事沧桑，千帆过尽，只影向谁去？

昨天晚上，母亲沽酒为儿饯行，唠叨一宿，又说到大丈夫之"三达德"，巧的是也说到班超出使西域的典故，与宝大人一样，希望此行能成就班超一般的伟业。班超出使三十多年，平定五十多国，西域再入版图，汉朝天威远扬，成就万世不朽之功，封定远侯，世称"班定远"。这怎么可能呢？不过，时势造英雄，男儿当自勉，纵然马革裹尸，魂归狼烟，也要仰天长啸。

仆人老张和聂升匆匆上码头找他，唐景崧望京三拜，转身随仆人登船。

随其南行者有参将连壁峰，秀才萧琴石、陈子英及仆人老张、聂升。桨声响起，唐景崧开启了南行之程。

船行三日，抵达天津。按李傅相的交代，唐景崧要靠岸下船，再次谒见李傅相。

李傅相就是李鸿章，世人多称李中堂、李合肥，官至直隶总督兼北洋通商大臣，授文华殿大学士，慈禧太后视其为"再造玄黄之人"，当时正奉命在天津与法国公使宝海交涉越南之事。唐景崧受命南行后，曾于八月二十一日专程到津拜谒过李中堂。李中堂当时抽时间接见了唐景崧，对唐景崧请缨抗法之举给予肯定和赞扬，"谓其志甚壮"，并为唐景崧讲述了边关和越南的近况。告别时，李中堂特别交代，叫唐景崧南行时再来天津一晤。

次日，唐景崧应约赶到李府，受到中堂大人盛情接待。一番茶叙后，李鸿章再次被唐景崧的热血和激情感染，爽快答应致函两广制府照料其前行，并赠行资四十两。

唐景崧与李鸿章没什么交集，这两次相见，足见李鸿章对唐景崧此次南行的关注程度，亦可看出唐景崧是多么在乎李鸿章对他此行的态度。

九月二十七日中午时分，唐景崧登上新南升轮船继续前行，于十月初一早晨抵达上海。

十五年前庶吉士散馆的时候，唐景崧曾到上海一游，此次到上海仅是途经中转，看看朋友。本打算停留一两日继续南行，却滞留了十数天仍然难以前行。原因是亲朋师友们捐赠的银子很快用光了，上海有朋友，但大多也不甚宽裕，加之文人难以启齿言钱的禀性，唐景崧此时的心情糟糕透顶了。

在沪留连多日，因无旅费，不能启行，又急欲前进，不胜焦灼。

日子一天天在焦灼煎熬中度过，挨了整整一个月，绝望之中，终于等来一些知情朋友的资助，计有：

十月初十日，郑让卿二十元；

十六日，龚幼安十六两；

十七日，邵筱村世丈四十元；

二十一日，郑雨山十元；

二十五日，潮州洋药局一百元，郑玉山十元。

东拼西凑，唐景崧勉强可以支付船费了。

十一月初二日，打听到太古重庆轮船十点钟开行，唐景崧率随从急忙将行李搬上船，缴了银子，一行继续南行。

初四日晚十二点抵达香港。初七日到达广东省城广州，这时候，唐景崧终于可以松口气，睡个安稳觉了。

不意风云乍起，另起了事端。

唐景崧在广州刚落脚，就听说云贵总督岑毓英给皇帝递了个奏折，拒绝其赴滇。本以为岑毓英会看在广西老乡的份上，对自己出关抗法之事多加支持和提携，没想到竟出现这种情况。唐景崧十分震惊，刚放下的心再度紧张起来。

岑毓英是广西西林人，五月初七日才从贵州巡抚任上调署云贵总督。八月二十一日，上任第一件事就是处理八月十一日"五百里加急"上谕：

前据吏部主事唐景崧条陈筹护藩邦事宜，已将该员发往云南交岑毓英差遣。原折一件，着钞给阅看，并着该署督察其才具，酌量委用。

岑毓英急忙拿起唐景崧的奏折一阅，仿佛捧着一颗烫手的山芋。

十来天的时间里，岑毓英与幕僚反复商讨和推演，终于在九月十三日拟出一道奏折：《署理云贵总督岑毓英等奏会筹边防事务折》。这道奏折不是重点，重点是附《岑毓英奏唐景崧条陈越事未能尽合机宜请饬令回京供职片》。《附片》先是对唐景崧举动表示赞赏和钦佩：

　　臣遵将钞寄该主事原折详加查阅，见其慨念时艰，不避危险，忠义之气，流露行间，诚为难得。

　　接着话锋一转，说出对唐景崧入滇的担心，恐稍有不慎，将成为法人要挟的口实，难以转圜：

　　臣愚昧之见，窃以所陈各条，于中外交涉事件尚未能尽合机宜。查法人与越国构衅，意在蚕食。而内地各省海口尚有彼国兵船窥吾肘腋，尤虑其寻衅滋事。朝廷远虑深谋，饬臣等云南、广东、广西三省备兵防边，内固吾圉，外壮声援，固不宜稍有疏忽，更不可妄启衅端。若如该主事所奏，亲往越南开导该国君臣，密结刘永福，邀集各股匪，以拒法人，似此张扬风声一播，法人执此以诘，将何辞以对乎？

　　继而对刘永福大加贬责，意在使唐景崧赴滇的理由不能成立：

　　况刘永福本中国叛民，乃吴亚终、黄崇英之类，而枭雄狡黠，尤为过之。观其无事则负固自强，事争则叩关内附，是其首鼠两端，惟知自谋其穴，未必终为我用。至叶成林、刘兴阶辈，尤不足数，有何信义？一旦势迫，彼将输我情款，以附敌人。即不然，抗拒难支，迫而内窜，既已曾相引用，亦难禁其来归。纳之，则敌寻仇；拒之，则彼复生变。于防边制敌之策，似无所益。

最后，才道出他的目的，假借众人之见，给朝廷施加压力，趁唐景崧尚未到省之际，直接将其拒于门外：

臣商之抚臣暨在省司道，皆以为然。此次，该主事奉发来滇，既未便派令出关，而此外又别无差委。现在该主事尚未到省，合无仰恳天恩，饬令回京供职，俾有用之才，免置诸无用之地。臣为慎重边事起见，是否有当，谨附片具陈，伏乞圣鉴训示！

在岑毓英看来，朝廷此次谕令唐景崧赴滇，有两个疑点：一是朝廷虽然没有明令唐景崧入越，但就派他自京南来而言，无疑已暗中默许他在边疆危机时提出的对策。如果唐景崧此行成功了，是朝廷派遣之功；如果失败了，就有可能拿他问罪。二是唐景崧奉朝廷旨意派到自己身边，犹如钦差大臣，是否领有其他什么任务，诸如监视之类，他不敢掉以轻心。与其在身边放这么一颗定时炸弹，不如及早把唐景崧打发了之。因此，才有了以上岑毓英煞费苦心的《附片》。

岑毓英在《附片》中所陈理由可谓冠冕堂皇，大义凛然，却掩盖不了他内心的"小九九"。《奏折》及《附片》十月初六日递到慈禧太后手中，个中心思立时被识破，一道上谕不动声色地发出：

　　岑毓英另片奏请饬唐景崧回京供职等语，唐景崧现已起程赴滇，着俟到省后，酌量差委，察其才具是否可用，再行具奏。

　　南行真是难行。不过现在好了，有了老佛爷这把"尚方宝剑"，唐景崧不仅不怕岑毓英将自己挡在云南之外，反而增强了自我决策的主动性。

第四章

富春探底

光绪八年十二月四日（1883年1月12日），唐景崧抵达越南都城富春。

一

到了广州这个地盘，不管从清代官场礼仪，还是从这次出关的利害关系来说，都必先拜谒署理两广总督曾国荃。有了云贵总督岑毓英处吸取的教训，唐景崧谨慎多了，甫到羊城，便立刻到曾国荃衙署报递谒见细字名帖，约定拜见的时间。

曾国荃，字沅浦，湖南湘乡人，"晚清四大名臣"曾国藩之弟，以镇剿太平军军功起家。光绪元年（1875），授陕西巡抚；次年调山西巡抚；七年（1881），授陕甘总督；八年四月（1882），因南疆形势告急，才调署两广总督。

十一月初十日，曾国荃对唐景崧的名帖作出了反应："请唐景崧相见。"一个"请"字让唐景崧颇为感动。

唐景崧来到曾国荃府邸,在下人的引领下径直进了内室。怎么进内室了?下人禀报后回来告诉他,才知道沅帅[1]身体有恙。

唐景崧行礼请安,恭敬有加:"司员唐景崧叩见沅帅大人。"

曾国荃斜靠在床上道:"唐主事,老夫身有疮疾,恕不能出门相迎。"

"沅帅大人有疾在身,还能接见司员,唐景崧感激不尽。"

"唐主事,请你坐到床边来,老夫要跟你好好谈谈。"

唐景崧按他的意思坐到病床上,心情宽松了许多。曾国荃问了一些家常话便进入正题:"唐主事,几位大人的函件,老夫都收到了。请你放心,到了广州老夫就是你的坚强后盾。"劝慰说,"岑彦帅的奏片想来你已有所了解,你不要放在心上,其实岑彦帅这么做,也是可以理解的,大家都不容易。"

唐景崧对曾国荃的阔达和平肃然起敬。谈话中曾国荃对唐景崧的请缨奏折给予极高的评价,说"三十年来无此文",这更让唐景崧感动不已。《请缨日记》中,唐景崧这样记载:

谒曾沅帅,谈一时许。阅奏稿,称作某处某节皆破的之论,三十年来无此文矣。为余规画极周,阔达和平,若莫知其建大勋、膺大位者。

---

[1] 是时,统兵大臣及督抚皆称曰帅,多以字称,故称曾国荃为沅帅。

第二天，曾国荃身体稍好，派人再请唐景崧相见。这次相见，曾国荃重点谈的是出关。曾国荃先交阅马大使信十五件，黄守备信一件，都是潜伏在越南的情报人员提供的谍报，对唐景崧了解情况有重要帮助。二人相谈良久，曾国荃最后建议他第一次出关先去富春（今顺化）。富春是越南的都城，叫他先看看当局抗法是否有所作为，了解一下刘永福是否可当大用，再考虑是去保胜还是回广州。唐景崧再次被这个设身处地为他着想的建议所感动，有了这个预案，唐景崧对第一次出关就有了足够的把握。

在接下来的几天时间里，曾国荃为唐景崧出关做了妥善安排：

人员上，派周炳麟陪同前往。周炳麟，字竹卿，广东南海县人，长期以广东驻越南招商局人员身份出入富春，对越南的地情、人事、政经相当熟悉。派黄爵臣与唐芷庵由北海赴广西龙州出关入保胜打探消息，然后与返回的唐景崧在约定地点会合。唐芷庵即唐镜沅，广西灌阳县文市镇文市村人，为唐景崧父亲唐懋功的学生，以直隶州判分派在广东试用，得曾国荃安排随唐景崧出关，是为得力助手，忠实部属。

行资上，曾国荃亲自交代藩、臬两司提海防经费作为唐景崧出关费用。唐芷庵一行领取路费一百五十两；唐景崧一行由善后局安排路费三百两。还让人转告唐景崧，如在外经费不够，可向招商局借用，由善后局寄还。

十一月二十日，一切准备停当，唐景崧向曾国荃辞行。曾国荃拍着唐景崧肩膀一再叮嘱："一定不要冒险，保重安全要紧。"

知遇之恩，唐景崧不觉眼眶一热，泪湿衣襟，更坚定出关的决心和斗志：

佩蘅师勖以定识、定力，沅帅谓凡事精神贯注则必成。今成否不可知，而精神未敢稍懈也。

二

唐景崧深知，此次入越危机四伏，稍有不慎，就会陷入万劫不复的境地。但自己只能义无反顾，勇往直前：

时法人在越南海口搜诘严酷，防中越交通信息。极知此行艰险，乡人多为我危，又窃窃以资俸旷废为虑，岂知伏奏时已置此身于度外，何一官之足较哉？

一切筹划妥当，唐景崧一行改装易服，充作商贾，秘密启程，于十一月二十五日乘船到达北海，稍停，分两路行进。

北行一路，由总兵黄国安（爵臣）负责，直隶通判唐镜沅（芷庵）带仆人老张辅行，由钦州取道广西龙州出关，赴谅山一带查勘刘永福的情形。

南行一路，由唐景崧携周炳麟过万山至富春，重点是"察其政令能否有为,其于刘永福能否信用"。

富春即现今的越南顺化市,从17世纪始,曾先后为越南旧阮、西山阮和新阮三朝都城。

去富春这一路,唐景崧在《请缨日记》中有较为详尽的记载:

十二月初一日,早八钟,偕竹卿(周炳麟)登普济船。船向西南行,过万山、高兰山。高兰向为贼窟,今有轮船巡查,稍靖。

十二月初二日,早四钟,过七洲洋。九钟,过木牌头,水浅多沙。十一钟,见远山一塔,文昌县也。一钟,进琼州海口,有炮台,停船竟夕。此地至富春计洋里三百零十咪,一咪合中国三里三有奇。

十二月初三日,早六钟开行。八钟,过徐闻县界,船向正西行,风平浪静,如坐江船。十一钟,过陵水县界。二钟,入儋州界,船向西南行,偏西即钦州与越南广安省交界,西北即越南之海阳省宁海汛。五钟,过尽海南山,入越南界,船向南行略西。八钟,过河静、义安等省边界。

十二月初四日,早,大雾,微雨,船曲折误行。四钟,至顺化海口,顺化即富春,又改称顺安。波涛奇险,白昼晦冥。坐舢板入口,风雨辄覆。由此进口,可免走广南之沱瀼,而逾岭至富春也。是日幸值开朗,而舢板在浪中有一落千丈之势。入口,有炮台、有兵。今阮氏得国,即借法兰西兵,由此夜渡而袭其城。地距富春四十里,巨炮可及,不可恃也。暂憩招商外局。……十钟，抵东城外招商内局，唐应星及马铁崖皆在此。

日记中提到的唐应星，时任道员兼招商局广东分局总办，被清政府借口处理招商局运粮事派往越南，其职责主要是"晤商越王及其执政，将通商自强及联络外交之法，密为探询"，对唐景崧此行成败至为关键。

唐景崧南行一路，在唐应星、周炳麟等配合下，还算顺利平安，经常出没于沿海的海盗和高兰山的贼匪均未出现。在富春海口"有海防官识竹卿，前来问讯，并有掌卫官及侍卫二名在此巡查，询余姓名，举姓号以对。该国禁令，有中国衣冠人至此，必查名入告"。因有周炳麟出面交涉，也算是轻易过关。

到达富春的第四天，即十二月初八日，法国人不知怎么得到了消息，驻越法使派人到招商局盘查："听说有中国苏学士（唐景崧化名）到此，来为何事？"周炳麟回复："是唐应星的家乡人，渡海来越南闲游。"法人没有发现异常情况，唐景崧才涉险过关。

唐景崧冒着危险执意深入越都富春，主要目的是通过实地考察，详细了解越南政府抗法的决心和能力、法越关系的真相、越南政府对清廷及刘永福的真实态度，从而掌握在绥藩固圉问题上的发言权和主动权。

在富春一待就是五天。由于没有清政府的明令，越王以"彼族（法人）密迩，稍一举动恐有漏泄，实多畏惧"为借口，拒绝亲自接见唐景崧，只派协办大学士、户部尚书兼机密院阮文祥和礼部侍郎兼机密院陈叔诩等官员前来探望和晤谈。

于是，十二月初五、初六、初九日，唐景崧分别与阮文祥、陈叔诩等越方官员进行了长达三天时间的笔谈。笔谈重点围绕越南政府抗法的决心和实力、法越关系的真相、越南政府对清廷的真实态度等问题展开。

唐景崧开门见山，要求越方官员说明法军入侵越南的形势及越法关系的真相："现在中国未知贵国蒙难后与彼族交涉实在情形，治病者必确知其病之所在而后能下针砭。不敏此来，即为询探真切情形起见，尚望开诚布公，尽实相告。……向知贵国语言文字诸多忌讳，今者当危急存亡之秋，不敏又艰苦远来，一切芟除为便。"

阮文祥道："……且今他有求改约章而不明言何款，及逐永福远居二款，下国断不敢受。自与他定约以来，下国惟依约动，但他屡屡违背，今次尤甚也。倘蒙天朝将此情形付之公论则如何？"

景崧道："自贵国有河城之役，中国即先后遣将出师，屯扎河城左右，即所以观彼族之动静，而为贵国缓急因应计之也。自出师后，彼族之在贵国者，未见大有鸱张，我军自亦不必轻举。嗣后彼族与贵国之要约，贵国王与曾督公文未声叙详明，故不能遽定办法。但既云改约，岂无名目？何讳之深？盖必知所改之约有悖谬者，而后能以公法折之。不然，凭空从何辩论？"

阮文祥闪烁其词答："他声言改约，而不知下国不肯，故不明言。"

见阮文祥如此作答，唐景崧一针见血地将其欲借法监国之谋指出："闻彼族有借保护为监国之谋，不敏确有所闻，贵国独不知乎？"

阮文祥道："他蓄此心已久，但下国不受耳。下职察知他以为保护巧谋，经奏闻国王不准。"

景崧继续问："是保护之语彼族现有明言，贵国早知此即改约中之名目也。贵国亦将保护之利害反复详思，知有万不可从之势乎？抑将游移两可乎？"

阮文祥答："保护之款是他狡处，于嘉定时已有此语，但下职不肯，自来他未曾说及，而其心亦未肯休。下国久蒙天朝覆载，以有今日，昨与他和亦屈于力耳。然为此已甚，岂敢再误？

"西洋诸国谁是恪遵公议者？虽知法人之非，亦决不肯明言。

"既知其非而不明言，何以谓之公议？"

阮文祥一再掩盖与法国保护条款之事，唐景崧破其昏愚，怵以利害："诸国若畏公议，岂有为此强梁之事？然彼亦未尝不小有慑于中，不为鲸吞而为蚕食。所以借保护之名以为将来铃制之术，一经允诺，则以后彼转事事有辞，为所制者不敢与争，即有悯而救之亦不得与争，彼将曰此固愿受吾保护者也。此即彼族畏公议而徐施狡狯之毒计也。"

阮文祥辩解："西方诸国有以公议为重否？下职所未详。若不畏公议，则如何理论？纵有悯之，则凭何辩白？"

景崧道："强邻压境，欲夺土地，人民之大利（罹），徒以口舌争之，必不肯已也，势须辅之以兵力，而后折之公法，相济而行，则彼或借公法为转圜之地。此待强邻之道，辞令、干戈均不可少。"

在与越南官员的晤谈中，唐景崧察言观色，有理有节，言辞犀利，大义凛然，完全一副大国使者形象，令阮文祥等人不得不刮目相看，心生佩服。但阮文祥等人毕竟是官场老手，在关键要害问题上对唐景崧多所保留，诸多搪塞敷衍，唐景崧记述道：

保护一款，始亦不言，经余直揭道破，伊乃承认。盖此来固查看情形，而为越作说客，则在不逐刘永福、不从保护为要，故极力破其昏愚，怵以利害。

经过几天与越南官员的多次晤谈和实地查询，唐景崧认为越南阮氏朝廷完全没有抗法的勇气、决心和信心，在政治上倾向法国，对中国却是疑忌疏远，"然观其大概，官不成官，民不成民，兵不成兵，则其君可知也。实不足以立国，一目洞然，不必穷诘"。从而得出结论：不能指望和依靠这样腐败庸懦的越南政府来进行抗法斗争。

十二月二十九日，唐景崧在向清廷奏报赴越调查的情况时这样说道：

查得该君臣昏愚萎靡，战守绝无经营，即议和亦毫无条理。

其国政令酷虐，民不聊生，自锢利源，穷蹙已甚，每岁所入，大概不及百万。法人又从而愚之，蚀以甘言，则欣欣窃喜，而于中国转多疑忌之心，无可扶持，一言已决。阮福时家庭构衅，苟活自娱，内乱将兴，胜于外侮。

对越南政府在越法关系中所持立场完全失去信心后，唐景崧将笔谈的重点转向越南政府对刘永福的真实态度上。

景崧问："（如法军进攻北圻）贵国尚有良将可与敌一战否？"

阮文祥答："自揣势力难与彼族争锋。但自来彼辈横虐已甚，军士同仇，纵无良将，亦惟尽力。但当绸缪未雨，仰赖天朝处置得宜，方为两利。"

景崧问："刘永福何如？贵国如何驱策？"

阮文祥答："下国用永福亦为此计，奈彼族以其碍商欲逐之。下职亦再三争辩，而众见不同，不无抵牾。至今事势，舍永福固不可，而用永福亦难，总赖天朝措置耳。"

见阮文祥表示越南想用刘永福，却又怕得罪法国人，唐景崧据理分析："彼族所以欲逐永福者，即有惧之之意。用敌之所忌而制之，此至便计也。如听所言，一为逐之，彼族岂果息兵？贵国岂逐安然无恙乎？特谲术以诱之耳。此等人当信用而扶植之，是在贵国王独断及足下重臣之赞襄。此人既为贵国官，则驾驭凭贵国为便。若或疑忌永福，岂不闻两害相权则取其轻，用永福未必有害，即有害亦轻于彼族。急难在前，以有用之才犹迟疑莫决，殊为失计。"

阮文祥道："下国待永福原无他意，始欲命其来顺化，因有彼族之事，遂止之。惟该员原系天朝居籍，如得列位一言，使之永矢一心，则下国之幸也。"

景崧道："不敏于七月具奏筹护藩邦一折，即有策励永福之请，此事可图任之。其所以筹护贵国者固不仅赖此人，但此亦因利乘便之一法。惟其兵力尚单，尚待扶持，又必贵国诚心任用，方不致其掣肘，是则凭贵国王一言与足下秉轴者实心协谋也。"

陈叔讱道："赍书请助，亦不出力征、理论二者。然下国情形如此，力征恐非全利，当以理论为先。相中朝近来筹画于此二者，为下国计较，何利何害？能示知否？上官此来于此二者主意何先？"

阮述语道："万一出于兵事，又恐有远水之虞，乞以排难解纷为先。"

唐景崧提醒越方，必须正确对待刘永福和黑旗军："理论自是平善之策，但全不仗兵力，徒以口舌争之，恐不肯休。中国筹护亦必二者兼之，此我军所以密布也。不然劳师縻饷者何为？贵国之军惟刘永福一军差有声威，但其力甚单，恐不能远及。贵国可否继以粮饷，令其增兵，以壮声势，使彼有所慑，则易于转圜。天下无全材，当节取其所长，而又在我掌握之中，不至为患，此驾驭枭雄之法，亦即控制强邻之术也。"

陈叔讱道："现未了事，而为之继粮增兵，更启他疑。若永福者，下国亦欲收用，以资其力，所以至此；近议迁之，非得已也，欲全之也。惟此甚关紧要。其继粮一节，自有朝廷佥议，非下职所敢言也。黄统督（谓佐炎）亦曾有言（即继粮增兵之言），然未定如何，不敢妄说失信。"

景崧道："用兵自有密计，所谓继永福以粮饷者，其兵由彼自招，司度支者，暗运接济而已。何贵国不达军情之甚也。鄙意欲扶永福者，非必即驱之使战也，声威克壮，则不战而屈人，是可以为口舌争者之一助。所谓贵国求自立者，此即一端。待贵廷佥议自是实情，然贵君当有独断，此意亦望代达，俾知可否。若实难行，则筹他术。故谓彼此必须实情妥商，不至隔阂，方是条理。"

在对越南阮氏朝廷完全失去信心后，唐景崧把关注的重点放在刘永福及黑旗军身上。因此，在与越南官员晤谈时，唐景崧反复询问刘永福及黑旗军的情况，提醒越南政府正确对待和支持刘永福及黑旗军抗法。但事与愿违，越南政府对刘永福及黑旗军同样抱持猜忌疏远的态度，致使刘永福及黑旗军处于孤立无援的困境。

三

在富春的五天时间里，唐景崧除了忙于跟越南政府官员笔谈外，还从招商局唐应星等人处探询相关情况，并会见许多华人熟悉情况者，对当前法越情势已了然于胸，并有了自己的判断和相应的筹划。

留在富春已没有多大意义,他决定初十日离开。是去保胜(今越南老街地区,毗邻中国云南省河口瑶族自治县)见刘永福,还是先回广州呢?

恰在此时,广东招商局接到曾国荃致唐廷庚(应星)信函一件扎一角,马铁崖拆阅,信札内容大致是:法国使者宝海已到天津,经总理各国事务衙门(简称"总署")报奏,上谕北洋大臣李鸿章与之会商越南通商、分界事宜。中法既有此举,唐景崧判断形势已趋于缓和,保胜似可缓行,拟先回广东谒见曾国荃后,再确定行止。

但是,唐景崧对上谕中提到的"李鸿章现与法使宝海议大略办法三条"是有自己的看法的。这个"办法三条"指的是十月十七日李鸿章与法使宝海谈判商定的草案:

一、中国将滇、桂军队自现在屯扎之地撤退回境,或离边境若干里之遥驻扎。法国即照会总署,切实申明其无侵占土地之意,亦无损碍越南王主权之谋。

二、法国切愿设法自海口以达滇境通一河路。为商起见,须使此河路直达华境,以便设立行栈、埠头等事。前有在蒙自设立口岸之说,今愿改保胜,中国当在保胜立关。洋货入关后照已开各口洋货运入内地章程办理。中国设法使云南境内土物运往保胜畅行无阻,如驱除盗贼、撤去保胜境上已有关卡之类。

三、中法在滇、桂界外与红江中间之地划界，界北归中国巡查保护，界南归法国巡查保护。中法约明北圻现有全境永远保全，以拒日后外来侵犯之事。

李、宝草案关键在第三款，实际上等于将北圻（指越南北部十六省，泛指越南北部地区）分为两区域，受中、法之分别保护。清廷对李、宝草案极为重视，唐景崧却另有见地。原因在于唐景崧通过这次越南之行，算是对法国人的居心有了直接而深入的了解，非仅仅依靠各地呈报上来的奏报获取信息可比。法国政府虽然全面殖民越南野心很大，但暂时缺乏实现其并吞越南北圻继而打通进入中国道路所必需的经济和军事力量。在筹划进犯北圻的同时，法国政府便采取与清廷会商的方式，一是借此避免中国对此引起注意并干涉其侵略北圻的行动，二是为其做好准备赢得时间。因此，这次会商在唐景崧眼里只是"分护之说，姑以饴我而已"，其实就是法人的缓兵之计：

法人之攻河内也，造意于西贡带兵之五画，而兵头七画意不谓然。堕河城后，有换兵而无增兵。又鉴于同治十二年刘永福之战，欲进则怯，欲退则羞，而我防军于上年三面续出，彼极悻怯；至八、九月窥破情形，复无忌惮。实则西贡仅二千余兵，不能拨来；由本国而越，重洋亦属不易。其国政出多门，佥议迟疑，故迁延至十月之久，而实观强弱为进退，亦未尝不妨公论，巧诈掩饰。

李、宝分界保护之款还不是最后成案，因而唐景崧大胆地向朝廷提出了自己的建议：

> 夫越界本无所谓分也，分之则当以清化为断。清化以上，北圻归我保护，清化以下，南圻归彼保护，则边事犹属可为。惟此议非独虑法人不允，即越人亦未必从。盖法人志在红江，红江在北圻境内，违其志则必龃龉，此不允之在法者也。而越都顺化，设在南圻，我既立保护之名，先委其都于度外，是显示中国专为边隅起见，未免孤属国之心，此不从之在越者也。

唐景崧的这个建议在朝廷产生巨大的影响，周德润[1]等许多反对分界保护的大臣力主采纳唐景崧的意见。

当初，唐景崧向朝廷请缨出关的想法是"绥藩"与"固圉"并举，以"筹护藩邦"实现中国南方边境的稳固。所谓"绥藩"，即安抚藩属国越南使其局面平静下来；所谓"固圉"，即通过"绥藩"进而实现边境地区稳固。但经过越南富春一行的观察，唐景崧对越南政府已然彻底失望，"绥藩"看来是不可能了，"固圉"

---

[1] 周德润（1832—1892），字生霖，广西临桂人，进士出身，曾任内阁学士兼礼部侍郎，是朝廷中法战争主战派，一直力挺唐景崧越南抗法。

也只能另谋办法。

回到广州的第二天，唐景崧即将赴越都探查所形成的《越南情形稿》呈送曾国荃阅审。曾国荃审读后给予高度评价，认为极有见地，对当前中法会商和朝廷决策大有帮助，嘱咐唐景崧将其改为奏折，寄呈总署代奏。

唐景崧按曾国荃的交代，用一整天时间字斟句酌地将《情形稿》改拟成《奏为详度边情敬陈管见恭折仰祈圣鉴事》奏折，于十二月二十九日呈曾国荃代达总署。

奏折开篇报告此次赴越经过，接着对越南上下之情形、越南险阻之情形、越南膏腴之情形、刘永福之情形、法兰西之情形以及分界保护之建议作了详尽陈述，最后突出强调，即使不能实现绥藩，也要力图固圉，而要实现固圉，"非用刘永福一军，别无良术"。

臣亲履其境，目睹其形，伏思中外未肯失和，非用刘永福一军，别无良术。至如何用之，及为永福如何布置之处，请缕析而陈其计。

一、刘永福固宜暗用，而不宜显用也。然虽不见明文，亦必密有确据，方能坦然效忠相应。请旨敕谕滇、粤督抚臣，如刘永福果能扼守红江，有功边圉，即行文广西上思州立案，准其日后回籍。传使闻知，坚其奋发。至接济军火，云南一省力或不足，势须两粤合力图之，疆臣必奉旨而后敢行。刘永福即迅速移兵叵扎红江左右，胜于在天津以口舌争也。

二、兵当以义动也。刘永福兵力尚单，固非法敌，然《春秋传》曰："师直主壮，曲为老。"尊周室而攘夷狄，齐桓、晋文所藉以成霸业者也。宋室南渡一诏，论者谓其有助中兴。仗义执言，可以补甲兵之不足。宜有人入永福军而提挈之，一檄传呼，申布大义，致书各国，请示公评。自外夷构难以来，神人共愤，一经震喝，必有奋袂而起，仗剑而前者。彼族断无闻之而不惊也。观去秋情形，已萌退志，势不肯以全力争此瘠区。中国再为请停，庶易转圜而退。

三、华商宜要结也。外夷致富在商，无商则如鱼失水。河内与宁海汛通商皆我华人，并无越人贸易，西贡皆然。法越待华商皆极酷虐，所见异于所闻。我宜以数十万银在屯鹤立一公司，示以宽仁，则华商一呼即至，如水赴壑，将无人与彼族通商，不独河内、宁海顿成黄茅白苇之乡，即西贡亦必骤形萧索，釜底抽薪，气焰自息。

四、开垦以养兵也。该国极多旷土，如广安一省，地千里而人仅三千。他处虽不尽然而皆可以招垦，既收养无业之散勇，即寓藏有用之精兵，可卷可舒，可静可动。

五、举事宜筹财也。越南苦于无急切觅财之所，至其境始悉其穷。保胜所入，势难加增。屯鹤向有税关，每年亦不逾十万。即用越之财守越之地，终苦无大裨益。添兵招商，非财莫办。屯田开垦，获利终迟。三五年内势须仰赖朝廷。光绪七年十一月初五日有谕疆臣合力图维之旨，应请再申谕令，酌度数省每年接济若干，俾得展布。俟关外利源渐开，再行停止。当此藩篱吃紧之际，与其决裂不可收拾，费财更多，不如及此时犹事半功倍。

以上各节，所以必用刘永福者，以其为越官而行越事，无虑外人之阻挠耳。果能先据红江，次扼北宁，则宣光、山西、兴化、太原、高平近边等省，已归囊括之中。据北而后图南，固圉之策，无逾于此。

兹当天津会议之秋，窃揣必多棘手，艰危阅历，谨贡其愚。明知一介小臣，何可屡渎天听。惟中外关系甚大，知而不言，言而不尽，则罪戾尤深，何必驰驱于洪涛峻坂之中，瘴雨蛮云之地哉。

唐景崧为启用刘永福抗法固圉，诚言恳词，大声疾呼，吁请朝廷在决策、军火、人事、银饷等方面给予刘永福大力援助。其后，朝廷对其吁请事项基本予以采纳。也是在这之后，才出现数省合力济助黑旗军军火和饷银，并由滇、粤等省担负的布局。

第五章

密谋永福

光绪九年三月八日（1883年4月14日），唐景崧与刘永福会于越南山西，计出三策。

一

光绪九年（1883）春节，唐景崧平生第一次没有和家人在一起，而是受邀在广州朋友家中过节，"几杯浊酒诉牵挂，一曲新词叹南征"。

年前，唐景崧在谒见曾国荃时，沅帅说天津会商尚无成论，让他仍往越南山西（越南西北城镇，原属河西省，后随河西省一起划归河内直辖），看看刘永福是否可用。因此，过完节，唐景崧即着手筹划再次赴越行动方案。

正月初三日，唐景崧向曾国荃请领路费五百两，请派通判黄赞勋并邀蔡冰鉴一同前往。

在筹备出行的过程中，唐景崧阅过沅帅转来的《李宝协议》，随即致函总署，指出协议中窒碍难行之处，并重申入越说刘抗法的主张：

崧现拟即赴山西迎会永福，属其仗义兴师，檄告天下，不必遽出于战，可先以理折之，示以力，扼保胜之势，散布下扑河内之言。现彼增兵，无非胁制会议，永福亦以兵胁之，且观其进退如何，再定办法。惟永福疑虑甚多，必许之以暗助，而后志坚力果。崧即在彼为质，或云为永福邀留，或云为华民牵住，或借不入滇之罪朝旨去官，所以杜彼族纠缠之口而中国推谢之方，则亦暗挫逆锋之一术也。

一切准备就绪，唐景崧与黄赞勋、蔡冰鉴在元宵之前即偕行离开广州，启程奔赴越南山西。

十二日，赴香港。

二十日，附普济船。

二十二日，至廉州之北海。

二十四日，至越南宁海汛，俗呼海防。

二十五日，赴海阳，俗呼水东。

二十六日，抵达海阳省。

二十七日，由海阳起程，七十里至顺城府。

二十八日,由顺城府起程,申刻,抵达北宁。

二十九日,由北宁起程,十里抵涌球,即天德江。渡河,二十里抵安勇,夜宿蓬村。

二月初一日,由蓬村起程,三十里至谅江府,一呼旧府。渡河,行六十里至郎甲。

初二日,由郎甲出发,行七十里至屯牙,小憩。继行三十里至屯梅,即谅山之长庆府。

初三日,由屯梅出发,行六十里,至五台。过此为四台、三台、二台,而至谅山,渡河为驱驴埔,夜宿此地。

初七日,由谅山起程赴山西。

初九日,至蓬村。

十一日,由蓬村起程,至北宁。

十二日,由北宁起程,七十里至金英县。

十三日,由北宁起程,行二十里,至永祥分府。再行六十里,至安乐县。

唐景崧一行历时一个多月,一路跋山涉水,山路崎岖,水路飘摇,沐风栉雨,备尝路途艰辛,终于在二月十四日抵达此行的目的地——山西。他在致总署的函中这样写道:

景崧假道入滇,曲折行抵山西,水土烟瘴之恶,兵革之警,在在可虞;加以危疑震撼之言,异域孤身,彷徨失措,目睹此间,十分危急，入滇请命，则有缓不济急之忧。

就在唐景崧等人赴山西的长途跋涉期间，越南的形势发生急剧变化：法国人趁与清廷会商之机，赢得了时间，果真加快了吞并越南北圻的步伐。为了实现这一目标，法国人首先调整了人事部署，以沁冲代替卢眉出任交趾支那总督。

沁冲上任伊始即二月十三日，就向法国殖民部长报送了一份将越南北圻并入法国保护的行动计划：一是大举向越南增兵，立即用船载运并由两艘舰艇护送一千人到西贡，二三千人到海防；二是命令李维业司令在增援部队抵达前，先期攻占东京三角洲一带的战略据点，然后指挥刚刚登陆的增援部队攻占其他主要战略据点和边境一线；三是达成武力胁迫越南王签订城下之盟——成为法国的保护国。

二月十八日，也就是唐景崧到达山西的第四天，法军司令李维业根据沁冲的计划，悍然发起对北圻重镇南定的进攻。南定为越南北圻五大省之一（河内、南定、北宁、海阳、山西），最称富庶。南定总督武师晏久负能名，招华勇五百人并越兵万人镇守。十九日，法军攻破城门，镇守提督阵亡，南定落入法军之手。第二天，法军进攻新河，总督张登憻带兵九千人，又募华勇五百人拒之，越兵败绩。

北圻重镇南定失陷法军之手，使得北圻的形势急转直下：北宁告警，法舰进至喝江口，窥视山西。越兵不堪一击，而中国军队奉旨严戒深入，仅进至谅江，不敢入驻北宁。此时，唐景崧只好将全部希望寄托在刘永福一人身上，希望尽快与刘永福见面。

局势瞬息万变。当唐景崧等人正在赶赴山西的道路上艰难跋涉时，不仅越南形势发生急剧变化，国内形势也出现新的情况。

二月初四日，署两广总督曾国荃收到总署专门就唐景崧行止问题发的一道函件，要求唐景崧停止越南之行，立即赴云南听候差用：

吏部主事唐景崧系奉上谕发往云南差委之员，不应径往越南，并不得在粤逗留。着即传知该员，毋论行抵何处，务当遵旨赴滇听候差委，毋得违误。

唐景崧十分不解，离京前曾向总署就"拟航海先至粤东，假道越南，详看情形再行赴滇"做了专题报告，当时总署并无异议，以后在越南的行动也都有报告，为何在按计划行事时，突然来了这样一道暗含指责并责令改变行程的函电？

事情起因是唐景崧离京前即上年九月初十日寄给署云贵总督岑毓英的一封信：

窃司员供职铨曹，自惭樗栎。昨于七月二十九日敬陈管见，由吏部代奏。八月初五日奉上谕：吏部候补主事唐景崧着发往云南交岑毓英差遣委用，钦此。

闻命之下，趋谒政府，为述是日造之言。猥以菲材，谬蒙推荐，仰荷朝廷嘉纳，不斥独愚，乃曲筹委用之方，佥称滇省边防最为紧要，宫保沈雄明决，必能恢张奇绩，驱策群材；且谊属乡人，意气当能沆瀣。此政府谋国之深度，而所以筹位置司员者，亦至周且尽矣。

伏念小臣言事，遽荷优容，深虞学短才疏，无以上酬恩遇。幸龙门之有托，或虎穴之能探，所以仰承政府指示机宜，未便遽笔于书，容俟晋谒钧颜，面陈一是。

现拟航海先至粤东，假道越南，查看该国及刘永福详细情形，以期胸有把握，再当趋诣铃辕，恭候差委。商之政府，深以为是。合肥爵相亦极以为然，且谓节钺移滇之际，适晤哲嗣泰阶，已将羁縻刘永福之谋属为迅达。谓司员慷慨请行，深中窾（窍）要。亟宜详看此人可否再有扩充之量，而后谒宫保商酌，则见闻确切，而操纵得宜。但又谓河内一带，近日夷人诘察綦严，官员恐碍前进，且刘永福深为所忌，若知为此人而去，尤非设计而前不可，所虑极为深沉。

现拟行抵粤东再定前进，如河内难行，即由粤东北海取道粤西之龙州出关，走该国谅山等处至保胜入滇。如能仰邀大德，先为檄示刘永福，探知司员入越南界，即派兵接护前行，较为妥便。惟司员因守京华十有余载，家累极重，一旦脱然远出，势极拮据，居者行者之资，仓皇无措，万不获已，只得恝然撇下，迅即南来，约俟舍弟景尃出闱，九月中旬即束装就道矣。

这封信发于上年九月初十日尚未起程之时,在信函中唐景崧表达出对岑毓英极度的谦恭和尊重,详细汇报了假道越南入滇缘由和安排打算,并恳请他看在老乡的份上给予关照和提掣。但由于当时的交通太过困难,朝廷几百里加急的上谕送到云南尚需二十来天,何况私人信函?唐景崧这封信在路上走了近五个月才送达岑毓英手上。岑毓英原本对上谕将唐景崧交他差委就有成见,在请示"饬命回京供职"未获准允的情况下,于光绪九年正月初九日正在草拟《致总署论越南界务商务函》时,收到了唐景崧五个月前寄出的这封信函。拆开一阅,不禁心中更为恼怒,唯恐唐景崧惹出乱子牵连到自己。为此,不惜得罪那些同意唐景崧计划的朝中重臣,也要先将自己从唐景崧假道越南入滇事件中拔出身来,以免惹火烧身。于是,岑毓英在《致总署论越南界务商务函》的结尾处,临时加上了这么一段:

敬附陈者:正肃函间,接主事唐景崧来禀,拟由广东北海取道广东之龙州出关,走越南谅山等处,至保胜入滇等语。查该司员系奉旨发往云南差委,今擅自径往越南,深为可虑,合将原禀照抄呈阅。

岑毓英函中用"擅自"一词指责唐景崧不谓不重,还顺带将唐景崧给他的私人函件作为证物抄呈总署。总署接报,当然要顾及封疆大吏的情面,于是向署两广总督曾国荃下发让其催促唐景崧尽快入滇的信函。

然而，曾国荃与岑毓英的态度却完全不同，在光绪九年二月二十七日《致总署述唐景崧行止函》中极力为唐景崧作辩解、打圆场：

查唐主事景崧先于上年冬间行抵粤东省城，曾经接见。据称拟取道谅山转赴滇省，以便探查越南情势。国荃等酌给川资，该主事旋即起程，系由招商局轮船附搭前往。今正该主事回粤，据云曾往越南察看，并与该国执政互相问答，开具节略见示。国荃等查其问答各语尚无违碍。随据唐主事拟有疏稿，略陈往查大概，并拟往说刘永福查探其情等语。国荃等当以事关中外，未便代为陈奏告之，唐主事因将疏稿及侦探问答各节略具禀，径呈大署，旋即告辞，云由陆路再往谅山。国荃等在其已具禀台端，未行阻止，亦告以刘永福现处情形，未审能否果为我用，而相度情势亦宜慎密，毋令牵出他端。唐主事尚知时势，当能妥密。惟现时探闻海防一带行旅阻滞，唐主事改服前往，未知能否经达谅山，恐其中途梗阻，或亦折回。兹奉谕饬调回滇，容即探明唐主事行踪所在，迅即传谕饬回，以昭慎重。

有曾国荃全力支持，唐景崧义无反顾，坚定前行。

二

抵达山西后，唐景崧本打算前往保胜见刘永福，但当刘永福得知唐乃奉旨而来，便让唐镜沅转告唐景崧，只要探知行至某处，刘永福便整装赶去拜见，不要远涉保胜。因此，唐景崧就将与刘永福会面的地点定在了山西。

刘永福，字渊亭，广西钦州人，贫苦农民家庭出身，幼时为人做雇工。咸丰七年（1857），刘永福加入吴凌云领导的天地会，投身于农民起义的行列。同治二年（1863），吴凌云战死，余部由刘永福和张三率领，转移至中越交界的广西靖西、那坡一带活动，约一年后刘永福投入黄泽宏部。同治五年（1866），刘永福带领余部二百多人同另一支起义军首领吴鲲汇合，经过扩充整编，组建一个旗，刘永福被选任为旗头，以黑旗作为自己队伍的旗帜。从此以后，这支队伍就举黑旗作战，称为"黑旗军"，又因反抗清朝统治被驱赶，只能到越南保胜一带活动。同治十二年（1873），法国当局派安邺带兵一百八十名和两艘炮舰突然轰击河内，刘永福应越南政府之邀，入越南抗击法军，法军主将安邺被击毙，所部百余人也伤亡殆尽，黑旗军取得了"诱斩安邺，覆其全军"的罗池大捷。越王擢升刘永福为三宣副督，又赐印信一颗，文曰："山西、兴化、宣光副提督英勇将军印"，以彰表功绩，并命刘永福扼守红河两岸。同治十三年（1874），刘永福在兴化等地助剿黄崇英有功，获授正领兵官，越南王正式允许黑旗军在保胜设关收税,以补军用。同年十月,越南政府进剿黄崇英,命刘永福权充三宣副提督,督率四路大军。从此,刘永福扎根保胜,以保胜为根据地和大本营。

唐景崧到来之时,刘永福的处境已是十分危殆:一是越南政府对刘永福急则用之,缓则远之。上年,刘永福欲趁法将李维业立足未稳之际,率兵进攻河内,一举将之歼灭,但越南政府却醉心和谈,不仅强迫刘永福撤兵,而且答应法方要求,要求刘永福黑旗军迁离保胜。越南政府的做法让刘永福顿生"兔死狗烹"之感,在给广西提督黄桂兰函中,刘永福大诉其苦:

职员去岁三月初抵山西,法匪势甚顽恶,只得饬提敝前、左、右三营齐集,方期进剿。而统督北边军务黄突迎旨谕,不许进剿,遂为阻。请战不决,请退不如,准严防御。嗣后未久,则有正钦差陈廷肃、副钦差阮有度由富春直抵山西,竟言以和为贵。复据彼族称云,欲坚和好,先须移团撤防,然后议和等因。统督黄以为实,即札派前营黄守忠如故堵守河阳,兼饬销勇数百名;左营吴凤典移扎不拔县,右营杨著恩调守太原,职员许旋保胜,毋得迟延等因,不已则从所调。

二是越南廷臣猜疑掣肘,特别是统督北圻军务的黄佐炎对刘永福用之则呼,不用则弃。刘永福曾自备饷械剿匪,多次与法军开仗,所战皆捷,黄佐炎不但不据实上报,反而每战皆攫为己功,令刘永福积怨已久，对其极为不满，虽同为越南将官，却不听黄佐炎的调遣。

三是黑旗军饷械缺乏，无法补充，军心也有所动摇。刘永福道：

讵意和剿两空，愈久愈淡，各营勇丁停居日久，未免疏心，且防饷甚薄，难度蟾园。职员囊皆空虚，愿分余润，无如所愿者情甚苦楚，私自逃避，未免有情。职员自揣越王既无厚饷，扪无言词，惟屡次进剿，悉臻荡平，亦无获邀上赏，万缕辛苦，付之东流，此皆难以为情。

四是法人视刘永福为眼中钉、肉中刺，欲拔除而后快。法人在越南日渐猖獗，越南政府投靠法人的意图越来越明显，如果到时法人和越南一起对付刘永福，局势将更加险恶。

五是清军口说暗助饷械，却始终不见行动。刘永福能感觉得到滇、桂督抚的成见和冷漠。李鸿章也因通商在保胜，担心黑旗军作梗，曾经建议将其移屯他所。

刘永福对自己的处境有着清醒的认识：如果中、法、越三方一齐用力，他将无立锥之地。

正在进退维谷之际，听闻唐景崧奉旨前来招抚的消息，刘永福顿时有来了救星一般激动和兴奋。为了表示诚意，当唐景崧到达山西后，他就派出得力部将吴凤典、杨著恩、黄守忠先后前往谒见，并向唐景崧呈递自己的履历和所有弁勇军装清册：

窃永福系广西南宁府上思州人，托身异域十有七载，辛苦备尝，未如鄙愿。虽越王亦推心置腹，迭降厚恩，然仰视中朝如在天上，自分犬马之劳未由报效，每盼天恩，惟有抚膺长叹已矣。昨蒙贵随员先来保胜宣布大人保荐之力、朝廷宽大之恩，曷胜感泣。复闻大人先由越南河静、广平等省亲至越都，今又辱临北宁，虽身冒危险，悉出公忠体国之心，而所以曲全永福者，亦深且厚矣！兹特预布腹心，竭诚差人奉迎，伏望驾临保胜，俾永福亲聆教诲，甘捐顶踵，以报朝廷。

唐景崧十分清楚刘永福当前面临的困境和急于相见的心情，于是让刘的部将吴凤典等人羽书飞催，以期尽早相会。

三月初八日，山西的天空蔚蓝，阳光灿烂。

刘永福率亲兵乘舟至山西，阵仗可谓宏大：黑旗飘扬，有"三宣提督军务"旗、篆书"刘"字旗、七星旗、八卦旗；队伍雄壮，有洋枪手、刀斧手，角声呜呜，马蹄蹴踏，不闻军哗。市人见状，拥挤围观，欢声鹊起："刘提督来啦！"

刘永福识字不多，且长年在军中摸爬滚打，稍显粗疏，但率兵来到唐景崧下榻处外，却谨慎有加，有理有节。他先命旗牌官投帖报到，再遣随员韩再文进去探询进见仪节。

唐景崧在会客室接见刘永福，这是两位广西老乡的第一次见面。此时的他们当然不知道正是这一次见面，把两人的命运紧紧联系在一起，从越南到台湾，从抗法到抗日，在中国近代史上写下民族英雄的光辉篇章。

初次相见，唐景崧宽和有度，刘永福执礼卑谨。因为初次见面，且刘永福长途而来，唐景崧略示奖慰，稍作寒暄，并未深谈。

第二天，唐景崧回拜刘永福。

唐景崧对刘永福的第一印象是"长身削立，高颧尖额，状类獐猿"，显然不是很好。这次登门，他特意看了看迎接他的刘永福，觉得云南布政使唐炯说其"诧其相，一见赏万金"有些道理，按面相学观察似乎确有不凡之处。

刘永福恭请，携手步入密室。二人品茶，细陈衷曲。说到黄佐炎，刘永福满是抱怨之声。

在富春的时候就听说刘、黄不睦，现在刘永福亲口抱怨黄佐炎，可见两人积怨已深。同是越将，而且刘永福受黄佐炎节制，必须开导刘永福，消除隔阂，才能顺利完成接下来的对法作战。于是问道："足下膺越职，佐炎外，越人待足下如何？"

刘永福回答："越王待我厚，京外诸臣独梁辉懿[1]善遇我，其余碌碌，皆忌我者也。"

唐景崧接着问："保胜紧界云南，云南如何视足下？"

"唯唐薇生[2]方伯厚我耳。"刘永福回答。

"足下少年冒不韪之名，今处保胜弹丸之地，设一旦得罪于

---

[1] 梁辉懿，号竹圃，广东人，时任越南谅山巡抚。
[2] 唐薇生即唐炯（1829—1909），字鄂生，贵州遵义人，时任云南布政使。

滇、越,进退无路,计将安出?况今且见逼于法兰西?"唐景崧严厉追问。

刘永福跪下,恭敬地说:"谨受教。"

唐景崧将刘永福扶起来坐下,说:"万里来兹,专为足下策划不朽之勋,创不世之业。古有不阶尺土,提一成一旅而成霸王者。夫今越南乃法人刀砧之鱼脍也,狼藉不旋踵。足下诚能据保胜十州为老巢,守山西为门户,北宁、太原、谅山、高平、宣光、兴化,震以足下威名,不费兵力,传檄可定。足下诚能收关外之亡命,简越卒之精锐以为兵,就膏腴之地以为粮,榷七省之物税以为财,礼罗贤俊以为辅助,然后请命中国,假以名号,据北图南,事成则王,不成亦不失为捍卫华边之豪杰。功在中国,声施万世。此上策也。"

"称霸一方,请命中国",刘永福从来没有这样想过,也不敢这样去想。在越称王,这对刘永福来说,是天大的好处。一国之君,九五至尊,这是中国历史上多少农民起义领袖追求的梦想。对于中国来说,也是有利的。刘永福如果称王越南,那么中越宗藩关系将更为稳定,中国南疆边境也将实现长治久安。听到唐景崧这样说,刘永福不禁瞠目结舌,呆呆地注视着唐景崧,良久方才醒过神来。

唐景崧继续说:"虽然,有天命然,再言其次。今者,法兰西欺我中国,剪我藩服,神人共愤。中国不肯因一隅而牵动天下。足下越官也,诚能提全师击河内,战胜则声名崛起,粮饷军装必有助者；不胜而忠义，人尤荣之。四海九州知有刘永福，谁肯不容？立名保身，无逾于此。此中策也。夫以今日揆敌势而建义旗，天人之机，似不至败。"

"出师河内，抗击法军"，刘永福想了想说："唐方伯尝曰：'汝其固守保胜，无妄动，敌至再战，不胜则卷旗入滇，吾能庇之。'"刘永福似乎更相信唐炯之言。

唐景崧笑笑说道："噫！功名者，有功而后有名。足下坐视国难，则无功无名，孰重黑旗刘永福者？事败而投中国，恐不受。且唐方伯又安能久宦滇中而庇子也。株守保胜，此下策也。"

"株守保胜，败投中国"，刘永福思索良久，道："微力不足当上策，且越或因此降法而击我，将奈何？"

"法人已不容汝，为之被击，不为亦击。越急亦必除汝以谢法。豪杰毋为人所算。"唐景崧道。

刘永福仍心存狐疑。

唐景崧看着刘永福道："中策如何？"

"中策勉为之。虽然，兵单军火绌，可守而不可战。"刘永福对中策也有些担心。

唐景崧鼓励道："战必有助者。夫不可战，又焉能守？先发制人，足下毋怯！"

刘永福还是不能做决定，回答道："二者请筹诸杨著恩[1]，再

---

[1] 杨著恩，钦州人，武监生，少年俊伟，知礼能言，为刘永福得力助手。

密复命。"

唐景崧为刘永福所谋上中下三策，可谓深思熟虑，切中肯綮。见刘永福却犹豫不决，唐景崧甚是焦急。

三月十三日，仅隔四天唐景崧又一次夜访刘永福。二人入密室短榻，唐景崧询问："前所陈第一策有意否？"

刘永福问："傥中国问罪，若何？"

唐景崧给予肯定回答："中国知越祀将绝，今日必不理蛮触之事；且足下以保残越、固华边为号召，义正名顺，中国无与为难也。"

刘永福道："然则吾军且进屯丹凤，勿逆佐炎意，俾生疑。且请密商卉亭[1]统领，如能助师数百人，假天兵之威，庶易举事。"

唐景崧道："善！"

刘永福终于决定走中策之路。于是，二人约定，刘永福十五日拔队赴丹凤，准备与法军开战。

三

要与法军开战，必先消除刘永福与黄佐炎的隔阂，促其和衷共济，精诚团结，方可枪口一致对外，确保战争胜利。于是，唐

---

[1] 黄桂兰（1836—1884），字卉亭，安徽合肥人，淮军将领，随张树声来到广西，光绪九年（1883）七月任广西提督。

景崧接下来的首要任务便是使二人和解。

刘、黄到底因何结怨呢?

黄佐炎,号罗洲,越王驸马,东阁大学士,统督北圻军务,北圻督抚皆受其节制。唐景崧入越前不久,刘永福与黄佐炎因为功赏之事大闹一场,不欢而散。《刘永福历史草》记载:

公(刘永福)旋公馆二三日,以柬招公,又复入城见他。黄(佐炎)曰:"现在情形,日迫一日,法国垂涎各地,不自今始,闻今更甚。以情势而论,必然来攻我,不如先发制人,起兵攻之。况今上谕旨,亦决意兴戎。我特又请使君到来,筹商进兵之策。"公曰:"进兵之事,易于反掌。但刘某转战频年,于枪林弹雨之中,身先士卒,入死出生,力冒万险,可谓百战余生。惟所攻必克,有胜无数,今日复一城,明日克一县,敌人丧胆,我武维扬,未闻优加奖励。夫朝廷论功行赏,岂有吝而不予?特统督置之不理,今日克复某处,以为当然之事,明日复某处,又以为本分所应尔。此事不但刘某一人视为无所酬劳,即千百将士,亦各皆议论沸腾,互相怨恨,人人心灰,个个意冷。纵统督恐保奏起来,他日刘某功高厚赏,未免压倒贵职。即不为刘某计,亦当为刘某之各士卒计;即不为刘某之士卒计,且贵南兵有数千之众,随征转战,互相协助,不无微劳足录,岂可一并埋没,致令人言啧啧耶?虽曰奖赏与否出自天恩,而保奏之权操在统督,故百数十战,并未闻保奏之事,是何解说乎!当日刘某未来之先,贵官派阮枝芳带兵一万五千人剿贼，一见贼面，即行大败，哗溃而散，又失大象两支，贵官岂又忘记了耶？何以薄视刘某等如此，殊难索解矣！"佐炎曰："有功必录，一定保奏，但汇案未齐耳！"公曰："战功百数，时日经年，有何案之不汇？又有何汇之未齐？贵官亦徒搪塞埋没功劳，贵官实不能辞其咎矣！"言毕，怏怏告辞而出。

《清史稿·刘永福传》也有相应记载："永福既立功，越南授三省提督职，时时自备饷械剿匪，而黄佐炎皆匿不上闻，越臣亦多忌之，永福积怨于佐炎。"刘永福需要朝廷奖赏来激励将士，抚恤战死者，以维持将士勇气和战力。一次不赏可以说得过去，但经年数百战皆无，他怪罪黄佐炎也就理所当然了。

二月十五日，唐景崧刚到山西，黄佐炎来见。见面不久，黄佐炎就迫不及待地数落刘永福不受调度，恳请唐景崧"筹驭之"。

十八、十九日，法兵攻破南定。二十日，攻陷新河。"南定失，越事愈紧。黄佐炎前后六调刘永福，不至。"有记载曰：

未几，法国起兵攻南定，破之。公（刘永福）在山西行后，即闻法开兵攻取南定之说，屡委员文函交驰，催公督兵。公怒犹未已，心已不理，惟外面对所来各委员等，则曰："尔等回去复命，予随后打点，方能动身。"次次均如此说。公见屡战无功，实在有意推诿，不过不好实说，是以延缓之而又延缓，遂致南定被法兵攻入城，兵民跳城死者数千人。越王听得南定有失陷，伤亡兵民数千人，即降谕旨一道，将大小文武各官，一概革职，黄佐炎统督亦在其列。

可以坐视南定被陷、兵民死伤而不赴援，可见刘永福对黄佐炎的不满到了何种地步。

弄清了积怨的原因，唐景崧心中便有数了。

三月初九日，黄佐炎让刘永福往上协相见，刘永福本不想前往，唐景崧见状，苦口婆心地劝导刘永福："是奚宜者？昔者，越南疑予甚于畏法人，今子亲予，而迟迟不谒主帅，适滋人惑，其往之便。"在唐景崧反复开导下，刘永福终于答应第二天去见黄佐炎，前提条件是请唐景崧一同前往。

虽然见了一面，但十二日，黄佐炎令调刘团往上协，刘永福还是不奉调。唐景崧得知后，亲往调停之。嘱刘永福以一营往上协，余军暂驻山西。刘永福看在唐景崧的面子上，同意唐景崧的安排。过了两天，刘永福又要反悔，唐景崧再度前往劝导，坚其行。十五日，刘永福才辞行，率亲兵先往上协，左、右两营暂留山西。

十六日，刘永福从上协传书给唐景崧，谓黄佐炎要他进兵怀德，请示进止，并说如果进兵，左、右两营都得跟他走，担心唐景崧身边没人跟随保护。唐景崧当即复书："不必顾我。进兵怀德，计亦是。"并让人告诫刘永福："大事固不易为，而击虏为黑旗第一要义。"

在唐景崧的调停、抚慰和鼓励下，黑旗军将士们本来就想回归中国，唯恐不容，现在看到唐景崧代表朝廷前来抚慰，无不精神焕发，矢志杀贼，希望立功受奖，衣锦还乡。

第六章

纸桥大捷

光绪九年四月十三日（1883年5月19日），黑旗军取得纸桥大捷。唐景崧代作《黑旗檄告四海文》。

七月十三日、八月初三日，黑旗军连胜法军于怀德、丹凤。

一

到达山西的第三天，也就是二月十六日，唐景崧接到记名提督统领左江左路防军黄桂兰的信函，称奉倪豹帅[1]照会钞寄总署六百里函，令唐景崧应迅往云南，不得在越留念。

总署之所以有此六百里加急函，一是云贵总督岑毓英指责唐景崧"擅自径往越南"的函件；二是上年冬，中法有通商、分界

---

[1] 倪豹帅即倪文蔚，字豹岑，安徽望江人，光绪七年（1881）任广西布政使，八年升广西巡抚。

之议，深恐唐景崧在越激励刘永福与法作战，影响和议。

唐景崧此时身处前线，要比那些朝中大臣对法越形势有更为清楚的认识，而且法军增兵攻南定就在眼前，法人背约已成事实，京师对这些都还蒙在鼓里。因此，对于总署的催行要求，唐景崧打算暂且置之不理。

在总署催行的同时，慈禧太后也在宫中看到了唐景崧敬陈管见一折和署云贵总督岑毓英致总署的函件。二月十七日，朝廷下发一道谕旨：

总理各国事务衙门奏代递主事唐景崧敬陈管见一折，唐景崧系前经奉旨发往云南差委之员，着曾国荃等饬令该员懔遵前旨，迅即前往滇省，听候差委，毋得稍事逗留。

谕旨要求已经十分明确。如果说总署的催行可以置之不理，那么上谕该如何应对呢？

唐景崧此时还没看到这道谕旨，倒是比唐景崧先看到谕旨的云贵总督岑毓英开始为之忧心。二人都是广西人，没有私人恩怨，先前拒绝入滇，说其"擅自径往越南"纯粹是撇清干系，出于自保。如今看到这道上谕，不禁自责起来，总署的催行令可以置之不理，但谕旨却不行。目前情况下，要保唐景崧免于治罪，唯一的办法就是让他尽快赴滇候任。

为保住唐景崧，岑毓英给唐景崧写了一封情感真挚的函件。

函中苦口婆心地劝唐景崧早日赶往云南，甚至有"挑刘召衅，祸谁当之"的责问。岑毓英用这样的责问，目的是要唐景崧明白他的良苦用心：一个抗旨不遵的罪名即是死罪难逃，如果朝廷再认定"挑刘召衅"，那更是百死莫赎。

此时，唐景崧虽然尚未看到圣旨，但从岑毓英的函中看出事情的严重性。那又能怎么办呢？好不容易安抚好刘永福，让他的战斗意志得以恢复，实在不忍就此离去前功尽弃。唐景崧明白岑毓英是在为他着想，但他不想让岑毓英为难，故在给岑毓英的复函中称："有祸惟自当之！"

四月初五日，唐景崧接到黄桂兰的《准广西巡抚倪恭录本年二月十七日上谕》公文，知照前来，并根据倪抚行文，黄桂兰要求查取唐景崧起程日期具报。唐景崧拜阅倪文蔚抄录的圣旨，"闻命之下，敢不钦遵？"唐景崧再也不敢置之不理，姑报初六日起程。

远在龙州的唐镜沅（芷庵）也来函，"语颇激切"，催劝唐景崧早日入关，尽快赴滇。

如此催逼之下，唐景崧只好立即上路，拟赴谅山小住，以应两端。"然此时性命功名已概付之度外，惟盼黑旗与法人一决雌雄。"

四月二十二日，广西布政使徐延旭出关驻谅山，唐景崧前往谒见。谈起自己即将入关赴滇，徐延旭希望唐景崧留下来。

徐延旭曾至谅山剿匪，著有《越南纪略》，被誉为"知兵大员"。上年正月由安襄郧荆道调任广西布政使，朝廷赋予其领兵出关督师的重任和专折奏事的特权。

第二天，徐延旭偕黄桂兰、赵沃[1]一起来到唐景崧下榻处，商议如何将唐景崧继续留边的事。徐延旭让唐景崧先赴刘营照料，即附片奏请，又函请倪文蔚并为奏留。

徐延旭在附片中奏道：

再，吏部主事唐景崧前因奉旨发往云南差委，假道越南，旋奉上谕："饬令该员迅即前往，毋稍逗留。"当经抚臣转行遵照。

臣四月初途次正遇该员前往云南，与谈外域情形，颇为熟悉，而于赞成刘永福立功报国一端，尤为难得。臣查刘永福原籍广西，流而为匪，自经越南招抚，积功擢至三宣副提督。其统领黄佐炎不善驾驭，转事苛求，刘永福积不相能，常存退志，故不敢擅离保胜，恐为人害。迨唐景崧亲见其人，知其可用，为之开诚劝勉，直以大义责之，谓越南臣服我朝，近居粤徼，能为该国出力，即与内地出力无异。如其思归故乡，未尝不可偿诸异日。刘永福因而感悟，誓不与敌俱生。于是发愤自雄，累战皆捷，非唐景崧之力不至此。现在法越战和之局未定，若得该员留营商酌一切，实于防务有裨。云南藩司唐炯闻已出扎山西，如有应办事

---

[1] 赵沃，字庆池，广东人，原为楚军刘坤一的幕僚，跟随刘坤一入桂，任右路防军统领。

宜亦可就近兼顾。可否准令该员暂缓前赴滇省，留于防营，俾资臂助，出自圣慈。

徐延旭不仅为唐景崧作了开脱，而且对唐景崧的能力才干大加赞赏，认为只有他才能调度刘永福，实于防务大有裨益。随后，广西巡抚倪文蔚应徐延旭之请，也为之奏留，其奏折中说道：

该主事才识警敏，议论甚合机宜，于越南地势军情了如指掌，若将该员留营商酌一切，实于防务有裨。可否准令该员暂缓赴滇，留于防营，俾资臂助之处。

不期两位大员如此看重，合力奏留，唐景崧便答应暂缓赴滇，等待朝命，再决进留与否。

二

听闻唐景崧将入关赴滇的消息，刘永福大为震惊，茫然不知所向。若不是唐景崧的斡旋调解，他与黄佐炎之间的积怨不可能化解，隔阂不可能消除；若不是唐景崧的抚慰激励，黑旗军将士不可能再次整肃成军，迸发出如此高昂的战斗激情，现在却要离他而去，进退如何处置？思来想去，刘永福提笔给唐景崧写了封信，吐露心曲，请教进止，目的只有一个，就是恳切希望唐景崧能留下来与他并肩作战。

唐景崧阅函后，心情也十分复杂，对丢下刘永福有些于心不忍，对放弃刚刚出现的抗法好局面也深为叹息。他内心渴望能与刘永福一道，为抗击法军入侵保家卫国出力献策，但圣命难违，他只能去函对刘永福劝勉开导：

去岁条陈揄扬伟业，乃欲借域外豪杰扼我边疆，此公义非私情也。至于足下殷勤感激，具见天良，扩而充之为义士、为忠臣，皆本于此。鄙人愈礼之敬之，而所以厚望于足下者实不在此。

刘永福在给唐景崧函中诉说，他此次是因为唐景崧而至山西，不然则将回避黄佐炎潜回保胜，现在听到唐景崧即将离去，感到"既骇且疑"。唐景崧函中从公义、私义两方面晓之以理，力劝刘永福坚守山西：

斯言也，揆之公私两义，窃谓不宜。以公而论，虽南官待足下素薄，无一推心置腹之人，然据其地有年，倭其禄有年，而足下装修眷念越王不置，念其君而抗其臣，是何道理？且山西乃越王之土地也，急难之秋而不为守，何谓恋恋于越王？此以公义责足下不宜者是也。山西乃保胜之门户，足下军粮仰给该省，此处为人所据，保胜岂能久存？世未有门户失而堂室无恙者也。山西不守，谁为给粮？彼以一艘横泊屯鹤，则商船不敢过保胜，税项又从何来？故守山西即守保胜，弃山西即弃保胜。足下即不为国计，而为己计，亦当力扼山西。此以私义劝足下所谓不宜者也。

针对刘永福来函中"保胜不守，则当退入十州"之说，唐景崧更是入情入理，百般劝导：

夫十州乃穷荒恶土，禽兽与居之地也。大丈夫当赫赫炎炎，焜耀天下，一隅雌伏，讵不为豪杰羞？且彼族与足下势不两立，既已全噬越南，岂难攻困十州？若曰有险可凭，则寇能往我亦能往，金城千里尚未不足为子孙世守之业，况前无进、后无退之绝壤乎！且中国所以重足下者，以能捍蔽滇疆故也。移居他处即与鼠窃无异，堕前勋而败大名，甚属可惜。以今日足下而论，不得离山西一步，顾山西即所以维北宁，山、北固则北圻事犹可为，滇、粤赖有屏蔽，万不可以鄙人之去留为去留。如曰感恋私情，则足下果能存越南而捍边疆，其勋最伟。君之勋即我之勋也，君之名即我之名也，则所以报我者甚厚。将来到滇即投闲置散而去，而关外英雄曾为我杀敌致果，亦甚足以自豪，何必几席相亲而后快哉！鄙人此行已属非分，幸圣恩高厚，未奉严旨切责小臣。设为君勉强羁留，爱我恐适以误我。本拟赴军中面为劝导，诚虑交锋之际，或涉嫌疑。惟冀足下曲体苦衷，熟筹利害，勿因小忿而坏大事，勿忘末路而冀苟安。河内、南定非足下不能以恢复，所期于足下者甚大。若并山西弃而不守，则不独负万里来寻之意，且极为我粤人无用之羞。千万谆嘱，诸希自爱。

信函最后，唐景崧对刘永福下袭南定、海防的计划给予充分肯定，并晓以民族大义，促其坚定抗法决心：

至招胡军下袭南定、海防，其策甚是，具征将略。军火已商之黄统领，迟日当有回音。前代北宁张总督乞统领备文采买喑枪，到时方可向张督拨用，已豫向张督言之。胡军粮饷一节，望自向贵统督善为酌夺。鄙人皇皇一身，焉能琐琐为解纷事，且亦未便有喧宾夺主之嫌。如实为难，则到龙州尚可致书贵统督也。总之，南官固不待足下以诚，而足下亦自有不是之处，事当自反，乃可平心。嗣后惟望凡百容忍，念一身、念子孙、念中国、念越南，诸念并为一念，无外杀敌而已。杀敌乃有进路，不杀敌并无退路，毋哓哓争闲气，自损英锐。凛之思之，倚装不尽所言。

刘永福捧着唐景崧的来函，反复读了几遍，再回想起唐景崧来到山西的所作所为，如醍醐灌顶，大梦初醒，为自己以前的患得患失、无所作为而感到深深自责和不安，认识到抗法不仅关乎中国和越南的安危，而且与自身和子孙荣辱更是息息相关。仅从上次西山会晤和此番信函交流断言，说唐景崧挽救了刘永福并促成他的抗法大业，一点都不为过。

与唐景崧会晤及函件安抚、鼓励后，刘永福抗法意志、信心和决心更为坚定，黑旗军的士气也随之空前高涨。三月十九日，刘永福在山西祭旗出征，率黑旗军进驻距河内城西十里之怀德府。

四月初一日，黑旗军进攻河内城西。当时，法军兵少不敢出战，只能坚守待援。因为没有攻城利器，连续三天，黑旗军也没有取得什么战果。

黑旗军的长处在于野战，短处在于攻坚。早在与唐景崧会晤时就商定"当养威重，勿浪攻坚，多方挑战，以诱其来"的战略战术。因此，刘永福也不急于求胜，一是向法军发出挑战书，痛诋法人；二是袭击城外的天主教堂，将之焚毁，以期激怒法军，引诱出城，再将之予以歼灭。

刘永福的做法果然将狂傲自大的李维业激怒。李维业生于1827年，1843年进入法国海军学校，毕业后在法国海军服役，曾参加过远征墨西哥的战斗，凭年资晋级，五十多岁升至上校军衔，五十四岁才被任命为曾被别人拒绝的交趾支那海军分舰队司令。急于在退休之前建功立业的李维业，在刘永福的挑逗之下，决定不再等待已向交趾支那总督请求增援的一千士兵，立即对河内城西怀德府黑旗军实施攻袭。

四月十三日，在法军出城前，刘永福已经得到谍报。当时，右营管带杨著恩一反黑旗的作战惯例，要求让自己的右营代替向来为先锋的前营黄守忠部充当前敌先锋。刘永福看到杨著恩争当先锋，知道他杀敌建功心切，答应了他的要求，严肃告诫他："战洋人不可急，急则损。"杨著恩慷慨激昂，答道："见洋人能忍者，非人也。虽死愿任先锋！"杨著恩归队后，等不及造饭进食，即率全营出发，在纸桥附近分兵三路，头队据桥旁关帝庙，二队列庙后，自带亲兵为三队挡大道，设伏待敌。

纸桥本是一座木桥，桥下是一条干涸的小河，位于河内城西二里处。桥西三里为刘营驻地，中间一条大道，大道左右两边为村庄、田地。在杨著恩离去后，刘永福亟命吴凤典率左营埋伏路左为奇兵，黄守忠率前营扼守大路迎敌为正兵，自率亲兵在后督阵，随后接应。

早晨六时许，杨著恩率右营三百余人刚刚设伏完毕，李维业即率海军陆战队两个连及炮兵等四百余人赶到了纸桥左近的安决村。法军先用炮火对黑旗军的埋伏地进行火力侦察，富有作战经验的黑旗军将士静伏不动。法军在进行一番炮火试探，又用望远镜仔细观察，确认没有敌情后，才放心前进，由副司令韦医带领骑兵过桥。刚刚走到桥中，黑旗军枪炮齐鸣，韦医和几名骑兵应声落马，法军顿时混乱起来。李维业见势不妙，从后面赶到前面指挥反击。

激战由此展开。法军十人一队，连环施枪，鱼贯过桥，前倒后进，尸不回顾。面对法军优良的装备、猛烈的火力，多持土枪土炮、仅有少量洋枪的杨著恩部抵敌不住，右营头队溃于庙，二队接战，仍不复支，只得且战且退。法军一支抄庙后，一支进攻大道，夹击杨著恩。激战中，杨著恩先是双股中弹倒下，亲兵拽退不肯，继续指挥作战。不一会儿，杨著恩再次中弹，右腕骨折，但他悍不畏死，用十六响手枪开枪杀敌，击倒十数人，到第十三响，被飞弹击中胸部，壮烈牺牲。

杨著恩牺牲后，李维业趾高气扬地指挥军队沿大道向前推进。黄守忠的头队接战，不敌而退。二队驰援，亦将不敌，黄守忠率亲兵增援，死战不退。吴凤典的道左伏兵骤起杀出，横冲法兵。前营见状直冲法兵。于是，刘兵、法兵混战一团，队伍大乱。黑旗将士短刃交下，法人枪不及施。右营溃兵折回杀入阵中，同仇敌忾，混战中，法尸山积。

李维业见状，立即站到法军前列，企图稳定军心。一颗子弹击中了他的肩头，倒坐地上。一刘兵疾驰欲取首级，李维业脱帽摇手，示意刀下留情，但杀红了眼的士兵，那里顾得了那么多，一刀即刻取下他首级。

李维业战死，法兵犹如无头苍蝇，狼狈窜逃。黑旗军已丧健将杨著恩，吴凤典也已受伤，刘永福即命不再过桥穷追残敌，整队凯旋。

纸桥一战，计毙伤法军八十四人，其中毙其三十二人，伤其五十二人。第二天，法人求请越官说黄佐炎，愿以二万金赎回李维业首级，遭到刘永福的拒绝。

战后，黄佐炎红旗报捷，越王奖功，授刘永福三宣提督、一等义良男爵，赏斩李维业首级兵银千两。刘永福也即刻写信向唐景崧报捷，并归功于唐景崧，说："此役之胜，皆得公之在山西时指示筹划而行,是已得胜耳!"

唐景崧闻之大喜,在谅山住地与"谅营官兵、华商、越庶以及巡抚、布、按文武各官,一齐致贺"。

四月十六日,唐景崧乘势为刘永福撰作《黑旗檄告四海文》,布告天下:

越南三宣副提督刘永福为檄告法罪事:

溯越南自秦汉以降,俱隶中华,至宋始沦为外域,前明犹改行省。逮大清朝,虽越王主迭经易姓,而皆就列藩封,纳贡有期,载在册府。四海五尺之童,谁不知为大清属国者,法兰西独不闻乎?既与中国和好,即不应欺其所属。用兵于越南,无异用兵于中国也。

《檄文》开宗明义,说明自古以来越南与中国的密切关系,表达出"用兵于越南,无异用兵于中国"的鲜明立场。

《檄文》继而揭露了法国侵略者的阴险企图和在越南犯下的滔天罪行:

兵端开自法人。如中国大皇帝赫然震怒,声罪致讨,法兰西何说之辞?即不然,而遣师救护藩服,亦不得援两国相争,他国不得接济之公法相比。前者攘据西贡,遂使越南贫弱至今。同治十二年,突攻北圻,议和通商,迄今十年,未尝稍有得罪于法人也。去岁无故堕其河城,总督殉难,兵船盘据下游,法使宝海忽在天津有通商、分界之议。夫欲通商,云南则通之而已矣。欲往保胜,则往之而已矣。至越南土地,岂法人所得而分之?且久居大皇帝覆载之中,频年出师剿除土匪,未见法兰西有一矢之助,何所赖其保护?据人之城,戕人之官,掠人之仓库,犹腼然自称保护,岂不汗颜?及至天津已约会议,请中国退师,而宝海忽而西旋,增兵倏已南至,弃礼蔑信,一至于此,不独虐越南,实欺中国也。请质之海外诸大邦,谁曲谁直,谁启兵端,恐亦无辞为法兰西解也。本年二月十九日,击破我南定;三月阻粮于富春,攻北宁之新河,窥山西之丹凤,志在鲸吞,横暴已极。

《檄文》接着喊出"当为中国捍蔽边疆,当为越南削平敌寇"的嘹亮口号。在宣扬纸桥大捷的战况后,奉劝法人"悔过退师",不要"怙过不悛":

永福,中国广西人也,当为中国捍蔽边疆;越南三宣副提督也,当为越南削平敌寇。于是恭奉国命,督率全军逼攻河内,慷慨誓师。四月初九夕,焚毁城内教堂。十三日,身率劲兵与法人血战三时之久。炮声雷动,人肉星飞,我军奋勇直前,无不一以当十。当经阵斩该兵头五画一名,四画一名,三画至一画二十余名。法兵死伤无算,夺获军械、马匹甚多。彼兵溃遁,追至城西,闭关不出。呜呼!法人所为,神人共愤。今者受兹大创,天道昭然。如其悔过退师，仍申旧好，则永福为民惜命，抑又何求。倘犹怙过不悛，负固罔服，则永福誓不两立，定当力鏖仇雠。设更向我中国妄肆纠缠，则将延礼英才，纠集忠义，一檄之下，万众遂来，更举义旗，往夺西贡。

《檄文》大声呼吁各国站在公正立场，出面调停，"辨曲直以解纷"：

夫天下之积愤久矣。杀机隐伏，如火待然，有倡者必有和之。众愤激发，非条教所能禁，岂独不利于法兰西乎？恐海邦之在中国者亦因越法交锋而受累。幸勿束手旁观至蹈城火殃鱼之祸，何不发一言辨曲直以解纷也。

《檄文》号召越南人民积极行动起来，同仇敌忾，同法国侵略者作斗争：

至于我越教民，食毛践上，受国深恩，乃甘为雠人役使。昔与法和，姑容尔辈。今与法战，则从教者即逆党也，痛杀无赦。如能改过自新，输我以敌情，结我以内应，则赏赉仍有加焉。

再如西贡旧民，岂不怀思故国？乃愿为彼前导，丧尽天良，阵前倒戈即贷一死。若夫堂堂衣冠之族，矫矫草莽之雄，亦甘托足其中，阴谋诡计，窃已耳闻姓名而口不忍言。所望今日为汉奸，明日为义士，永福犹将礼之而敬之也。

《檄文》最后期盼各方义士前来，共襄抗法大业：

永福僻处一隅，志虑短少，伏乞大贤硕彦、奇材异能济其力之未充，匡其术之不逮。谨愿匍匐而受教焉。越南幸甚！天下幸甚！特此布告四海知之。

《檄文》大义凛然，气冲干云。对唐景崧而言，《檄文》是"借他人酒杯，浇自己块垒耳"；对刘永福而言，遂"名震天下，控弦带刀之士跋涉来报，远近响应"。

三

纸桥大捷后，云贵总督岑毓英对唐景崧的态度发生了根本性转变。

请缨出关时岑毓英认为唐景崧的请奏"未能尽合时宜"，要求朝廷饬令唐景崧回京供职，婉拒唐景崧入滇。知道唐景崧已入越南后，他指责其由越入滇"擅自径往越南，深为可虑"。当唐景崧在山西被责令立即起程入滇时，岑毓英出于同情致函唐景崧，"语甚挚"，劝他快赴云南，以免犯下抗旨不遵之罪。纸桥大捷后，岑毓英给唐景崧写了封热情洋溢的信函。以这封信函为标志，岑唐关系彻底转圜。岑毓英在信函中写道：

前由林游击处寄到复书，顷又由唐方伯递到四月、五月惠函两件，并获得观手致唐方伯原信，捧读再三，足见苦心孤诣。阁下驰驱险阻，往返异域，仗义执言，能使刘团和衷，致有纸桥之捷。彼族受此惩创，亦知强不可恃。将来遇事收敛，就我范围，于中外大局所关非细。伟烈丰功，足以震耀华夷，诚足为桑梓光矣。刻下彼族新败，蓄谋报复，不言可知。刘永福兵单势薄，越人又不可恃，弟所深知。若非仍藉执事设法联络，鼓舞其间，诚恐各存意见，有误事机。昨接见倪大公祖钞咨折片并徐方伯来函，知已借重大才，奏留粤营，如此布置，方能关照全局。鄙怀深为慰藉之至。

岑毓英的态度一百八十度转变，固然是唐景崧入越的"伟业丰功"日益彰显所致，但其中也有倪文蔚、徐延旭奏留唐景崧发挥的作用——唐景崧留在粤营，岑毓英再也不会因唐景崧的所作所为而受到牵连。为了表达自己的诚意，岑毓英在同一封信中特别强调：

刘营得力将领，本不多人，前战颇有伤亡，弟所深虑。刻下要务，总以延募为先。至于炮械所需，唐方伯必能接济也。所有各营，均已函饬，一切就近请阁下指示机宜，幸勿谦让。

从此往后，岑毓英对唐景崧颇为信任、关照和提携，曾致函切嘱"始终其事，扶小邦而维边圉"；在同其他人的通信中，岑毓英说到唐景崧时，大加赞赏"边圉栋梁，赖此一人"。唐景崧投桃报李，在家书中也时有倾吐对岑毓英发自肺腑的感激之言："有人知我苦心，即足自慰矣！"

虽然纸桥取得大捷，但唐景崧此时还住在谅山，是入关赴滇还是留在越南与刘永福并肩战斗，去留仍旧悬着。

二月中旬，朝廷谕旨要唐景崧"懔遵前旨，迅即前往滇省，听候差委，毋得稍事逗留"。两个多月过去，没有唐景崧到滇候任的消息。慈禧太后心生疑虑，唐景崧到底是怎么一回事？虽然不知道唐景崧以身犯险在越南境内有何动作，但她也不想轻率地治唐景崧的罪。

慈禧太后首先等到的是越王呈请广州的代奏。三月初十日，越南统督北圻军务黄佐炎听闻唐景崧要赴云南，立即与越南谅山巡抚梁辉懿会商。是时，越南依靠刘永福抗法，刘永福却不听从黄佐炎的调遣。两人会商的结果就是立即向越王汇报请示，决定通过广州向清政府上奏，恳请清廷允许唐景崧留边，居中协调，以左右刘永福。慈禧太后对越南在中法之间首鼠两端的行为心有不满，便没有答应越王的请求。

不久，各方就呈送来有关纸桥之战的捷报。主战派大受鼓舞，原来不可一世的法军也不是不可战胜的。他们不满朝廷的懦弱胆怯，纷纷上奏，主张仍应坚持助越援刘，坚决抗法。甚至有人喊出：中国如不敢抗法，则连刘永福都不如！[1] 但遭到李鸿章等主和派人士的极力反对。慈禧太后兼顾两派意见，作出决策：一是给滇、桂等省增拨饷械，准添募勇营，以加强边防；一是小心避免谈及助越援刘抗法事宜。

除此之外，慈禧太后也从这些战报中看出，唐景崧在此次战役中发挥了不可替代的作用，于是便有意让唐景崧留在边营，继续招抚、激励刘永福作为抗法的先锋。但饬令唐景崧入关赴滇的谕旨早已下达，一时又不知如何处理。

为难之时，广西巡抚倪文蔚、布政使徐延旭奏请唐景崧留营的折片先后到达。慈禧太后阅后，正好顺水推舟，既维护了谕旨的威严，又于封疆大吏的请求从善如流，两全其美，何乐而不为。于是，五月二十三日，慈禧太后在倪文蔚的奏折上批谕：

谕军机大臣等，倪文蔚奏越将战胜情形并请将主事唐景崧留营各折片。……主事唐景崧着准其留营，惟当饬其诸事小心慎密，不可轻率从事，致碍大局。

随后又在徐延旭的奏片上批谕：

---

[1] 有言："刘永福，中国一土寇耳，率其党数千人，驰檄文，斩骁将，法人甚形狼狈，进退两难。堂堂中国，诸大臣竟托于持重，不敢与人交锋，虽有辞以谢法人，独不耻为土寇所非笑欤。"

谕军机大臣等，徐延旭奏遵旨出关布置防务情形，并请将主事唐景崧留营各折片……唐景崧前已有旨，准其留营。倪文蔚等当令其妥慎办理，用资得力。将此由五百里密谕倪文蔚，并传谕徐延旭知之。

唐景崧去留的问题终于得到解决。

四

经广西巡抚倪文蔚、布政使徐延旭奏留，唐景崧被留在了粤营[1]。五月初四日，唐景崧从谅山赶赴怀德刘营，临走时，徐延旭对唐景崧说，应刘永福之请，黄桂兰助兵四百人、洋枪二百杆，让唐景崧顺带至刘营。这本是朝廷首次资助刘永福，但记名提督统领黄桂兰只交给唐景崧百余人，说其他由赵沃饬游击田福志招募两百人，暗入刘营。赵沃却视同儿戏，根本就没有去招募，更谈不上二百人暗入刘营。

初六日，纸桥大捷后唐景崧重至刘营，吊亡抚生，鼓励士气，刘营上下极为振奋，慨赋同仇。交谈中发现，刘永福仍对黄佐炎有诸多不满，说"非为景崧故，决不出赴山西，亦决不能力战"。唐景崧一番调和劝慰后，刘永福心气方平，其心尚壮，部下亦人

---

[1] 清末广东、广西两省军防归两广总督节制，军队统称粤营、粤军。

人思奋，极欲立功报效中国。

纸桥大捷后，本来局势十分有利——法军遭受重创，一时难以恢复；越南政府的态度也有了转变，明显倾向抗法，只要抓住这个时机，清军或主动出击，或全力支持刘永福，一举就可以将法军驱赶出越北。但是清政府却在战与和间犹豫不决，在明知"法人经此挫败，其添兵报复自在意中"的情况下，仍然抱着坐山观虎斗甚至驱狼斗虎的心志，既不出兵，也不明令支持刘永福，坐失大好时机和主动权。为此，唐景崧痛切指出：

是时中旨尚不明言刘永福，而以后迭谕接济者，盖令边臣默喻而行事耳。纸桥捷后，法兵甚单，该国是时用费无多，尚易收束。倘刘军乘此饱腾之资，攻复河内，法人立可转圜，越圻犹幸图存，边事即不至大坏。

由于朝廷态度暧昧，广西这边也是左右难为。徐延旭本是决意支持刘永福的，但上司倪文蔚却说刘永福不为遥制，不宜支持，还说"万一不慎，被法人擒去生供，让法人得到中国政府支持的铁据，敌必藉口索费"。因此，徐延旭对刘永福的支持也自此缩手缩脚。唐景崧只能叹自己"不操寸柄，仅以虚言激励刘团，庸有济乎！"

与清廷完全不同，法国人的态度坚定不移，决定改变以前对华忍让的做法，采取更为强硬的政策，不惜冒对华开战的风险，也要出兵消灭黑旗军，并吞越南北圻。经过三个月的调兵遣将，法军部署已经基本就位。六月二十七日，法军东京地区最高军事指挥官波滑、东京湾海军司令孤拔、东京特派员何罗恈三巨头在海防召开战前会议，研究制定出一个双管齐下、两路出击的作战计划：由孤拔率领七艘舰艇和一千名士兵攻取顺化，波滑率两千余名士兵攻打黑旗军防守的怀德及各据点。

法军三巨头会议前后，波滑对黑旗军进行过多次试探性进攻，对黑旗军的防御布置和战斗力有了基本的了解和判断。七月十三日，波滑指挥部队向踞守怀德地区的黑旗军发起进攻。

黎明时分，法军分水陆两路由怀德府进攻黑旗军，攻势甚猛。陆路法军分五股进扑，四股分攻前营、左营、右营、武烈营，另一股则监视唐景崧和刘永福的坐营。水路法军由九艘大小兵轮兼以陆兵五百人沿岸直上，进攻坚守河岸炮台的武炜营。是时，唐景崧与刘永福正在坐营商讨军事，听到枪声，即各率亲兵出到坐营门前大树下，督阵指挥，传令各军坚伏不动，不发一枪，待敌人近前始起反击，并传语各自为战。

敌枪如爆竹，轰然不绝，子弹呼啸而来，擦身而过。唐景崧虽一介书生，却早已将生死置之度外，面对枪林弹雨，唐景崧仿佛久经沙场的老将，镇定自若，毫无惧色。刘永福观察得细致，见状也不得不打心眼里佩服。

法军轻视武烈营新近成军，战斗力不强，逼攻极紧。右营韩再勋分兵前往救援,海防带水乔尔赤带"客匪"[1]前来助战。"客匪"白旗,忽进忽却。法军见黑旗军坚伏不动,不敢冒进。

唐景崧回归坐营,登楼观察,两军情形一目了然。午刻,黑旗军开壁驰出,发起反击,枪声大作。法军改变战术,集合五股兵力一起攻击大道。刘永福早已在大道筑起坚墙,右营凭墙奋力阻击。法军不能得手,只得撤退。是役"敌气夺,未刻退怀德府,乔尔赤重伤,斩馘十九级"。

法军水路攻击,仅有唐景崧派去扼守的武炜营进行阻击。法军先以舰艇大炮轰击,然后派五百名法兵沿岸进攻。武炜营孤悬河岸,营官连美率何有龙、朱冰清等仅凭三十五枝后膛枪和其他寻常火枪拼死抵挡,奋勇还击;叶成林则率兵坚守炮台。血战一日,武炜营枪弹已竭,形势万分危急。恰好此时河水骤涨,漫及炮台。法军因受洪水影响,军舰炮火威力不能发挥,岸上法军攻势受阻。加之黄守忠率部及时赶到增援,法军只好撤退。

怀德之战告捷,唐景崧与刘永福谈及各营战绩,认为右营最得力,武烈营次之,亲兵营又次之,由于这三营合力扼守大道,挫敌凶锋,法军才败退。谈及武炜营,唐景崧认为:"该营死者仅四人,伤只八九人。据称,炮毙法兵数十人。该营能以孤军而抗九艘及陆路之敌,血战一日,已为难得,守即是功,况能胜乎?"刘永福高度肯定连美:"以孤营力御强寇,顾全大局,独赏是营哨

---

[1] "客匪"者,多广东嘉应州、惠州人,因贪重募而来。

长百金。"

唐景崧在给徐延旭的汇报中谈到怀德战绩：

> 河内人来，报十三之战。伤其头目最要者二人，一即所谓总统，第不知姓名，一为客勇头目黄四，皆受重伤。兹接黄统领函，谓黄四已毙。又武炜营十三击毙一乘马者，夺其鞭，今知此鞭乃三画官所执，是河内又毙一三画也。闻彼在河干载尸八十余具，则陆路伤毙者当更不少。闻河城水亦浸入，该头目日在船中相向而哭，无怪连日寂无动静。刘军现扎如常，纷来索书，可见其暇从容之致矣。

怀德之战以法军失败告终，但战事并没结束。

七月十三日，就在黑旗军击退法军的当晚，怀德狂风暴雨。"越本泽国，夏秋涨发，城乡皆水，上与屋齐。"连续几天的大风大雨，加之法人决堤灌水，整个怀德变成一片汪洋，渺无道路。唐景崧和刘永福商量，先撤出怀德再作计议，约定唐景崧撤到山西，刘永福撤到丹凤。

丹凤是位于怀德与山西之间的一座小镇，四面为喝江所环，筑有大堤防洪。堤宽五尺，高五尺至一丈不等，砌石填土，战时可作临时工事。因为连日大雨，河水暴涨，法军舰艇可循江直逼河堤，而堤内洼地积水数尺，不便驻守。虽攻防皆不宜，但却是进出山西的必经之地，不得不守。

当波滑从怀德败退之际，孤拔指挥法军经过三天激战，一举拿下越都富春外围的炮台，直逼越南王宫。波滑闻讯，急于抢功，在得到部分增援后，分水陆两路夹攻丹凤。

七月二十九日薄暮，波滑亲率大小轮船十一艘、板船九艘，驶至丹凤喝江口[1]。刘永福先已侦知并闻其陆众三千，分头来犯，立即做出部署：自率亲兵营刘成良、刘文谦等伏丹凤堤边；前营督带黄守忠、正前营管带黄宝珠伏堤之正路；副前营管带邓遇霖伏堤之右路；左营管带吴凤典伏丹凤正路；右营管带韩再勋伏丹凤右路；参将连美武炜营伏高舍一路，以为策应之师。

八月初一日，战斗在倾盆大雨中展开。波滑侦知黑旗军分伏以待，于是将部众收缩并归丹凤正路进扑前营。马驱车载格伦炮六架、开花炮数十架，其余法兵则纯用快枪，势极凶猛。黄守忠、黄宝珠率队据堤迎击，邓遇霖续起助攻，枪炮连环，声震山谷。黄守忠握刀坐地不退，堤狭弹密，敌避堤下，黄军亦趋堤下。两军仅隔五尺堤，蹲伏对枪，昂头即死。刘成良等各率亲兵接应，刘永福指挥纵击，毙其兵头一名，敌势稍退。天将暮，退至村边，犹复列队放枪，彻宵抵拒。

刘永福料会久战，飞函唐景崧乞兵增援。是时，法军一艘兵轮驶至山西下游二十里的日昭社，摆出一副进攻山西的阵式，其实就是拒阻唐景崧的增援。黄佐炎等认为省城吃紧，不宜分兵救

---

[1] 即左凤小河，该处为刘永福驻营之所。

刘。但唐景崧却认为这是敌人的阴谋:"此以孤轮掣我师,恐我救丹凤也。不救,中敌计矣!刘败,省城不保;刘胜,敌决不攻省城也。"于是,唐景崧当即拍案决定,派遣黄云高、田志福率营前往增援。黄、田两营冒雨拔队,并请调云南逼码(子弹)一万出,解赴刘营。

初二日黎明,法军再次向刘军发起攻击。黑旗将士奋不顾身,勇气百倍,力能制敌,鏖战竟日,互有伤亡。连美亲督先锋,纵横荡决,法军犹拼死不退;适见大队黑旗掩至,知系山西援兵到来,法军只得退至村中。当晚,枪声仍然不绝。初三日早间,法军即向瑞香社一带退去。

法军初来轮船九艘,停在左凤小河。刘永福始派扒船管带李唐、武烈营管带庞振云等分扼水陆,以顾后路。初一日,来船已进河口,李唐督饬水勇放炮连轰,庞振云等亦各以抬枪击之,破其中船、小船各一艘。法军兵轮即退泊数里。初二日,法军又驶轮船十一艘来左凤河面,板船九艘鱼续而至。初三日午后,刘永福自督亲兵,施放大铜炮,于堤岸指击,恰中其中船一艘。法兵轮势不能支,亦向瑞香河面退去。黑旗军恐其诈诱,水陆未敢往追,遂各收队回营。

连续三日鏖战,法军败退,双方死伤惨重,徐延旭在向朝廷呈报中摘引刘永福的禀报称:

(黑旗军)连日歼厥丑类,多被抢回,来不及割取首级,不知实数。及其退后，询据所踞各村土民称说，经见炮毙兵头六画一人，四画、三画各一人，二画、一画各二人，兵众八十余人，勒令伊等抬尸下船，载回河内。尚有客匪六十余尸，即在大吉社掩埋；其各项受伤轻重不等，约计二百有余。查点所部弁勇，阵亡正前营哨长陈英茂、何正辉，副前营哨长邓士吉、曾来福，勇丁四十二名；受伤亲兵帮办梁茂林、哨长刘文谦，正前营管带黄宝珠、副前营管带邓遇霖，各营勇丁九十八名。

事后说起这次增援丹凤刘永福，唐景崧感慨道：

是战也，三日不敛队，黑旗居陷阱中，不败有天幸焉。当危急时，黑旗稍稍有遁者，赖桂军二营至，得不溃。是时，官军威望固存也。

初三日法军再次败退丹凤，初四日唐景崧接到上谕：

吏部候补主事唐景崧往来边营，颇为出力，着赏给四品衔，以示鼓励。

历经一年的边圉奔走，枪林弹雨，出生入死，唐景崧终于得到朝廷的肯定和嘉奖。

五

波滑在怀德、丹凤节节败退，孤拔一路却指挥法军兵轮向越都富春步步进逼。七月十七日，海口不守，孤拔率法军攻进越都富春。越宗室阮说督兵力战，不敌，朝政一片混乱。是时，越南已故国王阮福时停柩在宫，继任国王仅一月就被废掉，改立阮福升。在法国人的威逼下，越南新王与法人签订了城下之盟《越法顺化条约》。《条约》共计二十七条，第一条就是越政权、利权均归法人，中国不得干预越事。

与法签约后，越南政府一改过去的抗法为顺法，命北圻抗法越军停止抵抗，撤兵罢团，并下令停止资助刘永福军饷。

越方翻脸变卦，进驻越境的清军也随之调整部署。先是云南方面向朝廷奏称，山西紧靠红江，法船炮弹可及，驻防于此，攻守两难，要求撤回国内，朝廷同意妥筹布置。于是，岑毓英、唐炯将进驻山西的滇军撤退至兴化、大滩。已经进入越南督军的新任云南巡抚唐炯则借口要回省接任，以与岑毓英面商军事为由，于八月十一日返回昆明。广西粤军本来也有军队驻扎山西，见滇军撤退，也准备撤军。刘永福见状，大呼独木难支："黑旗一军，原足防守省城（山西），但滇军一退，粤军继离，值此人心惶惶之秋，岂不更形解体？"

刘永福此时的处境的确十分不妙。越方正按法国人的指令驱逐他和黑旗军，而清王朝又不予明令认可和支持。情急之下，刘永福于十一日率全队和黄佐炎一道赶往山西,名义上是遵照唐炯的指令,实际上是要就今后何去何从的问题与唐景崧面商机宜。

山西是越北战略要地,上可以保富良江,下可以瞰河内,是从越北进入云南的门户。因此,能否守住山西关系重大。刘永福见越事决裂,清廷且多敷衍,欲全军退据保胜十州,唐景崧极力劝止。此时唐炯撤军之檄传至,刘永福愈加惊恐,见面即说:"中国且退兵,吾何为独守此?"唐景崧苦苦挽留,刘永福始终犹豫不决。经过反复商讨,最后议定:"越团移近城厢,滇军退扎二十里,刘团进扎山西,并募丁增营。"

第二天早上,刘永福召集各营弁议事。见面后,刘永福并无一语。各营弁畏其威,不敢妄问,不解何故,遂亦怀疑,相率来见唐景崧。唐景崧了解情况后,不胜骇异,立即前往会晤刘永福。

再三诘问,刘答甚含糊。唐景崧不明所以,问道:"你现在到底作何打算?"

刘永福答:"越南今已无主,惟望天朝当前,卑营随后,无不听命。若独卑营单任守任战,力实不及。云南既欲退兵,虽许以饷,亦不敢领。现在各营弁勇,其心已散。且当日出师,拟一二月即可毕事,得财得官,不料迟延至今,事又大变。弁勇薪水、口粮本来菲薄,若军务一时莫了,则人多不愿为。惟有仰望粤关内外办事诸大人定一主意,如何扶我。"

唐景崧问道:"你究竟意欲何为,不妨明白言之,凡可行者,则诸位大人决无不行。"

刘永福答道："须两统领住在北宁，弟（景崧）住在山西，将来进兵尚要天兵相助。"

唐景崧说："五月以后何尝不拨兵来助？何尝不接济军火？我何尝不在汝身傍？北宁决不退兵，两统领何至退处？至天朝难开兵端，不肯露面之故，曾经历次开诚布公而言之。所以用及你军，云南给饷，属自招营；徐方伯饬用朱冰清，给粮饷成营，皆不得已之苦衷。实则于你有益，赏罚调遣自专，胜于拨兵相助，何处觅此等恩遇？你今遥处乡间，不为备御山城之计，在己亦甚失算。"

刘永福沉默不语。

唐景崧又问："你之不敢为，得非见越南解体，以后之饷难恃乎？至于弁勇薪水、口粮欲增若干，需银几何，开一清单，以便函商两帅，请诸徐方伯，此事可力任之。"

刘永福答道："自从法越议和，人心已散，非稍加以饷，焉能再聚？如诸位大人开恩，肯予臂助，则每勇月加钱两贯，十长、百长、管带每人或十数贯不等，则足矣。"

唐景崧说："如此计来，每月千金即可。余可为请于两统领及徐方伯，谅亦允可。此项加饷，可从九月朔起支，按月拨解北宁，尔自行遣人赴两统领军中领用。"

刘永福听后欣然道："有此加饷，军心可望复固。但望滇、桂两省能源源接济，不至食言为好。"

唐景崧道："滇、桂有一日接济，则你用一日之力；无接济，则不能禁你不退。"

刘永福道:"既然如此,明日可与你同去踏看地势,先定扎营之处。等到十月水落,山城可以无虑,即全军仍发河内,以图进取。"

唐景崧推心置腹、苦口婆心,刘永福本已答应驻守山西,虽然有些勉强,但总算松了口气。孰料次日竟又横生枝节。黄守忠冒失往见刘永福,开口便道:"提督退保胜,则全军交末将代守山西。有功,提督居之;罪,归末将。"刘永福闻言大惊,追问:"谁为汝谋此策?得毋唐公言?"黄守忠见刘永福勃然之状,不敢再言,无趣而退。

黄守忠,号荩臣,俗呼"北江黄",广西南宁府人(今上思县地区),二十六岁聚八百人出关投刘。得黄守忠所部,刘永福军势益壮,二人遂成患难之交。黄守忠来归时,刘永福仅左右两营约七八百人,较黄为少。黄才不及刘,其心却较刘为诚,甘处其下;刘永福亦倚赖之,令其领前营,率士卒千二三百人。

黄守忠对唐景崧力劝刘永福驻守山西或许并不知情,他向刘永福提出军事部署建议,原是平常之事。但非常时刻,却易于生出怀疑和猜忌,造成刘、黄之间的裂缝和刘、唐之间的疑惑。

当此之时,最不希望看到黑旗军分裂的应该是唐景崧。大敌当前,团结的黑旗军尚需滇、桂两军的支持,分裂的黑旗军定然难以承担起守护山西的重任,唐景崧对此有清醒的认识。在唐景崧的开导下,刘永福原本已经答应驻守山西,实无必要挑唆黄守忠取刘永福而代之。唐景崧对刘永福与黄守忠的关系亦是十分清楚，"在永福隐衷，决不肯舍守忠而令其分，更不愿守忠之别开门面"。唐景崧在给其弟的信中剖析心迹："现粤西亦愿助刘以饷，惟彼之招募颇难。而此子声名已立，实为敌畏。我千辛万苦扶掖之于前，今日不能不护惜于后。"

为补救黄守忠言行对刘、黄关系的伤害，促成刘、黄团结，唐景崧可谓呕心沥血。徐延旭在向朝廷奏报中说及唐景崧苦劝刘永福一节，感慨道：

刘永福初志甚锐，后因时局变更，惟恐饷需无着，又见滇军已撤，粤军亦难保久留，顾虑彷徨，进退不决。傥使退归保胜，山西即为法有，刘永福安能自守保胜？法人且直达云南，滇省边防势将吃紧。

唐景崧为之反复开导，不啻舌敝唇焦，许向两统领婉商，留军协助，仍令率其所部扼扎山西省城。现其部众不下十营，军心不似从前之固结，幸其诸将弁同仇敌忾，仍复奋勇异常。……唐景崧不能不仍留山西，随时激励刘团，调和将士，并与两路统领广筹方略，冀保无虞。

唐景崧亦在上朝廷诸大臣书中说：

惟刘永福因富春一变，滇军一撤，其人性本多疑，遂皇惧不知所出，势将瓦解。景崧再三固结，今幸帖然，决计广为招募，大举合围。惟新军尚未到齐，而人心涣散之余，不得不养精蓄锐，再图进取。

毋庸讳言的是，这件事给唐景崧也敲了警钟。他确实作了最坏的打算，在上朝廷诸大臣书中说道：

景崧笼络刘团留驻山西，靡不小心将事。万一刘永福或不足恃，而其部下亦正继起有人，阴为要结，皆愿受命。大抵关外及十州、三猛不患无枭杰之材，特患无驾驭枭杰之权耳。

"继起有人"者，指黄守忠无疑。除此之外，纳入唐景崧争取对象的还包括"枭杰之材"。即使要用黄守忠，唐景崧也是有前提条件的，那就是刘永福"不足恃"。因此，唐景崧始终是把争取刘永福，促使刘、黄和衷共济放在第一位的。当然，后来黄守忠终究与刘永福分道扬镳投奔唐景崧，这也并非唐景崧从中挑拨离间之故，实是二人的性格使然。

第七章
山西陷落

光绪九年十一月十七日（1883年12月16日），越南山西陷落。光绪十年二月十五日（1884年3月12日），北宁失守。

一

形势变得越来越复杂。

就在为"劝刘和黄"忙碌奔波的这段时间里，发生三件与唐景崧密切相关的事件。

一是滇、粤、桂的人事调动。为因应中越边境形势的变化，清廷在七、八、九三个月，进行了一系列人事安排：七月，广西提督冯子材因病解职，以记名提督黄桂兰补授广西提督；以云南布政使唐炯补授云南巡抚。八月，对唐景崧关爱有加的署两广总督曾国荃卸任奉召北上，张树声回任两广总督。九月，广东巡抚裕宽因病解职，广西巡抚倪文蔚调为广东巡抚；广西布政史徐延旭补授广西巡抚；两江总督左宗棠奏准，以前任福建布政使王德榜带八营赴桂边助防。

二是徐延旭奏拨四营归唐景崧统领。六月时，署云贵总督岑毓英致函徐延旭、黄桂兰，属望为唐景崧招募数营，壮声势以驭刘团。是时，广西方面议定由黄桂兰、赵沃增募八营。徐延旭嘱咐唐景崧募一营为亲兵，唐景崧于是以叶成林等二百人补足一营四百人。但岑毓英与唐炯以唐景崧在山西居中调度，而云军、桂军、刘军皆不属之，实则仍只有虚名为由联名奏请朝廷，请允唐景崧增募兵力。在这种情况下，广西巡抚徐延旭于是奏拨黄桂兰所统四营归唐景崧节制，附片奏曰：

再，留营主事唐景崧，现因笼络刘团，留驻山西省城，所居距敌太近。经臣禀准，抚臣核示，会商两路统领，将先后拨出之防勇四营归其调遣，已属谆饬将弁约束勇丁，不得幸功挑衅。该员胆识坚定，当能审度机宜，妥慎办理。谨附片陈明。

唐景崧自此开始带兵，时间是光绪九年七月（1883年8月），即他赴越抗法一年左右。

三是清廷公开奖赏刘永福。八月之前，别说奖赏刘永福，就连唐景崧赴越招抚刘永福抗法都是暗地里进行，唯恐授法国人以口实。事态变化出现在光绪九年八月之后。当时，法国使者脱利古再次来华谈判，提出法方谈判条件是：法国要占据越南全境，中国要承认"法越新约",撤回入越清军,停止援助刘永福抗法。法方这些无理而又霸道的要求,惹得慈禧太后大为恼火,"胁越之约断不认,入越清军绝不撤回,援刘抗法绝不停止",即使为此与法开战也在所不惜。九月二十二日下达上谕:

> 刘永福矢志效忠,奋勇可嘉,着赏银十万两以助兵饷。唐景崧多方激励,亦甚得力,如能将河内攻拔,保全北圻门户,定当破格施恩,以奖世勋。

谕旨中朝廷首次公开认可并奖赏刘永福,同时还要求广东、广西等各方给予刘永福大力支助:

> 刘军饷需,恐越人不能供给,设有缺乏,关系匪轻。前已先后拨给广西饷银六十五万两,恐一时未能解到,着倪文蔚、徐延旭即于藩库内,先行措拨银十万两,迅速发给刘永福军营,俾应急需。俟各省解到归款,军火器械,尤应多为筹拨。该军得此接济,定能士饱马腾,踊跃用命。

这三件事情连在一起,总体上说对唐景崧、刘永福有利,也的确令其倍受鼓舞。接闻谕旨,广西方面则颇有失落:桂军入越四五年,从未获得朝廷奖赏,而唐景崧、刘永福却独蒙奖谕,广西边关大员颜面尽失。此后,徐延旭不再热情支持唐、刘,黄桂兰、赵沃等多方掣肘也愈加显著起来。

九月初，唐景崧从山西来到北宁，"接统四营，管带官黄云高、尚国瑞、贾文贵、李应章，曰新四营。并武炜一营，又命朱冰清成一营，曰武炜副营，共六营"。在唐景崧拟于十月初将六营带往山西的时候，赵沃、黄桂兰等却重重设阻，"不得已，带贾文贵半营、李应章半营、差官数人"。为此，唐景崧于十月二十日上书朝廷诸大臣说：

惟统筹北圻全局，河内未复，则山西实系滇、桂两军往来之要路，不独为滇省门户，亦且为北宁声援。现滇、桂之军驻山西者陆续撤去，永福进兵河内，势难再守山西。前由桂军分拨四营归崧统带，曾入奏报，今尚在欲拨不拨之间，即有可调不可调之势。现仅交一营带往山城，未免过形单薄。……兹者，商于桂营，则曰顾桂难并顾滇；商之刘营，则曰任战难兼任守。乞滇军仍扎山城，不卜允否，殊属左右为难。

虽经唐景崧再三请求，于十一月同意让李应章带两哨去山西，与原来的半营合成一营，但黄桂兰却在李应章赴山西的途中将其截留。经唐景崧反复函催："营已拨我，营官何可不来？"黄桂兰才极不情愿地放走李应章。在各种掣肘、不予支持的情况下，徐延旭、黄桂兰、赵沃却反复催促唐景崧、刘永福进攻河内。

徐延旭等广西边臣不仅在兵力和枪械配置上为难，而且在赏银上阳奉阴违。朝廷奖赏给刘永福十万两饷银时，已考虑到可能因解送延误而影响抗法大局，明确要求先从广西藩库提出拨付。留守省城的倪文蔚遵旨照办，即将广东协饷十万五千两悉数解往，奏明由徐延旭陆续发给刘永福。徐延旭得到此笔款项后，却"不肯遽付"，让急用赏银募勇、添置军火的刘永福大失所望，以至山西大战前，"十万赏银分毫未解，新军无械"。过了将近七个月后，即光绪十年（1884）四月十六日，徐延旭才奏称："先后发过二万八千余两，准备续发八千两。"六月初十日，岑毓英奏报：前月据刘永福当面说，朝廷赏银由广西拨付之款项，尚有六万数千两未领获。朝廷本来希望通过此项奖赏能激发刘永福在抗法战斗中发挥更大作用，但在广西边臣眼里，却是能扣则扣，能拖则拖，完全不顾朝廷的本意和战争前线急需，将这笔款项当成拿捏刘永福、唐景崧的筹码，这直接影响到即将打响的山西战役。

二

七月中旬，在唐景崧的调和、劝导下，黑旗军退守山西。刘永福深知山西是黑旗军与法军的必争之地，要守住山西，必有一场恶战，因此不敢掉以轻心，积极展开备战。

山西省城分内外城，内城四周有高达五米的砖砌城墙，城墙外有一条宽约二十米、深约六米的护城河。外城四门全用大块砖石砌就，东西两门均用泥石封闭，南北两门则可开启。城外是村庄和寺庙，城北离江只有五里，城东是法军来路，因此，刘永福将扼守的重点放在城北和城东。

到十一月，刘永福黑旗军人数达到四千多，但其中新募一千多人，"因议饷数，迄未成军"，且"新军无械"。山西军情日紧，唐景崧考虑求援桂军必不来，于是函请滇军督带张永清进援，并飞函恳请岑毓英、唐炯两帅不要责怪张永清擅移之咎。十一日，滇军张永清率张世和、莫矜智共三营抵达山西，驻扎西关外。桂军则有唐景崧所统的一营半，且人数没有满额，只有五百人。黑旗军、滇军、桂军总兵力加起来六千人，装备却难膺巨任，只有少量新式洋枪，多数为旧式性能低劣的枪支，还不能达到人手一支——新购洋枪尚未运到，仅有的一些所谓的大炮皆为笨铁铸成，最大的不过八百斤。

在刘永福、唐景崧积极备战的同时，法军方面也加快了进攻的准备。九月下旬，孤拔受任为东京远征军总司令。十一月初，法军增援部队到达。到此时，孤拔掌握的兵力达到九千人，装备着新式的洋枪、洋炮。因此，他认为是时候向山西进攻了。

十一月十二日，孤拔亲率三艘战舰、十余艘炮艇、四十余艘民船、弹药车五百辆，运载步兵、炮兵、海军陆战队士兵六千余人，分两路进发。十四日从喝江口登陆，杀气腾腾地向山西逼近。

眼见敌人来势汹汹，唐景崧曾多次向刘永福建议，应当分兵扼扎城外数十里，不可使敌逼城。但刘永福说要纵敌入我重地，始能痛歼。因此刘永福把防守的重点放在内城和陆路，派黄守忠全部暨吴凤典左营扎守东门外，派连美、朱冰清带武炜正副两营扎守东门口为先锋营，派韩再勋右营、胡昆山武烈营、刘荣瑁七星四营并唐景崧统带的李应章一营共七营扎守北门外，南门外则由李唐一营及唐景崧部贾文贵半营扎守，西门外则由滇军新到三营扎守。唐景崧带亲兵八十人留驻内城，刘永福则驻外城指挥。外城则无兵，只是让张永清以小队分布城门。黄佐炎、梁辉懿带兵二千驻南门外村中。

十三日，唐景崧接黄桂兰信报，河内法兵倾巢齐赴山西。唐景崧亟复书提出两项建议：一是驻北宁桂军会同越兵乘河内空虚进捣。二是如果不进攻河内，即以桂军前出新河、嘉林，以牵制山西敌兵，让其有后顾之忧；同时乞求军火支援。然而，桂军却无动于衷，并没有采纳建议，只是坐山观虎斗。

十四日，眼见大战在即，刘永福、唐景崧在刘永福寓所传见各路将领，作战前动员。刘永福作战术部署，唐景崧传达上谕，激励各将士奋勇立功。

十五日早晨九时许，在舰炮轰击的掩护下，法方陆军开始登陆由东北角向北门发起攻击，但遭到扎守北门外的七星营的迎头还击。虽有炮火支援，法军仍然寸步难进。是时，唐景崧与刘永福观战于东城堞下，法军炮弹从头顶、左右呼啸而过，震耳欲聋。当法军抵抗不住退据村庄时，"七星营搴旗直进，法枪自村击出，烟焰漫空。李应章军在敌所据村对面一庙，滚枪环击。我军大势得手"。

为了钳制法军对北门的进攻，刘永福传令驻扎东门外的黄守忠前营、吴凤典左营和驻扎东门口的朱冰清武炜副营，抄入北门敌后。法军则派出杜里厄营的一半、雷加斯营和端尼埃营前去阻敌。双方激战，一时胜负难分。

战场形势风云突变，"忽报黑旗兵败入城，城未闭，法兵已夺头栅"。黑旗军本来占据主动，为何形势直转急下？唐景崧记述道：

询其所以致挫，渊亭（刘永福）则詈官军先遁，官军则咎刘荣珊之七星营。实则堤下炮台先为敌碎，一弹入炮口，炮裂，军声一哗，各仓皇走，敌遂乘之而据我军垒，抢登河堤矣。河堤高与城齐，又紧接北门市栅，我军不得出路。

而前往包抄敌人的黄守忠等部因遇敌阻援，加之小河阻碍，不得不绕行。途中闻知守军兵败入城，遂折回原驻地。

形势万分危急之际，唐景崧急忙徒步赶至北门押队复战，并调派贾文贵带队过北门助援李应章。滇军本驻扎西门外，见势不妙，未战已退。唐景崧亟以翎箭调过来扼守北门，夺回头栅。经过一番整顿，军心才略为安定，但原驻扎在北门外的守军阵地及河堤炮台已全部落入敌手。

刘永福见战局由主动变为被动，不由怒火中烧，先骂将士作战不力，又谴责官军先遁，再责黄守忠包抄何以不至。刘永福怒不可遏，独命右营出扼市栅。

此时，北门的战斗仍在持续，枪声时断时续，若缓若紧。

十五日晚二鼓时分，唐景崧坐在北门城墙下，召集李应章、贾文贵、张永清商量战事。唐景崧说："此时，刘提督正在气头上，难以与他商量。我们要想什么办法夺回此堤？"李应章、贾文贵、张永清纷纷说："没有其他办法，惟有再战！"唐景崧说："浪战无益，宜出敌不意，偷袭夺之。"三位将领一致认为这是个好办法，并决定准保首登者守备花翎，挑选死士，约定四鼓进兵。随后唐景崧回内城，命亲兵备好饮食，为死士壮行。

近段时间稀见月色，但这夜却明月如昼，不能暗袭。至四鼓，张永清带队直冲，李应章、贾文贵带队横冲，刹那间，枪声大作，据守堤岸的法军乱枪齐举。三位将领带队三进三却，张永清部下战死六十七人，最终还是无功而返，被迫退回内城。

孤拔承认在夺取山西城外防御工事的战斗中，法军"遭到了巨大的损失：死亡和失踪七十人，受伤一百八十人；其中两名上尉及一名中尉被打死，十名军官受伤"。

五鼓，刘永福进入内城找唐景崧商量计策，议分守四城，并商定请驻守北宁桂军支援。

十六日黎明时分，参赞梁辉懿也来找唐景崧，目的只有一个，就是恳请桂军施以援手。唐景崧清楚，驻北宁桂军一定不会前来增援，但又不能对刘永福、梁辉懿直说，只好飞函黄桂兰、赵沃，请求调原来划归唐景崧统领的黄云高、尚国瑞两营前来增援。黄桂兰、赵沃接函后依然无动于衷，在给徐延旭的报告中轻描淡写地说道："鄙意刘军但能力拒两日，彼族当自气馁。我军在此，复以游兵扰其后路，则亦可分敌势也。"实际上是见死不救。

滇军及唐景崧所带将士纷纷请求抚恤和奖赏，唐景崧只能倾囊付之。面临此种情状，唐景崧不无感叹："余是时无权、无饷、无兵、无军火，而众军仰于一人；拥虚名而无实际，身处危城，真无可奈何也！"

在唐景崧驰请桂军增援的同时，刘永福命令关闭外四城，除东门留黑旗七星营扎防外，其余全部进城备战。城内教民混杂其中，无从辨其良莠，同时为防扰动军心，严禁外出。法军则进驻守军退出的工事，并沿堤布防。

唐景崧不敢大意，三鼓巡视四城，五鼓方才回到寓所。他心中清楚，援军一定不会到来，山城失守只是迟早的问题，但又不能在诸将士面前稍露分毫，只能暗作最坏的打算，将自己的日记、信札等交付亲信密藏。

十六日虽只有零星枪炮声，但双方都明白，残酷的战斗即将到来。

十七日清晨，密集的枪炮声打破黎明的黑暗。这一次，法军将攻击的重点放在西门。为了吸引守军的注意力，孤拔抽出部分兵力冲进通往北门的大街，佯攻北门。北门的战况，唐景崧记述道：

黎明，法兵攻北门，我军力拒，轰毙无数。火包下掷，竹根为焚，敌尸纵横城下，稍却。辰刻，又攻，而轮桅击炮，碎铁满城，妇稚惊哭。敌又悬巨炮于西门古刹，更番轰击。巳刻，枪炮略息，黄佐炎由南门入见，忧惧无人色。午刻，枪炮复震，细弹雨落，洒遍内城。余寓左右炮弹着地开花，不知所避。厨下盂盘粉碎，满空鸥鸣。派差官持令箭督战，芷庵、琴石走探消息。未刻，攻愈紧，贾文贵在北门告弹竭，瞠视无以继之。

西门是法军进攻的重点，战况更为惨烈：

莫矜智守西门，炮最烈，城崩楼毁，军无立地，驰骑请派锄夫四十人筑地营。仓皇得十六人，负锄往。阮廷润邀余（唐景崧）坐城根避弹。申刻，西门急甚，两派差官督战。

北门、西门激战方酣之际，情势突变——守军遭到了来自后方山西城内的攻击。顿时，城内一片大乱。刘永福满腹狐疑，下令停止追击敌人，并亲自带队回城探查究竟。战后据滇军副将陆春报告：

十一月十七日，越南山西总督率教民开城内应，我军败退，山西不守。……

至十七日夜，我军正在对敌，法人势将不支，突该国山西总督、藩、臬等司率教民从后开城出降，引彼族人入城。

夜幕降临，法军攻进北门，并攻占了西门炮台。守军趁夜色掩护，不等命令下达，慌不择路，各自逃出城外。有记载：

黄（桂兰所部桂）军管带贾文贵见番人早已心怯三分，今见其势太烈，贾即先由西门出走。自贾营先逃，黄、岑（毓英所部滇军）两军人马随尾纷纷逃遁一空，往兴化而去。

刘永福见形势再也无法扭转，"孤自一军，又被法兵败走，先挫锐气，亦拔全队上兴化，再酌御敌之计"。刘永福出到南门，询问部下："唐大人出来没有？"当听说唐景崧还在城内，"痛不欲生，问有能入城护出者，赏银二万。芷庵继赏五万。应者六人，临桥而返"。

唐景崧在敌人已入城的危急时刻，首先想到的是刘永福，心急如焚，"亲立南门，问刘提督何在。无应者，惟见兵民蚁窜"。

残酷的现实使唐景崧意识到大势已去，"事不可为"，无法挽回。于是匆匆忙忙上马率亲兵八十人、差官数人、赵汉甫、赖子容、农耀霖从东门越壕而出，仓皇狼狈不可名状：

天暝不知所之，欲走黄佐炎营，而南门火起，不敢行。欲取道北宁，而敌轮据红河，莫能渡。欲绕上三十里，由屯鹤渡江，而仓皇无识途者，且不忍舍渊亭。当是时，东西北三面皆寇，退路独兴化，乃南向绕西以行。回望山城，火光烛天，兵民男女以万计，纷走田野，大呼"随我纛来"，而云阴蔽月，沟桥莫辨，更无一识往兴化路者，以所行非大道也。夜约三鼓，暂憩岭坡，亲兵失散，仅四十二人矣。闻鼓角声，料离城未远，再率众行。过村，不启栅，然枪鸣鼓如抗敌者。农耀霖解越语，告以官军大队且至，乃放行。折旋几五十里而尚在山城三十里内。各军将领不见一人，忽遇黄守忠部将邓遇霖带残队至，询渊亭，不知下落，问渠何往，曰："随大人纛行耳！"席地顷刻，众忽奔旋，失邓遇霖所在。命差官王得标带亲兵探路，为乱民挽拥，又散去二十余人，王得标亦迷失不归。再行，为横潦所载，盘旋不得出。……已足痛莫能步矣，假坐差官无鞍马，同出横潦中稍息，借草坐。……觅入民家，小憩竹楼，倦极且馁，襟袜透湿，假寐须臾而天曙矣。……黎明，行。马上沉思，潸然泪下。

山西，黑旗军、援越清军以及越南北圻抗法力量的战略要地，就此陷落。

三

唐景崧带领二十余亲兵及沿途跟上来的溃卒，慌不择路，连夜突蹿，两天粒米未进，一路吃尽苦头，十八日申时到达枚支关，这才脱离法军的追击。枚支关是黑旗军吴凤典榷税之地，到这里，唐景崧及兵士们才吃了一顿饱饭。十九日，李应章、贾文贵及黑旗将备各率所部陆续到达，相见跪哭。

第二天一早，唐景崧便率领这些将士们渡过沱江，进入兴化与刘永福会合。兴化地处红江之滨，距山西仅七十里，虽然也是省城，但比山西城市规模小，居住人口少，经济发展水平较低。山西陷落后，刘永福败走兴化，收集落散士卒，重整军备。劫后重逢，唐、刘二人相拥而泣，互致安慰，在血与火中结下的生死友谊，把他们紧紧联系在一起。

在兴化待了几天，二人密室商议收复山西之策，达成如下共识：

一是稳固军心。对刘永福收集的溃卒，"唐景崧皆用好言抚慰，许以将来概为恳请天朝给发口粮，以安众心而振士气"。

二是收集、招募兵员，补充战力。山西一战，伤亡一批将士，溃逃一批士卒，能收集的兵力也就战前的一半多点，徐延旭在给朝廷的奏报中说：

接唐景崧二十日函称：于十九日退扎兴化，刘永福暨滇、粤各营管带均陆续而至。细加查点，滇军帮带秦濬阵亡，莫殽智受伤，此外各军伤亡二百余人。随即出示招集散卒，约聚十之五六。

三是尽快解决粮饷问题。暂屯兵兴化,而"兴化地极贫,无布缕制衣衾,强忍夜寒。仓米不多,军苦乏食"。好在滇军统领总兵丁槐带亲兵来到兴化,并带来云南巡抚唐炯慰问溃军银四千两,解了燃眉之急。

四是抓紧添置军火。山西陷落,军队溃散,枪弹严重不足。唐景崧记述道:

苦无枪弹,刘军所用枪与桂军同,而云军之枪不类,弹难通用,足见枪式不可太杂也。渊亭遣韩再勋、刘肇经带队二百绕道太原赴北宁请领枪弹,并所赏银。北宁仅付二万粒,不值一战,赏银全无。

五是确定收复山西的时间。徐延旭在向朝廷奏报时说:"唐景崧并与刘永福商拟五日内稍加整顿,再悬重赏、优保,仍即进兵规复山西,免又日久难图。"

尽管唐景崧和刘永福想尽一切办法,还是解决不了一战收复山西的物质和兵力需求。与此同时,桂军黄桂兰在没有告知唐景崧的情况下,函调李应章、贾文贵率营撤回北宁。考虑到两营即使留下来,也没办法解决饷银问题,唐景崧只好任其走人——收复山西的军事力量更加薄弱,五日内收复山西计划就此搁空。

关于山西失守陷落的奏疏尚未送到京城,朝廷已通过洋电知之。二十五日,皇帝谕示军机大臣:

法兵已攻破越南山西省城，刘团退走，事机尤为紧要。山西既为法踞，则与我军驻扎之地相接，倘再得步进步，滇、粤边疆俱形吃重。此时惟有严饬各军，力保完善之地，毋使再行深入。岑毓英计已出省，徐延旭业经出关，着即相机调度，严密扼扎，互相联络，不得稍涉松懈。刘团现在退至何处，仍着设法激励，令其统营进扎。关外各军，恐尚不敷防御，着张树声选派得力将领，统带劲旅，驰赴镇南关，以实后路。滇、粤边防，并着张树声、岑毓英、倪文蔚等妥筹布置，扼要填扎。徐延旭进至何处，唐景崧是否亦在北宁，一切详细情形，着张树声迅速电闻，以慰廑系。

知道皇帝十分关注南方战事并作出安排部署，唐景崧、刘永福倍受鼓舞。唐景崧感慨道："疏逖小臣，上系宸廑，伏感增愧！"

接到谕旨，云贵总督岑毓英于十二月初一日统兵出关。行抵通海，才知道山西已经陷落，于是急忙乘小船赶赴保胜，与云南巡抚唐炯商量防守事宜，并让丁槐约唐景崧前来晤商军情。

出京时，唐景崧原本是发往云南由岑毓英差委使用的，后经广西巡抚倪文蔚、藩司徐延旭奏留桂边，唐景崧一直未能与岑毓英谋面。山西失守后，唐景崧想收复山西即赴云南谒见彦帅，却因收复山西计划搁空，未能确定赴滇时机。意外得到岑毓英邀约，唐景崧即与刘永福商量，于十二月初六日起程前往保胜。

经过长途舟陆跋涉，唐景崧于十二月十五日行抵保胜，殷切期待与岑毓英的第一次晤面。

岑毓英早已于十一日亲率八营,浩浩荡荡开进保胜。唐景崧抵达的当天,即赴关帝庙谒见岑彦帅。岑毓英"慰劳甚至",并为唐景崧准备了绵袍、衾褥、靴冠等,补送薪水四百两,又别赠银两备用。

唐景崧对岑毓英的关怀备至感激万分,执礼甚恭:"岑彦帅,属下迟至今日才来向您报到,真是抱歉万分!岑彦帅对属下的关爱,属下定当铭记在心,没齿不忘!"

岑毓英呵呵笑道:"景崧,老夫先前的所作所为,还请你不要怪罪才好啊。"

"彦帅,那是属下鲁莽了。在广州时,曾沅帅就教训属下了。还请彦帅海涵!"唐景崧恭敬说道。

"这些,景崧你能理解就好。为官难啊,稍不小心,就要摔大跟头的!"岑毓英推心置腹说道。

"属下承蒙教诲!"唐景崧说。

"你在越南招抚刘永福,击溃法国军队,固我边围,当属首功。作为广西同乡,老夫为你感到骄傲!"岑毓英竖起大拇指夸赞道。

"承蒙彦帅谬赞。属下只是尽力而已。"唐景崧说。

"尽力就好!你们现在有何打算?"岑毓英问。

"报告彦帅,属下与渊亭商议,本想尽快集结战力,早日收复山西,才来谒见彦帅的。怎奈兵力、军械、粮饷等一时无力解决，只能从长计较。现在，渊亭正在做战前准备。这次，属下前来，还请彦帅多多支援！"唐景崧说。

"战争嘛，不是争一时一地之得失，还是要做好充分的准备，不打无把握之战。你们现在的安排就很不错嘛。说到支援，景崧，你放心，老夫定当尽力而为！"岑毓英说。

"本来，徐晓帅奏拨四营归属下统领，但黄军门、赵军门却未能如其所愿，只拨了一营半，还不甚愿意。山西失守后，招呼都不打一个，就全部调了回去。朝廷给渊亭的赏银，也不肯兑现。属下当下是无兵、无权、无钱，但渊亭却寄希望于属下。长此以往，渊亭会失望的！"唐景崧抱怨道。

"景崧啊，官场就是这样，大家都是这么走过来的，要学会忍耐。俗话说得好，忍得一时之气，免得百日之忧。特别是在困难之际，更需要忍耐待时。时间到了，一切都会好的！"岑毓英劝慰道。

听了岑毓英一番阅历之言，唐景崧觉得"受益无限"。本欲谒见岑毓英后即返回兴化，但岑毓英让他既来之，则安之，等到春节过后，再一起同行。盛情难却，唐景崧只能暂留保胜，与岑毓英进一步晤商军事。

除夕之夜，唐景崧感念自己本该留在桂营与将士们过节，却独自住留滇边，形殊不类，而怅然饮泣。席间听闻徐延旭出关进驻谅山，陡起心血，连夜借灯挥毫，写就《上都中诸大臣书》：

……窃维今日兵事为中外大局所关。外之高丽、缅甸，内之台湾、琼州皆视越南一隅之存亡以为安危，诚不可不用全力以图挽救。今者，法人固与我为敌，越人亦将与我为难。该国半载之内，三易嗣君，臣庶皇皇，类于无主，教民、土匪乘衅称戈，适足以助敌氛而棘我手。窃谓越事冀有转机，固赖边军得力，而欲培其根本，以靖乱源，则莫要于遣师直入顺化，扶翼其君，俾政令得行北圻，以定人心而清匪党，则敌焰自必稍戢，军事庶易措手。

……

夫至今谋越南者，惟两策耳。若不为藩服计，则北圻沿边各省我不妨明言直取，以免坐失于人。若仍顾藩服名义，重在图存，则应有官军直入顺都，假天子威灵，正其根本，疏其血脉，俾内外臣庶知国有君，然后民志定而奸萌亦戢。即我关外防军亦因此而名正言顺，旗鼓堂皇，士心为之一壮。否则，首鼠两端，未有不归于败者也。查北圻可由陆路绕赴顺化，虽云转运艰难，而昔商之黄佐炎，谓其都中犹可支应粮饷，官军不经海口，即不虑其扼截。远献刍荛，以备采用。

信中唐景崧建议朝廷采取"直取北圻"及沿边各省和"直入越都"两策，可谓真知灼见，如能付诸实施，越南形势定然逆转。但人微言轻，都中大臣又自视甚高，根本听不进唐景崧的建言，更遑论向皇太后、皇帝禀报，致使法军得势猖狂，越南形势日趋恶化。

在保胜驻留到正月十五日，唐景崧随岑毓英乘舟东下。十五日进抵与兴化相距三十里路程的家喻关。

岑毓英在家喻关接见了刘永福。岑彦帅"极荷优礼，其将备均蒙赏有差，编其军为十二营"。

谒见岑毓英后，刘永福大受鼓舞。回到兴化，与唐景崧数度晤商，作出决定：与法军决一死战，报仇雪恨，尽快收复山西。

决定作出之后，刘永福马上召集众将同坐一堂，作战前动员和部署。刘永福对山西失守，涕泪痛陈己过，并责令一众将士吸取教训，奋图恢复。刘永福说："此际无论何处，协饷均置不言，且俟一二胜仗后，道路既通，再议请饷。此次与法决战，务求全胜！吾当亲率一路，不求人助。众将士务必勠力同心，奋勇杀敌，不获全胜，决不罢兵！"众将士心情振奋，纷纷表示，定当同仇敌忾！

会后，唐景崧为刘永福代拟约法人会战书，全文如下：

越南三宣提督义良男刘致书法国兵头为约战事：

窃闻法兰西，海外最强之国也。本提督于十年前与尔兵头安邺接仗，一战斩之。窃笑强国之将，不过如此！而李威利尤尔国所共称良将者，本提督又一战斩之，其余阵毙大小兵头不堪数计。

计自去年四月以后，尔兵一败于纸桥，再败于怀德，三败于丹凤矣。君子不欲多上人，本提督因休息全军，退驻兴化，意谓尔兵头必知愧悔，不复寻衅。乃近日以来，又时以兵窥伺沱江，徘徊而不敢渡，可笑可怜，无赖已极。本提督细推其故，尔国所以屡寻我战者，实欲一胜而全据北圻耳。

大丈夫作事磊磊落落，以法兰西海外最强之国，而尔兵头率兵数千人鼠伏江干，施放枪炮，胆小气馁，不值一笑。何妨堂堂正正，渡江而来，决一胜负。尔胜则本提督即解师而去，让尔全据北圻。则以尔国所最忌者，独本提督耳，我去则无人与尔为难，一战成功，岂不甚便？如尔不胜，谅亦无颜在此，势必卷甲而归，无劳本提督之驱逐矣。两国成败在此一举，何必多苦生灵，致负天地好生之德乎？今与尔兵头约，三日不至，期以五日，五日不至，期以十日，十日不至，则本提督即当布告中外四海九州，必群起而非笑之，法兰西其何以为国耶？夫本提督不过数千人耳，尔有坚船而我无之，尔有利炮而我无之，战具万不及尔，邀约而来，有何不敢？窃料尔兵头必不肯忍气吞声，犹顾后瞻前而不敢至也。且胜负亦兵家之常耳，何必畏之过甚。尔畏不来，其耻更甚于败，深望尔兵头之熟思而审处也。翘盼旌旗切切。此约。

约战书发出之后，刘永福前往请示岑毓英，直言进兵不可过迟，当速渡江。刘永福的想法是自为一路，请滇军以一支出屯鹤，一支逼广威，黑旗独渡河，傍山而下。岑毓英强调，朝廷仍责刘团战而官军守，其意是以刘永福为前驱，而以滇军为接应。刘永福的谋划的重点在"分"，即刘团与滇军分进合击，而岑毓英的谋划的重点在"合"，即刘团为前驱，滇军为后援。双方难以达成共识，计终不决。

接下来几天，岑毓英反复开导刘永福和各将领，晓以大义，并陈利害，但刘永福仍坚持己见，遂渐与滇军不睦。

四

法军收到约战书后，根本不为刘永福言辞所动。此时的法军在越总司令已换成米乐，正月十六日才正式就职。攻占山西后，法军见兴化方面暂难进军，遂筹备进攻北宁。援军云集，北宁法军总数一时达到六千人之多。米乐接任，乃分大军为两路，以波里也统帅第一路军，以尼格里统第二路军，以莫列波约统北圻江防舰队，部署既定，图谋大举进攻北宁。

北宁是桂军驻地——是按原计划收复山西还是驰援北宁？战机稍纵即逝，但此时唐景崧和刘永福却意见相左。关键时刻，谁人解扣？

正月三十日，唐景崧等在兴化接到北宁警报，法兵将攻北宁，桂军请求救援。岑毓英找来唐景崧、刘永福商量，意欲让刘永福率队驰援北宁。

刘永福对桂军不救山西的怨气尚未消弭，此时见北宁危急，也欲袖手旁观，说："山西之战时，唐公与我曾多次请求支援，但他们就是见死不救！何曾想，也有今日。"提出黑旗军进击山西，也可以牵制敌势。

唐景崧能理解刘永福的积怨，但大敌当前，决不能以怨报怨，一切当以大局为重。为此，唐景崧耐心劝导刘永福，说："人不救我，而我救人，此大丈夫豪杰之所为也。且能救北宁即可盖山西之耻。今复山西方难，何如救北宁便？"

在唐景崧的反复劝导下，刘永福终于答应前往救援北宁，但提出要唐景崧一同前往。唐景崧爽快允之。二月初一日，唐景崧偕刘永福拔十二营星夜起程，驰救北宁。

北宁西接山西，南拒河内，东临海阳，内蔽谅山、南关，握北圻之枢纽，是中法必争之地。

山西既失，北宁三面受敌，势极危急。广西巡抚徐延旭虽说出关，但却株守谅山，北宁防务悉数交由黄桂兰、赵沃二人措置。是时，北宁也已调集多路大军，备迎战事。黄桂兰、赵沃向徐延旭报告称：副将党敏宣督带八营扼守芹驿关三江口，总兵陈得贵督带四营扼守慈山前路，副将周炳林督带四营扼守慈山后路，提督陈朝纲督带四营扼守涌球，两营守北宁，两营守谅江，另以三营为游击之师。二月初，王德榜率定边楚军八营、方棣生率威远东军五营陆续行抵龙州。

二月初五日，唐景崧、刘永福率部进抵北宁，驻兵距北宁城七里之安丰县。初八日，唐景崧、刘永福接徐延旭的指令，命其率兵会合北宁桂军进攻嘉林，并拨给饷银七千两，逼码十万粒。为此，唐景崧、刘永福入城会晤黄桂兰、赵沃，共商战事。

大战一触即发之际，赵沃临阵退缩，称体羸多病，将士骄蹇，愿乞休让贤；黄桂兰疏于军情，称布置尚密，城坚可守，等候王德榜楚军出关，再议进取。

唐景崧见状，不禁心中着急，说："寇氛速矣！楚军恐不遽来。窃经山西之失，横览北宁城，战守两不可恃：备多力分，扎营太散，呼应不灵，不能战也；城虽坚而无藏身避炮之地，不能守也。应速于城外十里要隘处所，开掘地营，以守野为守城。"黄桂兰自恃久经阵战，不把唐景崧建议放在眼里，胆气甚壮地说："城有四营，吾誓负城而守，敌其如我何？"黄、赵二人都不愿意与刘永福合军攻打嘉林，四人意见不一，难以形成共识。在晤谈中，黄桂兰、赵沃及一些桂军将领甚至"面斥刘永福山西之失，致不能并力战守"。最后，大家不欢而散。

唐景崧回到营地，即给徐延旭上书，表达自己的焦虑和担忧：

初五日，偕刘永福率其全军抵北宁，驻扎城外。目前虽无战事，仍属该军暂留。

晤及左、右统领，右军拟击芹驿关，左军拟俟楚军到齐，再商进取。语各有理，景崧莫能赞一词也。

至于嘉林之役，则较芹驿为尤难。攻芹驿尚以为不可，则攻嘉林愈以为不可矣。而察北宁，实乏大炮，无具攻。人往嘉林，必需是物，故前有十位之请。战具、攻具，亟宜请求。彼有船而我无船，已输一着。我并制船之具而无有。彼族料我不能渡江，愈肆骄横。北宁军壁虽厚，实不足当一巨炮，亟应仿滇军开掘地营。窃经山西一番阅历，粗知兵法，但仅能献言于两统，而事莫能自主。目睹焦急，日复一日，月复一月矣。拔领四营，已成虚设，且又未并扎一处，不然亦可尽我四营之所为，奈何并此而不能也！

本拟即赴谅山，亲承教诲，因欲踏勘四处防所，稍迟就道。

信发出去后，唐景崧见情势危急，黄桂兰、赵沃又听不进劝，急于二月十二日自带亲兵二十人、差官四人赴抵谅山，谒见徐延旭。徐延旭一见唐景崧即捶胸顿足道："北宁不可保。黄、赵两统误我深矣！"

二月十三日早晨，前方传来不利消息，赵沃报告十一日桂军失守扶良。

扶良距北宁城六十里，陈得贵、李极光、翟世祥、覃东义各带一营扼守是处。十一日，法军由芹驿关驶逼扶良，水陆兼进，直扑桂军防营。自辰时至申时，陈得贵等将率队接战五时之久，眼看抵敌不住，派员驰骑北宁乞援。法军越攻越猛，枪炮密如雨点。陈得贵等将见援军不到，只好率队奋力冲击，杀出重围。激战中，翟世祥、李极光受炮伤。桂军退至桂阳，适黑旗军赶到堵截，法军始退却。

驻守北宁城的黄桂兰接到扶良求援的消息，考虑良久之后，派韦和礼带守城三营驰往。韦和礼行至半途即闻扶良已溃，乃折回。唐景崧听闻，对徐延旭说："殆矣！北宁已矣！"徐延旭一听，不明就里,惊问:"唐主事,到底是怎么一回事?"唐景崧回答:"岂有以守城之军而往救前敌者?一败即不归城,孰与守城?"

战事到此一发不可收拾。十四日,法军第一军赶到,两军定于次日会攻。十五日,法军由扶良上犯涌球炮台,分兵进攻新河、三江口各处。提督陈朝纲驻涌球,接战。至下午四时,涌球炮台失守,各营退至河北。此时,退往谅山、北宁的道路已经截断。六时许,法军攻入北宁城,桂军望风溃退,黄桂兰退至黄云社,赵沃奔走太原。

是时,赵沃曾向徐延旭报告刘永福不肯用命,徐延旭倍感无奈,只好让营务处黄子寿与唐景崧商量,希望唐景崧能前往北宁,督促刘永福出战。北宁危在旦夕,唐景崧也是心急如焚,说:"事急矣,请立行!"说完即前去向徐延旭告辞。徐延旭也清楚北宁的情况,低头沉思,说:"北宁危地,汝不入亦宜。"唐景崧说:"请试进,立驰马行。"

唐景崧辞别徐延旭,出门上马,带亲兵驰赴北宁。十五日,行抵郎甲,距北宁已近,尚隔谅江、涌球两河。当晚二鼓,闻知法人已据涌球山顶,唐景崧心急北宁危情,策马夜进,尽夕奔行。十六日黎明,渡谅江,进入谅江府,急欲渡涌球,被张幼亦劝阻。唐景崧也考虑到亲兵太少,遂奔浪山绥南军提督王洪顺营,欲假亲兵渡涌球入北宁。王洪顺止之道:"似有凶耗,姑留一夕,探确再行。"

十七日,在绥南营,唐景崧获知北宁已于十五日戌刻不守,哀痛不已，心如死灰。

北宁失陷，不仅改变了中法越南战局攻守态势，清政府从滇、桂、粤三省到军机处军政格局也均发生剧烈震荡。

战后，岑毓英上奏说："北宁防军共计四十余营，不为不多，经营防备不为不久……竟不能固守待援，殊非意料所及。"法军统帅米乐亦言："华军为数二三万人，经营守备累月，锐卒名将云集，乃望风溃退，以城畀法。"又云："法军仅鸣炮数响而下北宁。"《申报》载文亦指出：在北宁之战中，华军并未与法军力战。一大批将领、督抚、大臣因之受到惩处：

——广西巡抚徐延旭先是"摘去顶戴，革职留任"，接着"革职拿问，派员解交刑部治罪"，最后"拟斩监候，秋后处决"。

——广西提督黄桂兰、广西防军右路统领赵沃、提督陈朝纲"革职拿问，派员解京，交刑部治罪"。黄桂兰预知必死无疑，夜半服毒身亡。

——总兵陈得贵、副将党敏宣"即在军前正法，以肃戎行"。

——副将周炳林、参将蒋大彰等将领受到不同程度的惩处。

——云南巡抚唐炯也在此时被翻出"连日山西、北宁、太原相继被陷，皆因唐炯退缩不前，以致军心怠玩，相率效尤，殊堪痛恨！……革职拿问，派员解交刑部治罪"。

——两广总督张树声和驻法公使曾纪泽亦受到牵连被免职。

——因"于带兵大员未能详慎遴选"，奕䜣、宝鋆、李鸿藻、景廉、翁同龢等全体军机大臣被逐出军机处，由礼亲王世铎，户部尚书额勒和布、阎敬铭,刑部尚书张之万,工部左侍郎孙毓汶等五人新组军机处。

作为北宁之战的亲历者,唐景崧回顾战事时,痛陈时弊:

北宁陷,而越南愈不可为矣。徐中丞(徐延旭)志在决战,初视敌太轻,又虑都中之畏战而就和也,故屡奏敌不足平,以坚战志。事虽败,而其心固可谅也,特年衰多病,而又为人所欺蔽耳。

陈得贵失扶良,陈朝纲失涌球,罪固难辞。然扶良炮台无利炮,涌球亦小炮,守扶良不止得贵一营,而得贵独战半日,他营则壁上观也。……党敏宣,军中积猾也。赵沃庸懦,其作奸肆欺,皆敏宣居间画策,故为其所挟,不遵调度,率八营逍遥河上。及北宁陷,敌犯谅江,敏宣适以未战,全师过谅江遇敌,诡称觅统领,驰去不顾,其巧猾多类此。

陈朝纲有口辩,与周炳林同综理黄军门营务。十四日,议以刘军千人守涌球,渊亭办地营十座。翌晨,忽变计不守涌球。或曰周炳林轻视之,故怒。然渊亭自是矫矫难合也。渊亭十五日之不助战也,初不料官军一败遂至失城,意待危极而后救,以显其能。然束手不战,其于黄军门旧情,岂能稍无遗憾哉?

中法之战,以北宁失陷为标志,清政府在政治、军事和外交上就此全面陷入被动。

第八章

总理前营

光绪十年二月二十九日（1884年3月26日），广西巡抚徐延旭以唐景崧总理前敌营务，节制诸军。

七月，得两广总督张之洞支持，唐景崧招募"景字四营"。

光绪十年十二月、十一年一月，唐景崧等率兵六攻宣光城。

一

法军攻占北宁后即分兵两路追击桂军：尼格里尾追谅山一路桂军，二月十八日至二十三日连败桂军，攻取谅山、郎甲，势如破竹；波里也则自北宁追击退往太原的桂军，十九日攻陷安世，二十二日追至太原，桂军溃走。攻占太原后，法军停止进军，集军河内，筹谋大举进攻兴化。

唐景崧于二十日返回谅山，连夜谒见徐延旭。此时的徐延旭方寸大乱，调度仓皇，忽欲更营制，忽议撤营官，忽互换驻扎之所，号令纷歧，左右淆惑，令人无所适从；又下令王德榜率楚军八营前驻广西第二门户长庆，王德榜见战事已败，不肯前往。

唐景崧见状，心急如焚，向徐延旭力陈："此时寇在咫尺，宜先收溃卒，定人心，备糗粮，集军械，扼险堵御。勿令残军散，致敌踪再入屯梅，则谅不保也。"

徐延旭两手一摊说："你看看我身边哪里有人可用，谁担得起前敌之任？"然后把眼睛盯在唐景崧身上，近乎恳求地说："惟足下敢任事，可否帮办营务，为我一行？"

唐景崧慨然许诺。徐延旭这才缓和下来，当即下文，委唐景崧前营帮办。一时间，引起纷纷议论，有好心者劝阻唐景崧："愚哉，维卿也！此何时而受乱军之任乎？强寇在百里，地无宿粮，兵无斗志，必败之道。奈何以身入虎口也？"唐景崧心志已定，说："中丞待我厚，自入刘营有微劳必奏达。今事急，不为分忧，非所以劝忠义，且乡关之难，乌可坐视？"

说到做到，第二天唐景崧便轻骑行抵屯梅，寓扎长庆府署，开始履行其帮办营务之责。

王子钧以绥南四营驻府城外，并立一大营，报告说徐延旭下令调回谅山候撤。唐景崧亟上书徐延旭，函称四营虽非劲军，然已部署整齐，不宜骤动。并与黄桂兰商议，以于德富、甘乃斌两营扎宫馆，在长庆府前；以李应章、王正明、黄忠立各营守观音桥，以扼大路，在宫馆之前；以党敏宣、谢洲、陈天宋、党英华守谷松。谷松在屯梅之左二十里，隔一岭。由谷松走那阳、牛墟可入谅山。谷松下九十里即船头，轮船可达。是时，黄桂兰统领之职未卸，一切军事安排还需与他商议，唐景崧甚忧掣肘，但还是尽最大努力与之商议，避免分歧。至此，布置略定。

二十二日，徐延旭在不知唐景崧已作布置的情况下，下令调王正明、黄忠立往守谷松，欲以右路军并为一路；李应章、黄云高、尚国瑞、贾文贵四营仍拨隶于唐景崧。唐景崧只好调整布置，以李应章、黄云高、贾文贵并陈得贵营守观音桥，尚国瑞守巴坛岭。

接下来的几天，徐延旭依然不顾唐景崧的调度安排，频频下达撤调各营的命令，弄得唐景崧手足无措，急与黄桂兰筹商。而黄桂兰装聋作哑，不予正面回答。情急之下，唐景崧于二十六、二十七、二十八日接连上书徐延旭，一面汇报前敌筹措情形，一面力劝不要横生枝节。

经过一番周折，唐景崧终于调配整顿停当，前方各营驻扎有所，军心稍稳，防御工事修筑也有序展开。

二十九日，唐景崧突然接到徐延旭来函，议以唐景崧总理前敌营务，节制诸军。从"帮办"到"总理"，足见徐延旭对唐景崧信赖有加："帮办"，只是协助而已，权力和责任有限；"总理"，则是当家作主，权力和责任完全由个人担当。

徐延旭的来函似有征求意见之意。在唐景崧尚未明确答复的情况下，三月初一日，徐延旭就函请黄桂兰退到谅山养病，檄任唐景崧总理前敌营务，将所有长庆前敌及分防陆岸各营概归唐景崧节制调遣，不容唐景崧有转圜、推卸的时间。大敌当前，临危就任，需要的是超人的胆量、勇气和担当。唐景崧二话没说，义无反顾地扛起这副重担。

时不我待，唐景崧走马上任，立即另筹布置：一是改变军事部署，加强军事防御，调建制完整的营把守各险要关口，加紧修筑工事。二是让缺员的营收集散勇，加紧训练，以待临战接济前敌紧要之处。三是查验各营军官，可用者用之，不可用者去之。四是逐营点验，申明临战有功者奖，临战先逃者诛。五是整顿各营营务，清点各营军饷、军械，点验各营丁勇人数——丁勇满额整壮的营保留，不满额的营合并，没有作战能力的营裁汰。六是整顿军纪，严明号令，严禁官兵携带妇女、营居民房、抢掠财物。

三月初二日，唐景崧与点验军实之委员唐继淙点验陈朝纲、周炳林、叶逢春、李逢桢四营，陈、周、叶皆不可用，周营尤多老弱。李逢桢一营差可，人少不留，四营全部饬令退扎阮排。

初三日，点验黄玉贤、韦和炳、窦奇勋三营。留窦营，黄、韦退扎叩波。接着点验绥南四营及甘乃斌一营。

初四日，点验贾文贵、尚国瑞、于德富及应（李应光）、岳（高岳嵩）、润（李润）、良（李福良）四营。

初五日，点验李应章、陈得贵、李极光、黄云高、陈世华五营。

点验后，唐景崧对各营的战斗力有了基本掌握。在此基础上，唐景崧克服种种困难，尽己所能调整布防：以陈得贵、李应章、窦奇勋三营守观音桥,以黄云高、贾文贵、陈世华三营守和乐社[1],以于德富、李极光二营守宫馆,以应、岳、润、良四营为游军,在观音桥、宫馆上下,以尚国瑞一营扎宫馆后,以王提督绥南四营、甘乃斌一营守长庆府,又分扎土岭防谷松。这就是唐景崧重新布置的由长庆府至观音桥正路的防军,共计十八营。经过前期作战,"皆残破,不足五千人","拟专挑快枪截击隘口,虚设旗帜于深林曲涧间,以为疑兵,而壮声势"。长庆之左是谓陆岸,仍以党敏宣八营驻扎。一番布置后,很快攻守之势渐固。

在调整军事部署的同时,唐景崧进一步申明纪律,严明军令,约束将士。特别是携带妇女问题,唐景崧在回复幕府王子寿太守、王芝山大令的函中谈道:

前书所谓抚绥、约束,自有精意者,大致不外人情、物理而已,即军令亦在人情、物理之中也。今日之败,实由于平日备御无方,不能专恶勇丁。

鄙意挫衄之后,军无长物,伤病交加,仍当以恩惠为主,而后严申纪律。如粤营本系防戍,为日已久,故有眷属,积习相沿,已二十年。今有携带妇女之禁,畏法者匿置乡村,临阵则仍多顾恋,玩法者偷渡关卡,拏获又类于生离。愚莽之夫,不无异议,难免生心。不如传饬各营,自营官以至勇丁,凡有家室者,准其

---

[1] 和乐社在观音桥东,可由清花江走小路经此至宫馆。

开呈清单，给以护票，派人送置关内。其新掠者未改装服，一望即知，概付越官收回，似为情法两得。自此以后，再有军中携带妇女者，即按军法从事。

虽然权责专归，但唐景崧还是处处感到败军整顿之难，时时受到各方掣肘之困。然唐景崧朝夕不懈，穿梭于各营垒，督修工事，后来为便于照料前敌事务，干脆将坐营进扎在长庆府前二十里、去观音桥十里的巴坛岭。

此时刘永福已退归保胜，三月十四日他致信唐景崧说："从此隔绝，再见不知何日，想念甚切。"岑毓英则因北宁、太原相继沦陷，兴化孤立无援，已拔全军退守文盘一带。

三月十六日，在给徐延旭的信中，唐景崧表示：

昨日已移坐营驻巴坛岭，距观音桥十里，以便就近督修濠垒。一旦有警，万不使诸军退过巴坛一步。前敌倘或失事，则巴坛之下即是此身葬骨之区。

唐景崧誓与巴坛岭共存亡，令各路将士深为所动，军心为之大振。

十七日，唐景崧在巴坛岭坐营，听闻法军将攻观音桥。此时，军中正好缺粮，四处搜罗，殊不济事；后路有粮，却愁运输。就在唐景崧焦急万分之际，又传来军中闹饷之事。原是徐延旭于点验各军后，扣饷太甚，引起众论哗然。唐景崧只得急忙上书徐延旭，求助道：

> 昨日各营接奉钧札，一时不免彷徨。谓出差实不止十名，抬一伤者少需四人，领饷亦需十余人或二十人不等。至于无号衣者，李极光则称"由冯兆金交来，实不足数，而各营亦谓勇丁在营常脱号衣，北宁陷后，仓皇出走，间有遗亡。札示出差仅准十人，无号衣者概扣，固不敢不遵，而实难垫给"等语。当经面加责备，继以开导，诸将尚面无违辞，而退后不无异议。人心惶惑，日夕嚣然，而勇丁亦疑有给饷有不给饷者，顿生懈志。此前敌实在情形，有关大局，不得不飞请台辕从宽办理。
>
> 昨传黄军门噩耗，前敌各营多有经手未清之款，愈觉张皇。总之，寇在咫尺，诸军残破，首以镇定人心为要义。故崧屡言前敌归并甚难。盖势位去留之际，贤者亦不免动心，何况无识之武夫、走卒。平日原可我行我法；而处此危局，实有不能不委屈行权者矣。伏乞察纳，妥酌施行。

还好，事情很快平定下来。一是法军进攻观音桥并无此事，二是徐延旭见信后，很快解决了饷银欠缺的问题。但这给唐景崧敲响了警钟，他要借题发挥，颁发《告示各营文》，规范军中纪律，鼓励将士捍卫边圉的士气，移录如下：

越南多难，二十年来皆我粤西戍卒次第剿除。法酋安邺肆虐越南，刘永福一战斩之，法人乃就和议。近年复逞志于河内、南定等省，维时法寇一败于纸桥，再败于怀德，三败于丹凤，折将百余员，损兵数千众，四海九州共见共闻。惟山西不幸沦陷，而论者皆知为兵单无救之故，固未尝不血战三昼夜而后去也。刘永福所部皆两广之人也，自中外交涉以来，尚未闻他省之师与岛夷接过一仗，而挫西人自刘军始，谁谓粤军皆不能战耶？乃自北宁失后，辄归咎于我粤军概不中用，诟病难堪。本营务处籍隶广西，粤军将士皆我乡人，闻之殊深扼腕！合行严切出示晓谕。

为此晓谕粤军将士人等知悉：本营务处万里请缨，不惮艰险，所期我两粤将备及从征子弟，勠力同心，复仇雪耻，幸勿再为人笑，谓我粤军不能打仗，则本营务处虽捐糜顶踵，亦愿与诸将同甘苦而共死生。设负此誓，明神殛之！其各懔遵，共图奋举，切切勿违。

此文发布之时，正值黄桂兰夜半服毒身亡的消息传到军营，众将士无不悲恸以致哀号惊鸿。前营将士大多跟随黄军门多年，其关系诚非浅焉。今天忽然而去，情何以堪！不过也唤起了前敌将士们报仇雪耻之志，加上唐景崧的《告示各营文》的鼓舞，一时间，前敌各营群情激愤，同仇敌忾，为后来取得观音桥之战的胜利奠定了基础。

恰在此时，唐景崧在前营阵地看到了二月二十一日的上谕：

现广西防务紧要,着潘鼎新克期起程,驰赴广西。俟到该省后,即速知照张树声,由该督电报奏闻,听候谕旨。

从谕旨看,朝廷任命湖南巡抚潘鼎新办理广西关外一切军务,徐延旭已不可能留任。据悉,潘鼎新已于三月十五日从湖南起程——徐延旭去向难测。

三月二十日夜晚的巴坛岭,月色朦胧,唐景崧伫立营门,俯视诸军,门岗森严,旗鼓整肃。心潮澎湃之际,不禁想起一个月来,临危受任,独撑危局,虽然徐延旭政令纷更,但对于他的建议请求还算言听计从。因此,总理前敌营务得以展布,幸获无恙,也算对得起徐延旭的知遇之恩。而今,潘鼎新挟天命前来督师,必是另一番格局。"新官不理旧事,新官不用旧人",到时自己将面临进退两难的尴尬处境。想到这里,唐景崧不禁打了个寒战,到时被人赶走,还不如趁早卸任为好。想明白这些,唐景崧回到营房内,即就灯挥毫,上书徐延旭:

景崧以一介儒生,谬蒙知遇,奏留边营,一载相依,愧无报称。前值乱军之际,不敢不勉效驰驱者,亦念士为知己者用之义云尔。窃闻新简督师,时局又将一变。自顾庸才,无能为役,侧身四顾,百感交萦,旬日以来,忽忽若失。意欲请给病假入关就医,退辞营务。如节麾仍开府敝乡,则相随回籍读书,尚在骈幪之下,倚赖方长。不然,则乞附奏,仍归滇省当差,以为退步。

然几经金戈铁马，瘴雨蛮烟，吊僚友之死亡，感盛衰之异致，万里来兹，如作一场春梦，业已无志前程。本不愿远道奔驰，再游宦海，惟已打扮登场，未睹如何结局，终不免热血难消。而二者兼权，究以先行请假为是。如蒙曰可，再谨具公牍上陈，前敌营务祈即派员接办，俾得及早抽身。不胜彷徨待命之至。

　　徐延旭接书后，也是感慨万千。朝廷将他"革职留任"，即有以观后效之意，如果唐景崧走了，再无人可用，前敌营务必然崩溃，他将万劫不复。因此，只能覆书唐景崧百般慰藉，务请唐景崧稍迟再度情形。

　　唐景崧接到徐延旭的覆书，只得勉为其难，硬着头皮干下去，像往常一样，前往各营检查濠垒，督修工事，并与将士们谈战守之策。

　　四月初十日，一同视察防御工事后，徐延旭回长庆府驻绥南营，唐景崧回巴坛岭坐营办完事前往谒见，被徐延旭留饮。席间，徐延旭很悲观，讲了很多之前对不起唐景崧的客气话。唐景崧除了好言相劝，还借机当面提出请病假入关就医的事，但徐延旭未置可否。

　　唐景崧请病假绝不是卸责的借口。是时，五台、屯梅一带瘟疫甚厉，死人不少。唐景崧终日奔走军营，既劳心费力，又时时处于疫区，此时也确实已经染病在身，这一点徐延旭也知道。

　　回到坐营，唐景崧正式写了份请假单，请求入关治病，徐延旭批回：

　　该员久在军营料理前敌，因劳致疾，自是实情。本应俯如所请，借资调养，惟现值事机吃紧，一时难得替人综理前敌一应营务，仰仍安心在营调理，俟军务稍松，派员接办，再为给假入关。该员抱负长才，素怀壮志，知必不肯置大局于不顾也。幸谅苦心，是为至盼。

　　批文既体谅唐景崧的病情，又极力劝留，在没找到合适人员代替之前，婉拒请假。

　　但事情的发展超出了徐延旭和唐景崧所料。四月十六日，唐景崧获知潘鼎新授任广西巡抚，定于本月二十六日在贵县接任，催徐延旭派员赍送巡抚关防入关。十七日行抵谅山谒见徐延旭时，方知徐延旭、唐炯俱被朝廷"革职拿问，派员解交刑部治罪"。黄桂兰、赵沃两人同罪，因黄桂兰服毒身亡，赵沃交潘鼎新察讯。有旨，以王德榜接黄、赵署广西提督，并统左右两路军。自此，因山西失守，广西关防全部撤换。

　　先时，唐景崧意欲向徐延旭交出总理前敌营务关防，告假休养。还未交出，徐延旭便被革职问罪，只好等待新抚到来再行交迄。新抚到来之前，一切仍得以军防为重，以大局为重，拖着病躯，唐景崧日夜操劳前敌营务。

　　四月二十五日晚上，唐景崧病情加重。

二十六日，唐景崧视察观音桥，与李应章、谈敬德议扎营事。午刻回营，马上热极，体愈不适。

二十七日，大风，二鼓至五台，宿芷庵寓所，体极不适，两腿掣筋痛甚，竟夜不卧。

二十八、二十九日，疾甚不能行，又无医药，苦甚。

五月初一日，疾甚，强起入关就医。

初二日，抵谅山寓民舍，甚狭，足痛不能坐卧，心热如焚，狂行屋中。谅抚吕春葳赠肉桂服之，不效。

初三日，抵文渊，寓药店。大雨，疾甚，身热足痛，坐卧不得，以盂接雨吸之，呻吟竟夕，不成寐。

初四日，入镇南关，抵凭祥。琴石来迎，疾甚。服熊胆，热稍减，就寐半夕。

初五日，抵龙州。疾甚，不能卧。

自此，唐景崧在龙州卧病在床，病情时起时伏，终日以药为伴。虽然身在龙州，但唐景崧仍然牵挂前敌营务，时时过问。虽有朋友、僚属不时探望、安抚、陪伴，但无一亲人在旁。母亲年事已高，生怕老人担惊受怕，不敢告诉，夜深人静，不禁偷偷落泪。

病中获悉，李鸿章与法国代表福禄诺经过长时间的拉锯扯皮后，签订《中法简明条约》(又称《李福协定》)。条约共五款，专讲中法在越南利益分割，法国咄咄逼人，中国步步退让。根据此约，皇帝于五月二十四日批准：三月后撤兵。从此以后，唐景崧再也不用为关外前敌营务殚精竭虑，乐得在龙州喘息治病。

在龙州住了两个多月，唐景崧受尽了病痛的折磨，多次与死神擦肩而过。身体上的病痛，唐景崧还能扛得起，心灵上的打击，唐景崧实在承受不了，顿然产生"归田之志"。

心灵上的打击，来自新任广西巡抚潘鼎新的冷酷无情。

潘鼎新，字琴轩，安徽合肥人，道光二十九年（1849）举人。咸丰七年（1857）从军，咸丰十一年奉曾国藩之命募勇成立"鼎字营"，编入李鸿章新组建的淮军序列。同治元年（1862），潘鼎新率部随李鸿章赴上海与太平军作战，成为淮军主力之一。在镇压太平军和捻军的过程中，潘鼎新步步高升，从知府、道员擢升至按察使、布政使，光绪二年（1876）升任云南巡抚，光绪九年署理湖南巡抚。光绪十年二月，北宁失陷，朝廷追究战事责任，潘鼎新受命补缺，先是受命督办广西军务，在前往广西途中，奉旨补授广西巡抚。

四月二十六日，潘鼎新在贵县接收徐延旭遣差交来的广西巡抚印信，二十七日驰抵龙州，正式到任就职。

潘鼎新上任以来的几件事，让唐景崧失望到了极点。

第一件事：初次见面，潘鼎新就给了唐景崧难堪。新抚到任，唐景崧于五月初六日强起拖着病体前往谒见，本想好好汇报一下前敌营务，但他只说了几句话，就被潘鼎新打断，连最基本的尊重都没有。傲慢和冷漠的模样，让唐景崧的热心如坠冰窟。

第二件事：观音桥胜战，潘鼎新完全埋没唐景崧的功劳。观音桥胜战，是唐景崧总理前敌营务的桂军取得的一次难得的胜利，唐景崧不知为之付出了多少心血。清政府明令奖赏有功将士，并严诫潘鼎新"当秉公保奖，切勿含糊冒滥，致于咎戾"。但潘鼎新在上奏奖赏名单时，将功劳揽为己有，只字不提唐景崧，让唐景崧有怒火无从发泄。

第三件事：为前营请军火、请粮，遭无情指责。是时，前营有万提督、方观察照料，本无唐景崧什么事，但前营黄云高、李应章、陈世华诸营，要求火速拨给军火、军粮，屡请不获，便向远在关内就医的唐景崧求助。唐景崧为大局计，不能置之不理，无动于衷，于是函商于营务处。据李兰生复函称，龙州有粮、弹，惟雇夫运费必请示潘鼎新而后敢行。唐景崧立即向潘鼎新请示，潘鼎新认为唐景崧多管闲事，乃批称"多事"，两请不允。

第四件事：裁撤唐景崧的亲兵营、差官、亲兵、仆从、办公，薪水也全部停发。

潘鼎新的冷漠和无情，使唐景崧深切领悟到世间的人情冷暖，官场的相互倾轧，因而对桂军边营再无一丝留恋，也对仕途产生了绝望。考虑到自己系桂抚奏请留营之员，将要告归，理应潘鼎新附奏报批。潘鼎新却批回："病愈，仍可销差趋公。"

此时，唐景崧去意已决，不思再出。他唯一的想法就是：等潘鼎新入奏获批，即刻回归桂林。

但就在准备退隐桂林之际，唐景崧的命运再次来了个乾坤大反转。

光绪十年七月初二日（1884年8月22日），唐景崧接到张之洞六月二十二日写的来函，函中说：

比年来请缨绝域，间关瘴海，既佩忠壮，亦稔忧劳，曷胜驰仰！顷披惠书，具悉入关乞假，汔可小休，为慰。

弟迂钝不才，猝忝边寄，甫经受事，即值海警纷纭，渴望海内高贤以启愚陋。阁下夙有伟抱，身在行间，前托令弟代致拳拳，即请直来广州，俾承雅教，幸甚！

这让躺在龙州病床上的唐景崧激动不已。信函中不仅对唐景崧请缨抗法以来的事迹大加赞赏，而且约请他"直来广州"，"俾承雅教"。

北宁失陷后，两广总督易人，四月二十八日上谕："两广总督着张之洞署理。"张之洞十八日离京，闰五月十六日抵达广州，即致书唐景崧，可见张之洞对唐景崧的器重。张之洞，字孝达，号香涛，直隶南皮人，咸丰二年（1852）十六岁中顺天府解元，同治二年（1863）二十七岁中进士第三名探花，授翰林院编修，历任教习、侍读、侍讲、内阁学士、山西巡抚。在翰林院做编修时是唐景崧二弟唐景崇庶吉士的指导老师，因为这层关系，张之洞对唐氏三兄弟十分关注，厚爱有加。

在致函唐景崧的同时，张之洞还致电龙州电局，询问唐景崧身在何处，并派官轮在梧州候接。

面对张之洞的殷勤慰问和周到安排，唐景崧决意抛却那些不愉快的事和沮丧愤懑的情绪，他要奋起，要征战，为了家国社稷，为了张总督的知遇之恩，"纵然马革裹尸，也要仰天长啸"。

唐景崧原定尽快起程前往广州，初四日又接到张之洞的来电，核心内容是说：你既然能领兵助刘永福征战越南，何不自己募集四营，军火、军装全数奉赠，军饷、军需全力支持。至于来不来广州，可以视情况而定。

张总督如此这般倾力支助，立扫入越近两年来忍辱负重的窝囊之气，唐景崧抖擞精神，再展请缨出关时的雄心壮志，旋即复电："不往东，一月成军出关！"

张之洞要的就是这句话。作为新任两广总督，张之洞必须吸取前任张树声因山西失守遭裁撤的教训，尽快扭转对法作战的被动局面。因此，他得找一个信得过、扛得住的干将，唐景崧再合适不过了。于是，立即起草奏疏，将情况向朝廷详细汇报。

七月初六日，朝廷很快批复。上谕，电寄张之洞：

……前有旨令滇、桂两军进发，本日战旨已宣，并赏给刘永福记名提督，赏戴花翎，令将法人侵占越地，力图恢复矣。唐景崧着赏加五品卿衔。即着张之洞传旨，令其激励刘永福奋勇进剿。饷银军火，仍着妥筹接济，并准于粤海关酌拨饷项。

上谕按张之洞的意见，不仅给予刘永福、唐景崧奖赏，而且就如何解决饷银、军火问题作出明确交代，着令将法人侵占越地，力图恢复。

眼见唐景崧受到朝廷的奖赏和张之洞不遗余力的支持，桂抚潘鼎新旋即转变态度，不仅亲自前往唐景崧住地嘘寒问暖，刻意交结，而且还馈赠百金盘费。

二

中法《天津简明条约》的签订，为法国的军事准备赢得了时间，在还没有明确中国军队撤出越南日期的情况下，法国军队就迫不及待地要进驻谅山，双方交火互射导致"北黎冲突"。

"北黎冲突"发生后，法国一方面进行外交讹诈，向中国索赔两亿五千万法郎（约合白银三千八百万两），一方面以此为借口，大举兴师，乘机在中国东南沿海和台湾挑起战火。光绪十年（1884）六月十五日，法军炮轰基隆，强行登陆，被督办台湾军务大臣刘铭传[1]率军击退。七月初三日，法舰先期驶入福州马江以内，以优势兵舰向中国船舰发起攻击。

随着法国紧逼日甚一日，张之洞再三提出"缓台唯有急越"，

---

[1] 刘铭传（1836—1896），字省三，安徽合肥人。光绪十一年（1885）台湾建省，为首任巡抚。抚台期间，为台湾的现代化奠定了深厚基础。

"牵敌以战越为上策，图越以用刘为实济"，"争越以振全局"等主张。在这种思想指导下，唐景崧募营出关就成了张之洞手中的一支奇兵。

清政府在忍无可忍、退无可退的情况下，采纳张之洞、陈宝琛等人的建议，下达决战谕旨，略谓：

该国专行诡计，反覆无常，先启兵端，若再曲予含容，何以伸公论而顺人心？用特揭其无理情节，布告天下，俾晓然于法人有意废约，衅自彼开。各路统兵大臣暨各该督抚整军经武，备御有年，沿海各口如有法国兵轮驶入，着即督率防军合力攻击，悉数驱除。其陆路各军有应行进兵之处，亦即迅速前进。刘永福虽抱忠怀，而越南昧于知人，未加拔擢。该员本系中国之人，即可收为我用，着以提督记名简放，并赏戴花翎，统率所部，出奇制胜，将法人侵占越南各城，迅图恢复。凡我将士奋勇立功者，破格施恩，并特颁内帑奖赏。退缩贻误者，立即军前正法。……此次法人背约失信，众怒难平，不得已而用兵。各省团练，众志成城，定能同仇敌忾；并着各该督抚督率战守，共建殊勋，同膺懋赏。

决战旨意下达，大战迫在眉睫。唐景崧加快募营步伐，仅用十二天于七月十六日就募成四营，称"广东景字营"，派总兵张盛高为前营管带，游击谈敬德为右营管带，参将张金泰为后营管带，唐景崧自带左营，以文童欧阳萱为帮带，以外委曹继彬带亲兵小队，以副将魏云胜管理龙州后路军装局，以唐芷庵总理后路事宜。

此次募兵，"景字营"里还招募到一个叫陆亚宋的人。陆亚宋，壮族，广西武鸣县垒雄村人，幼年孤贫无依，到处流浪。光绪四年（1878）流浪至龙州水口，纠集二十多个青年在中越边界活动，抢劫法国人的枪支和财物，成为三点会的首领，时人称为"义盗"。这次，陆亚宋率众百人投奔"景字军"，跟随唐景崧征战，因作战英勇顽强，被提拔为哨长。光绪十一年（1885）中法停战，"景字军"被裁撤，陆亚宋归为"游勇"，率领绿林武装五百多人在边界一带抢劫和打击法军。后陆亚宋接受边防督办苏元春招安，改名为陆荣廷，表字干卿。苏元春将其编入"建字营"，先任帮带，后任统带，光绪二十八年（1902）任"建字营"统领。光绪二十八年至三十一年间，广西会党起义风起云涌，两广总督岑春煊特命陆荣廷负责镇压广西各县、州会党起义。陆荣廷因镇压会党有功被提为巡防统领。光绪三十三年（1907）冬，由孙中山、黄兴领导的革命党人在镇南关起义，陆荣廷奉令率兵围攻，攻陷炮台。是役，陆荣廷被赏给"捷勇巴图鲁"称号，署任右江镇总兵，不久改任左江镇总兵。宣统三年（1911）六月，提为广西提督，拥兵数十营，成为广西最大的实力派。再之后，陆荣廷逐渐形成以他为首的旧桂系集团。

"景字营"组建完毕，但广东的军饷尚未到达。等待期间，要维持部队生计和训练，唐景崧只得向潘鼎新借饷五千两、打枪五百杆。

七月二十六日，唐景崧接到岑毓英自云南八寨来书。岑毓英在信中嘱咐唐景崧，进军走归顺小镇，入云南土富州、开化府而至保胜，会刘永福。此举主要是为唐景崧进军路途平顺、容易采粮考虑。唐景崧心中清楚，张之洞之所以让自己组建"景字军"，意在刘永福，便于自己在刘营中有一支自己的力量，在激励刘永福的同时与之并肩作战。因此，唐景崧在谋划进军路线时，考虑的首要问题不是道路好走与否、采粮容易与否，而是如何尽快与刘永福会合。为此，唐景崧将进军路线定为出牧马，取道苏街，直逼宣光，约刘永福来宣光会合。若绕走云南，在唐景崧看来，则是以有用之军行无用之地。

边境小城龙州位于广西西南部左江上游，处于平而河与水口河的汇合处，东往南宁连接内地，西出水口通往越南，形势险要，自古有"南疆重镇"之称。城西五里将山上的名胜古迹小连城，与凭祥的大连城遥相呼应。小连城上筑有城堡炮台，主峰城堡宏伟，堡上是炮座，堡下是兵房、药房，全用巨大的青石条砌成。中法战争期间，龙州一度是桂军的指挥中心、后勤保障中心。

八月十三日辰刻，小连城堡下"景字军"将士一色的新装，按新编营制排成四个方块，举行祭旗仪式。

新搭建的祭台后方立着四面大旗，旗帜前面的供桌上摆放祭品。三声号炮响过，唐景崧在司仪的引导下登上祭台，犀利的目光扫视全场，合抱双拳，向众将士致意。接着转身面向供桌和旗帜，拈香跪下三拜，起身接过司仪送上来的血酒泼洒到旗帜上。燃炮升帐，全体将士赞礼拜旗后，点将授旗：亲兵队授黄旗，前营授红旗，左营授蓝旗，右营授白旗，后营授黑旗。授旗毕，营官以次祝贺，并举行出征宴饮，众将士欢聚一堂，共祝旗开得胜。

十四日，唐景崧命前、右两营拔队出关。

十六日，唐景崧命后营拔队出关。是日，广东解到饷银二万五千两。唐景崧委派县丞俸之祺管理牧马转动局，委派户部郎中陈文史执掌赏恤事务。

二十日，唐景崧亲率左营及亲兵队由龙州起程，哨官都司邹培护送张之洞助刘永福饷银二万两随行。

火速组建的"景字营"，稍加训导便开拔出关，千里奔袭宣光，急图与刘永福会合，并肩抗击法军。

唐景崧率军绕道牧马，"行无人之地千余里，出箐幽险，不见天日，夜坠深堑，昼逢猛虎，蚂蝗盈尺，噬人立毙，人马颠损不可数计"。经半月余艰苦跋涉，十月初终于到达距宣光三十里的三江口。

扎营三江口后，唐景崧与已到宣光的黑旗军黄守忠、吴凤典两部取得联系，接济黄、吴两部军火、粮饷；随后考察地形，开修道路，筑造工事，储备军火、粮饷——攻打宣光城的战役即将全面展开。

宣光位于越南北圻中部，是极具战略意义的水陆交通枢纽，陆路可达中国滇、桂两省，水路可顺红河直抵河内。如获此枢纽，可使清军北圻战场东西两条战线联为一气，有利攻克河内，收复北圻；若法军能坚守住此城，就守住了北圻西线战场的主动权。特殊的地理位置与战略价值，使宣光成为北圻地区中法争夺最为惨烈的战场。

十一月初七日，刘永福到唐景崧坐营相会；初八日，滇军记名总兵丁槐率三千滇军赶到宣光城外；十一日，唐景崧拔营亲驻中门总。此时，攻打宣光的三支主力部队均已到达宣光城外集结待命。

张之洞似乎觉得唐景崧力量不够，又于十二日来电，批准"景字营"扩添两营。唐景崧便增设一中营和一炮营，以都司卢贵为左营管带，文童欧阳萱为中营管带，都司邹培为炮营管带，都司龚士珩为炮营副管带，派欧阳萱、龚士珩率哨官等回龙州招募，并函唐芷庵先运开花炮出关前来。

因为募营耽搁了几天，到十八日，唐景崧才与丁槐往会刘永福商议攻打宣光战事。丁槐是朝廷命官，折节往见刘永福，但刘永福见面后既不起身也不搭理，故意冷落丁槐。唐景崧见状，不得不从中斡旋调停，三人方才坐定议事。

如何攻城？宣光城依山傍水，筑有石墙和炮台，仅东面临江，江面可通火轮。城堡居高临下，地势险要，易守难攻，法军驻守六百多名将士及数倍的越南附庸兵。云贵总督岑毓英主张三支军队同扎左育截河打援，不必急着攻城。唐景崧见丁槐与刘永福的矛盾一时难以化解，连夜上书岑毓英，提出三军不能共扎左育的六条理由：

初谓丁与刘尚可调停也，继察刘之于丁，怨毒若不可解，逼处则祸立生。丁镇纵能含容，而部卒岂尽能忍让？一朝激斗，必有伤折，宫保何以处之？其不可一也。

刘军人心不固，迥异曩时，一溃则各军胆寒，相率而败，无可救药。其不可二也。

功不可争，而过不可诿。十月初二日小挫，滇将、刘将彼此交推，罚既难施，而不和之机愈甚。其不可三也。

堵河无炮，无论铁轮上驶矣，即民船亦非手枪所能击毁，堵河之说有名无实。其不可四也。

助人者必先自立于不败之地，崧部与丁军粮道皆在三江口，距敌巢近，而距左育转远，不顾根本，致败可虞。其不可五也。

若分军半扎中门，半扎左育，接递粮饷、弹药，而首尾隔五十里，敌巢居我首尾之中，恐被阻遏，且分兵则两处皆单。其不可六也。

岑毓英被唐景崧的"六不可"说服，改变之前"截河打援"的计划，转而采用唐景崧提出的"攻城打援"战术。其具体部署是：唐景崧"景字军"和滇军丁槐部担任攻城任务，刘永福黑旗军负责打援。岑毓英考虑到刘永福黑旗军任务过重，于是挑选精兵三千六百人交记名提督何秀林统带前往宣光，协同刘永福堵截敌援。

三

最先打响的是清除城外防御工事的战斗。

此时，法军的战略重点放在东线，进攻谅山；西线法军则收缩战线，固守宣光。云贵总督岑毓英的打算是先克宣光，再取太原，然后会合东线桂军，一举收复北圻。应该说这个决策是正确的，抓住了围攻宣城的最佳时机。

战备工作正在紧锣密鼓地进行，两支攻城主力也已扎定，唐景崧"景字军"各营稳扎宣光城北面，丁槐的滇军各营稳扎西南面，且都靠近城池。十二月初八日，唐景崧约丁槐商议攻城策略，丁槐提出攻城必须扫清城外防御工事。城南有法军营寨，驻有法兵、客匪、教民，以护西南角炮台。只有先攻克营寨，而后攻克炮台，才能攻城。唐景崧赞同丁槐的计策。丁槐所部近城南，担负攻寨之任；为防敌由东门出救，唐景崧所部攻东门，并攻西南炮台，以掣敌兵。

第二天，唐景崧紧急召集各营管带密商进攻策略，命谈敬德右营任攻东门先锋，以王宝华前营为接应；派左营卢贵、后营张金泰攻炮台；并饬各营管带先行探明进兵之路。

初十日夜四鼓，左营卢贵、后营张金泰带队潜进炮台后，埋伏土阜下。东门外有庙，驻有法兵、客匪数百人，河干有小兵轮载炮驻护。是时，西、南、北三面皆闭城门，唯独东门未关闭。"景字军"军营在北，由北往东不敢傍城而过。五鼓后，谈敬德、王宝华带队只得绕别道赴东门。

  谈敬德率亲兵五人策马先行，抵东门外，时值丁槐军袭击南寨，乘敌不觉，攻入纵火，谈敬德见南寨火起，大喊："丁军得手了！"于是，鸣角骤进。法军欲开东门往救，见景军有夺城之势，于是放弃救援南寨，转而开启城门以大队集中攻击谈敬德军。刹那间，城上、山巅、城外、船中枪炮齐举，猛不可当。谈敬德军三面受敌，王宝华带队赶至，与谈敬德伏岸力战反击。战三刻，谈敬德腿中弹坐地。前营哨官王定庵见状，说："谈管带，你先退下，由我来押队接战。"谈敬德说："唐统领亲自督阵，我有什么理由退后？你一定要力战坚持住！"是时，敌枪正紧，王定庵不敢稍却，挥刀奋进，弹穿腿过，再扑又伤，痛不可支，被亲兵曳回。谈敬德旋被炸弹轰裂胯下，战死疆场。

  双方正酣战间，唐景崧带文案吴鼎卿等亲临前营。刚下马，左营哨官邱启标急报管带卢贵进攻炮台中枪，腿折扛回，续报王宝华受伤扛回，血流如注，臂腿两伤。当是时，枪炮声震天动地，景军不退，敌亦不退，双方死亡相当。一会儿传来急报：谈敬德阵亡。丁槐派人驰来，请求唐景崧切不可退，若景军撤退则法兵必救南寨，丁军攻占的南寨必定守不住。此时，景军四将已阵亡一人，重伤二人。后营张金泰在炮台后，为敌枪截击，不能撤回。

东门两营无主将，哨官邹全鸿、刘泰清亦受伤扶回。为稳住军心，唐景崧亲自督战三时许。此时，天降大雨，将士饥乏，稍退三百步，坐林下小憩。时敌人尚未撤退回城，唐景崧也不敢骤撤，以防敌人发起突然进攻。法兵、教民、客匪见被四面围攻，有仓皇乘竹舟逃遁者，多为景军击沉。未刻，敌人入城，城门仍不闭。景军即列队林下，由营送饭，不敢收队。

外围之战，以清军攻克城南营寨而暂歇。是役，清军阵亡百余人，敌亦大挫锐气，毙法首五画一名、四画二名，散房五百人。

唐景崧回到右营，痛哭谈敬德，亲视棺殓。谈敬德，字克昌，湖南沅江县人。年方三十，由军功擢参将衔游击，英挺好胜，投徐延旭军中，带"克字营"。潘鼎新到后撤之，投靠方棣生，闲居郁郁。唐景崧在龙州治病其间，谈敬德说："唐公定会再起任边事，如有用得着末将，愿效死力！"唐景崧组建"景字军"，遂委谈敬德为右营管带。有人以为不可，唐景崧坚信谈敬德"必不负我"。谈敬德果然不负唐景崧期望，唐景崧以"亡我健将，痛不可言，泣涕三日"厚悼之。之后，唐景崧檄沅江徐县令商诸族人，立其兄弟之子谈国琳为嗣，恤项并军中公费集一千四百金，派文童蒋兰誉扶谈敬德灵柩以归，并带队哭送。

军中不可一日无将。当天，唐景崧阵前面示以参将刘九如接带右营，以帮带前营萧彤筹代理前营，以副将魏云胜代理左营。

既已攻克敌外围营寨，接下来的任务就是拔掉法军设于城西南的炮台。

法军武器精良，火炮威猛，且炮台坚固，清军几次进攻均未能奏效。密集的枪林弹雨下，景军、滇军没有可以躲避的地方，完全暴露在法军的枪炮之下，伤亡惨重。

唐景崧甚是着急，十三日匆赴丁槐军营商议对策。两人达成共识：必先夺取炮台然后方可攻城。如何攻下炮台？丁槐建议用"滚草法"。所谓"滚草法"，唐景崧在《请缨日记》中这样描述：

度离炮台数百丈，潜掘土为垛，可蔽数人，即伏垛下开壕。掘壕渐长，容人遂多，人行壕中，可避枪炮。乃缚草把长三尺，计数万束，滚掷而进，草把墙立，人不受枪，草压炮台即可立破，滇人谓之"滚草龙"。

确定战术后，商定由丁槐、何秀林两军担任挖壕，"景字军"担任缚草。是晚三鼓，唐景崧带文案吴鼎卿单骑走西城下，往会丁槐。两人噤声席地而坐，仅离炮台二百丈，督队开壕、送草。五鼓时分，二百丈的长壕掘成。景军负草沿壕悄然无声行进，敌人没有发现。唐景崧天明回营，调队备攻。

接着两天，景军与滇军继续滚草，日夕不绝。到十五日辰刻，积草已离炮台数丈。此时，唐景崧伏兵东门，以防法兵出援；又伏兵炮台侧，以防炮台火力攻击。午刻，炮台内法兵骤出，飞奔东门，城上枪炮齐下。丁军哨官都司何天发高喊："功将成矣，无先登者，台终不可取。大丈夫以身许国，视枪弹犹落叶耳！"

边喊边搴旗抢登炮台，中炮身亡。各军将士随后奋进登台，法军弃台逃遁。两军追击法军逃兵，鲜血染红枯草。有自东门乘小舟逃遁者，均为景军击沉。

至是，清军攻占西南炮台，城外敌垒一律荡平，而且生擒法人、西贡鬼、教匪、客匪二百余人。除释去教民数十人，令数人入城招降、散其党羽外，剩余的二百余人，众将士将其缚跪在地，意欲全部诛杀，祭奠死去将士，报仇雪恨。面对杀红了眼的众将士，唐景崧心虽不忍，然终究未加以制止。

宣光城外围防御工事包括炮台等全部被清军攻克后，法军被迫撤回城中，龟缩待援。宣光城四周筑有坚固的城墙，西、南、北三面城楼上又加筑了炮台，东面临江，堪称攻难守易。守城法军凭借居高临下的地形，用猛烈的炮火封锁着城外各条主干道路。此外，城堡南面的小山丘上安设了一个哨所，挖有一条炮火不及的深壕沟通城堡和哨所的联系；城堡四周前方三百米处，装备有直径为四十毫米口径的山炮两门，旋转土炮两门；在明江上还停有"机枪"号，艇上配有一门哈乞开斯炮。

面对如此坚固的城墙和先进装备，景军和滇军缺少攻城的利器，根本不能立即攻破城池。接下来的十几天里，双方处于对峙局面。唐景崧、丁槐、刘永福、何秀林等分头督促众将士做围城、筑垒、开堑、埋伏、招降、试攻等攻坚准备。

当此之时，东线战场的形势急转直下。东线战场潘鼎新率淮部五营驻守谅山，王德榜部守那阳，苏元春部守谷松，杨玉科守观音桥。十二月中旬，法军一万一千五百人分两队来犯，一队由尼格里带领，一队由尼奈利率领。十九日，第一队由梅岭向车里进攻王德榜部，第二队由奇功向谷松的苏元春营发起进攻。鏖战四日，清军大败，被迫撤回谅山。

谷松失守，谅山告急。二十一日，张之洞致电唐景崧，催促攻城，并悬赏保奖：

> 三日苦战，阁下勇略，将士劳苦，佩甚念甚！敬德骁猛遽殁，痛惜不已。贼虽麇，城甚坚，可下令招降。十日不下，城破痛剿，此为要策。并宣示各将，无论云军、粤军，克宣光日，赏银三万，保三提督、五总兵、十副参游、十勇号。

按两广总督的指令，唐景崧、丁槐商定，攻城地道已经掘成，尽快攻城。接下来的三十六天里，唐景崧、丁槐两军连续发动了六次猛烈的攻城战。

十二月二十八日第一次攻城，唐景崧、丁槐商定的攻城时间放在天明之前。唐景崧让人提前做好早饭，赶在战斗打响之前送至围城将士手中。此时，天色漆黑，伸手不见五指，天空飘着细雨，将士们的衣服全被淋湿，寒气逼人。将士们和着雨水，静静地吃着早饭，他们知道，战斗打响，就再不会有时间吃饭了。黎明时分，一声震天巨响，攻城开始。地雷爆炸，城墙震动，丁槐指挥云军冲向爆炸点，杀声震天。可惜的是，地雷只掀起一堆土，炸掉一小块墙壁，没有炸出可以通过的缺口。听到地雷的爆炸声，唐景崧指挥景军攻城，将士们用竹梯、草捆攀爬城墙发起攻击。地雷的爆炸声，也惊醒了尚在熟睡中的法兵，他们翻滚起床，匆匆拿起武器进入战斗状态。当云军冲到爆炸点时，遭法军顽强阻击，景字军则遭到城中半月堡步枪和哈乞开斯炮的猛烈攻击。尽管云军、景字军将士悍不畏死，拼命攻城，但挡不住敌人过于猛烈的阻击，只得在预先部署山上的将士的枪炮掩护下，撤退回交通壕隐蔽。

首次攻城失利。

虽然固守待援的法军有城破被歼的危险，但法军依然坚持尽快攻占谅山，继而腾出手来增援宣光的战略。经此强攻，东线法军加快了进攻谅山的步伐。

法军攻占谷松后，仅仅休整三天，于十二月二十六日再次进发。二十七日下午，与苏元春部激战，法军一路穷追不舍到达谅山附近。苏元春部先后与法军血战六天六夜，由于粮药短缺，精锐又伤亡惨重，再加上各路援军迟迟未到，最后不得不放弃谅山。二十九日，法军攻到谅山，苏元春焚城而退。

法军攻占谅山的当天即二十九日，云军、景军第二次攻城。

首次攻城失利后，唐景崧与丁槐坐在泥水中，两人面对面，久久沉默不语。他们清楚，如果不尽快攻下宣光城，法军援兵一到，攻占宣光城只能是做梦了。而且时日一久，军心动摇，粮弹不继，只怕到那时想回天也无力了。时间不等人，两人决定一鼓作气，再次攻城。

对于第二次攻城，唐景崧在《请缨日记》中是这样记述的：

丁军又发地雷，城崩数丈，房死拒，丁军遂跨缺口掘地据之。我军攻北城，颇损士卒。丁军发地雷在西南，每约我军于雷发时攻其北城以制敌救缺口，惟发雷须待天明窥见缺口所在，以便扑攻。我军竹梯、草捆攻城，利在黑夜，使敌莫测。故待雷发始肉搏奋攻，伤亡辄众。探报敌援三千将到，是时谅山信警，军心惶惑，粮且不继，数米而炊。云军、刘军俱乏粮，食粥。雨露迷蒙，余与衡三督攻及议事，日坐泥潦中，憔悴无人形。

法军方面也对这次攻城作了记载[1]：

1885年2月13日3点15分，西南凸墙被炸毁，中国人冒着烟火朝前冲来。双方枪声大作，多亏穆里内上尉率领的第二连外籍兵团战士的有效阻击，中国人的冲击被击退。5名外籍兵团士兵阵亡，6名受伤。夜里，伯兰下士去寻找离中国工事仅几步远的外籍军团士兵谢尔博的尸体。

2月14日，从20点30分至3点，中国人的炮火齐射从未断过。

---

[1] 法方的记述在时间上可能出现错误，因为第二天是除夕，唐景崧在《请缨日记》中明确记载这一天"停攻"。

夜间，30名东京土著步兵的一个排在一名法军中尉的率领下对敌人最后一道工事进行了一次胜利的出击，杀死2名中国人，拔掉7杆旗帜。

第二次攻城比第一次有进展，西南城墙被炸开一道数丈的缺口，丁军也曾一度攻进缺口，掘地据之。但最终还是被法军猛烈的枪炮击退，未能牢固坚守。

战地的新春佳节非同一般，没有鞭炮声，枪炮之声却不绝于耳，没有丰盛菜肴，有的只是日食盐菜而已。战争前线，物价极贵，银二十两只能买到米百斤，银七钱换猪肉一斤，新鲜菜蔬绝少。大年初一，丁槐只能穿着短衣泥履前来景军军营给唐景崧贺年，景军将士也都来给唐景崧贺年，大家一概的枯槁无人色。

战争不会让人安心过节。唐景崧虽骨痛喉肿，也得勉强支起身子，强打精神，巡视前营，登上右营所扎寺中，窥视宣光城中动静。

东线法军于光绪十年十二月二十九日（1885年2月13日）攻占谅山后，统帅波里也知道西线宣光被围，驻守法军面临全军覆灭的危险，立即命令尼格里留守谅山，派尼奈利率三千法兵增援宣光；波里也自己也沿江西上至端雄，指挥对宣光的增援。

景军、丁军经过年前的两次攻城，没有讨到多大便宜。唐景崧与丁槐商议，要利用春节期间，让将士们略做休整，再重振战力，力争在法军援军到来之前拿下宣光城。

东线桂军节节败退，南部边关形势遽然紧张，震惊朝野。为缓解东线法军步步紧逼的形势，朝廷把希望寄托在西线攻占宣光上，于光绪十一年正月初连续下达三道谕旨，催促指日攻克宣光城。

初三日，上谕军机大臣，电寄岑毓英等：

……宣光业已得手，着岑毓英严饬丁槐、唐景崧、刘永福等军指日攻克，勿稍松劲。

初五日，上谕，电寄张之洞等：

……前据岑毓英电称，宣光旦夕可拔。近日战事若何，未据电奏。法如盘踞谅山，计必分兵救宣。滇军垂成之功，恐将掣动，着饬各军立将该城攻克，扫荡而前，以分敌势。一面即行电闻。滇、粤各军饷械，张之洞力筹接济，毋任缺乏。

初六日，上谕，电寄张之洞等：

……宣光近日战事，何以岑毓英并无电报，该督务当迅图攻克，以牵敌势，仍速电闻。

原本云贵总督岑毓英对围攻宣光的态度是"我军进退，视谅山存亡",如谅山能守住,西线就加紧攻城,如谅山没有守住,就不要陷入攻城战不能自拔。现谅山已经失守,朝廷把挽回败局的希望放在攻克宣光上,岑毓英的态度不得不作出改变,只得传令唐景崧、丁槐、刘永福加紧攻克宣光城。

此时,唐景崧、丁槐、刘永福已经没有退路,上有谕旨和总督的命令,近有法军增援部队即将到来,只有拼命一搏,加紧攻城。

初八日,唐景崧、丁槐指挥将士第三次攻城。

黎明时分,丁军在城西的凸墙下引爆地雷,"轰"的一声,砖石飞蹿,城墙被炸出一个缺口。丁军呐喊着冲出工事,冲向缺口。法军穆里内上尉率半个排的外籍兵团和一个班的工兵也冲向缺口。当法军出击时,丁军则退回到地道中。法军冲击到缺口时,丁军又引爆了地雷。这一次爆炸,法方记载:炸死法兵包括上尉在内十二人,炸伤二十多人。丁军趁机向缺口发起冲击。法军多米涅少校下令吹起冲锋号,外籍兵团二连一个排冲在最前面。景军一部则占据山岭,居高临下,开枪截击,掩护两军的攻城;另一部在城北则趁着爆炸声,踏着积草攀攻。一时间,宣光城枪炮声、呐喊声此起彼伏,震天动地。最后,丁军、景军与法军在缺口处形成相持局面。

关于第三次攻城,岑毓英在奏折中是这样描述的:

初八日辰刻,先点燃一处,诱敌来守缺口,又点燃二处,砖石皆飞，压毙敌二三百人，唐景崧、丁槐、何秀林督队四面齐进。滇军管带、升用总兵刘节高带队先登，中炮阵亡。守备和际泰等带队继进，肉搏相当，勇丁伤亡百余人，敌兵亦多伤毙，我军仍占缺口相持。

当日，攻城结束后，唐景崧即令赖朝荣、邹全鸿在城西北角两丈外土阜扎一小垒。垒在阜背，掘堑伏兵以避敌枪，准备景军进攻缺口时，即可据阜巅用枪截击奔救的敌兵。

同日，岑毓英派兵运到大开花炮两尊，并赏云军四千两、景军二千两犒师。

正月初九日上午，唐景崧与丁槐相约前往城下察看缺口，商议第四次攻城之策。

冒着冷风细雨，躬身行进在泥泞的地道中，头上不时有炮弹飞过，空气弥漫硝烟和血腥味。二人找块石头在泥地里坐下，见将士们经过多日激战，衣裳破烂，沾满血迹，一些受伤的将士不肯退下，仍坚守在阵地上，唐、丁感动之余，好声劝抚将士，细致部署战法。众将士见唐景崧、丁槐冒着生命危险亲临前线阵地，无不深受鼓舞。

经过实地踏勘和分析，二人商定：景军一路，攻此缺口；丁军一路，攻彼缺口。

景军赖朝荣、邹全鸿两名哨官，在前一日攻城战中，挺身而出，自请奋攻，但由于没有如期攻下，被摘取顶戴。二人不但没有怨天尤人，反而感到对不起唐景崧的信任。他们包扎好伤口，深夜潜入前沿阵地，观察地雷轰开的缺口并商量好计策，一同来到唐景崧的指挥所，请求挑队再攻。唐景崧询问二人如何攻法，赖朝荣、邹全鸿将计划和盘托出，签署军令状，挑选死士，组成敢死队。唐景崧正有此想法，于是欣然同意，命令二人尽快去选人复命。

不一会儿，赖朝荣、邹全鸿返回，将敢死队名单报给唐景崧。景军虽为新组建的军队，但将士们展现出大无畏的英勇气概，赖朝荣、邹全鸿挑选头等先锋三十人，二等先锋五十人。唐景崧悬出赏格：首夺缺口得城，头等一人赏三百金，二等一人赏二百金，预给印票，各先赏一元。

当天傍晚，唐景崧为敢死队"刑牲煮酒，燃炮祭旗"，亲自端着壮行酒，为勇士们敬酒。勇士们接酒一饮而尽。

唐景崧派右营管带刘九如、前营帮带刘仁柏带队接应敢死队，并命左、后营攻北城，以掣敌势。

一切部署完毕，当晚三鼓，唐景崧与丁槐坐在夺取的南门炮台下，默然无声。此时，天色漆黑，除了零星枪声，众将士屏声静气。四鼓，齐队，传令。众将士得令，迅速各就各位。

就在这时，赖朝荣、邹全鸿带着头等勇丁来到唐景崧面前，想开口却又有些不好意思。唐景崧见状，不知何故，问道："你们不去前沿阵地，到这里来找我有什么事？"赖朝荣、邹全鸿说："唐统领，我们代表敢死队的弟兄们来见你，主要目的是想请你现在就给大家十金。"唐景崧不知就里,禁不住笑着问道:"你们是去打仗,携带着银子干什么?"赖、邹等将士朝唐景崧叩首,说:"我们知道,作为先锋,登城进攻必凶。我们希望见一见银子而死。"唐景崧听到他们如此说法,心中隐隐作痛,不知如何回答,只好奖慰再三,立即派遣差官赶回坐营,飞取三百两金,满足勇士们的要求。

差官得令往旋十里,途中遇到野兽,只得绕道而行。银子到来时东方已经渐白。第四次攻城在银子到来之后立即展开,唐景崧在《请缨日记》中记述道:

三十人裹银负枪,骤驰而去,奔缺口大呼,跃登城。赖朝荣、邹全鸿督二队五十人继上。敌枪已密,不能冲进,大队更不能前。先是,丁军约我军齐伏城下,发号一鼓并进,而我头队不及待发号,猛抢登城,死二十四人,生还六人,邹全鸿两伤。余闻信,神魂沮丧,问尸何在,众曰不见尸,当死城中矣。

岑毓英、张之洞会衔致总署电,密报了此次攻城:

据唐景崧等报:初十日五鼓,景崧同丁槐等各选募敢死之众攻宣光城西缺口。地槽窄,后队未齐,头队过勇先发,敌弹如雨,彼此血战,粤军登城者三十人,伤亡过半,哨官邹全鸿受两伤,毙贼数十人。云军攻入城者,或亡,击毙长须法酋一。天已晓,撤队暂息。

敢死队付出了惨重代价，依然没能攻下宣光城。

攻城战再次陷入胶着。

面对死伤和疲惫不堪的将士们，唐景崧内心承受着巨大的痛苦和压力。但他强打精神，深入营地抚慰犒劳，安抚好将士们轮流休整后，于初十日上午拖着沉重的身子回到五里外的坐营，倒头便睡。还没休息片刻，快马送来三件飞报：

一是龙州传来急电，说法军攻占谅山后，分近半的兵力增援宣光，留守法军其中一路出扣波，准备袭芄封，攻牧马，欲断景军后路。第二是岑毓英致函丁槐、唐景崧和刘永福，要求他们"相机撤师，勿拼孤注"。唐景崧分析，岑毓英站在云贵总督的立场上，首先考虑的当然是西线战场，而且围攻宣光以牵制东线之敌的目的已经达到，命令他们相机撤军，不做无畏牺牲，也是合情理的。拆阅第三件飞报，见是后方传来的谕旨："严饬攻拔宣光，希望不致功弃垂成。"朝廷的态度截然不同，要求调兵遣将继续攻城，务必拿下宣光。站在朝廷的角度思考，中法越南战争以来，清军可谓是一触即溃，太需要一次胜利安慰国人，现在好不容易在宣光形成了围攻之势，一鼓作气，极有可能摧寨拔城夺取战争的胜利，哪能轻易撤军了之。

综合三件飞报，唐景崧得出一个字：攻，往死里攻。马上函约丁槐、何秀林，当晚进行第五次攻城。

像上次一样，唐景崧再组敢死队，传令勇者报名，勇丁敢带队押队者给军功牌。

仅一顿饭工夫，敢死队组成。差官伍义廷愿带队，亲兵什长姚纪昌、覃启发愿押队。尚少一人带队，唐景崧点将赖朝荣。这一次规模比第一次有所扩大，头队先锋五十人，二队先锋一百五十人，大队五百人在后接应。赏格与第一次一样，仍各先赏酒肉银一元，带队押队官八元。

唐景崧与带队押队官商定好后，将勇士们列队营门，亲自作战前动员，鼓舞士气并向各位队长下达死命令："不得城，不要来见。"

唐景崧、丁槐、何秀林约定：景军攻左缺口，丁军攻右缺口，何军攻中缺口并担任引爆地雷任务。三军以地雷爆炸为号，三路齐进。

一切部署到位后，营哨官跑来密报唐景崧："本日营中无粮。"唐景崧急忙让人搜寻厨下，得米二百斤，加上刘永福所馈赠的糯米百斤，让后勤煮给敢死队作晚餐，其他战士则令各队自己想办法解决。

当晚三鼓，唐景崧来到丁槐处，两人仍然坐在炮台下指挥。四鼓，何秀林也来到炮台下，三人下令将士们齐队进入阵地。五鼓，第五次攻城随着地雷的爆炸声如期展开。

关于这次攻城，唐景崧在《请缨日记》中记载：

五鼓，地雷发声殷殷，而城未动。三路兵奔缺口，城中枪炮齐鸣。余与衡三、云楼督队于炮台下。法房死拒缺口，我军再进再却，有已登城而坠陨者，有喋血于城下者，后队人密，城枪乱下，被伤尤众。赖朝荣、伍义廷、姚纪昌俱阵亡，覃启发受伤。丁、何两军亦多伤亡。此十一日卯刻攻缺口之情形也。队长四人，亡三伤一，勇丁更不计数。顿足痛憾，洒泪归营。赖朝荣尸夺回，伍义廷、姚纪昌不得尸。夜遣人觅骸城下，获十二具，终不见二人尸。

第五次攻城，虽然逼近城内，但因死伤惨重，不得不退出城外。景军中赖朝荣阵亡，唐景崧尤为悲痛。赖朝荣初十日战归，十一日本不想再任先锋，但众将激其行，赖朝荣知此战必死，毫无惧色，临行将其子托付唐景崧的差官，从容慷慨。在唐景崧眼里，"赖朝荣与邹全鸿在景军中猛锐无逾二者"。

只歇一日，唐景崧、丁槐、何秀林商议决定，破釜沉舟，挑队再攻。

回到坐营，唐景崧选定参将邓有忠、什长汪鼎臣带队，什长覃启发、赵全红押队。置酒营门，将四位队长请之上坐，勉励他们此次志在必克。四位队长纷纷表态，绝不辜负唐统领的信任，定当奋力攻城。唐景崧安排李文忠、刘仁柏、刘玉贵带领大队在后接应。

丁槐、何秀林新得赏项，所挑选勇士都给与现银，并在他们的额头上印上红色的标记，退后者斩。

十一日晚三鼓，一切部署完毕，唐景崧来到丁槐坐营——第六次攻城开始。

此次攻城，岑毓英、张之洞会衔致电总署道：

十三日四更，景崧、丁槐、何秀林复分攻缺口，伤亡多，撤退。粤军带队参将邓有忠、哨弁赵全红伤，汪鼎臣、覃启发重伤，客匪多逸出。计初十、十一、十三等日，三次猛攻，毙贼甚众，两军伤亡精锐太多，粤军尤多。

中方的记述都比较简略，而法国人则用了大量笔墨来描述中方这次攻城：

2月26日（正月十一日）晚上10点起，4号炮开始轰击。自围城开始以来，这是中国人第一次在晚上开炮。很显然，他们在准备最后的进攻，而我们信心百倍地等待着。晚上11点30分，传来一声巨响，这是南面中间的地雷爆炸，造成10米宽的一个缺口，把许多砖石抛到60米远的距离。

爆炸后即刻跟着一阵更为激烈的排射。中国人已大批集结在2月12、13、22和25日缺口脚下，地雷一爆炸，他们杀声震天动地，疯狂地冲锋。

指挥值班分队的普鲁瓦少尉命令小分队冲向左边的各个缺

口。这时，卡特兰上尉率领总预备队2连的半个排从炮兵部队原来的木棚来到，命令这个排冲向右边的各缺口。总预备队2连的另半个排在那埃中尉的率领下来到南门。这半个排的一个班去支援在凸角的值班分队，这里的战斗更为激烈。另一个班用来监视南面刚出现的缺口。

在3个多小时内，躲在树栅和堡垒后的外籍兵团的士兵面对面地朝他们攒射，同时我们的炮兵部队在山顶用机枪向他们扫射。

凌晨近3点，战斗结束，中国人退却。他们的尸体满地都是，在一个弹坑里就直躺着20多具尸体，仅在一个缺口就横卧着70个手中还拿着武器的人，他们的前额上有云南敢死队的红十字标志。

2月27日的战斗使我们付出了代价，3人被打死，9人受了伤，伤员中有1连的普鲁瓦少尉。

第六次攻城结束，十六日被迫撤围休整。

四

战争前线的休整，不可能是高枕无忧的休整，枪炮仍不时在响，唐景崧也不敢放松一丝警惕。要尽可能安排将士们轮流休息，要尽可能让他们吃上一顿饱饭，还要趁着这个时间将牺牲的将士们就地掩埋。青山处处埋忠骨，此时唐景崧的心情不再是壮怀、慷慨、从容和大无畏的豪情壮志，而是在生与死诀别面前万般的无奈。

其间，岑毓英多次来函劝唐景崧、丁槐，说："法援将至，我军零布城下，苦战力疲，腹背受敌，不能挡新寇，宜退扎深山老林，相机而动。"唐景崧虽然认同岑毓英的看法，但他和丁槐心有不甘，眼看宣光城攻克在即，不愿功亏一篑，没有立即撤退，准备相机组织再次攻城。

刚商量好再次攻城，第二天，丁槐就来借粮了。丁槐来到唐景崧坐营，面露难色，在唐景崧再三催问下，他才说是来借粮的。他知道唐景崧这里也面临缺粮的问题，所以不好意思开口，但将士饥饿，只能来唐景崧这里碰碰运气。唐景崧也在为同一问题大伤脑筋，面对并肩作战的老友，只能据实相告。丁槐两手空空而来，两手空空而去。看着丁槐走出坐营落寞孤寂的背影，唐景崧心里实在不好受，但他有什么办法？

当天下午，传来刘永福与法军增援部队接仗的消息：

申刻，忽报法兵大队援宣光，犯左育，已与刘军接仗。刘军地雷轰毙百余人，枪毙百余人，敌犹未退。

唐景崧闻讯，立即派差官谢沧国前去打探消息，又命令魏云胜带队四百人驰往援助。

坏消息一个接一个传来。在魏云胜齐队临行未行之际，传来刘永福军已经溃退浪泊的消息；派去打探消息的谢洰国半途折返，探闻法兵冲破吴凤典、李唐营，黄守忠驻扎对岸，为法军大队所断，不能抄救，左育已失！

刘永福在左育堵河打援是围攻宣光的关键，如果扼守住左育，则宣光的法军将坐困孤城，要不了多久定将被攻克。现在左育一失，景军、丁军马上处于腹背受敌的险境。

危急时刻，唐景崧不得不作出"实有不得不退"的决断。于是派人送函丁槐、何秀林，询问进止，意在与滇军共进退。

唐景崧久等却不见回复。十七日黎明，李文忠赶到唐景崧坐营报告，原来丁槐、何秀林城下各营已经撤退。事已至此，唐景崧虽心有不甘，但知大势已去，于是传令先锋营一律撤回，并归大营，安排士卒载伤兵先撤，走三江口，回沿化。午刻，唐景崧率亲兵从陆路撤退，命令四营拔营撤退。中法越南战争期间规模最大、战斗最激烈、历时最久、死伤最惨烈的宣光围城战宣告结束。

虽然由于"桂军失谅（谅山），丑房分援"而没有攻下宣光城，但"景字军"、黑旗军和滇军广大将士英勇奋战歼灭大批侵略者，给敌人以前所未有的沉重打击，"法房自入中国以来，实未偿有如此挫困者"。

宣光之战稳定了西线战局，支援了东线战争。"景字军"、滇军、黑旗军围攻宣光使西线法军不仅未能向前推进一步，反而险遭覆灭的命运，迫使法军从东线抽掉近一半的兵力，减轻了东线的压力，为冯子材等招集溃卒，修筑工事，稳定局面，最后取得镇南关大捷赢得了宝贵时间。

第九章

班师入关

光绪十一年二月(1885年4月),《中法停战条件》签订;三月十九日(5月3日),唐景崧率部撤回龙州。

十月十八日(11月24日),唐景崧以功补授福建台湾道兼按察使衔。

一

唐景崧率亲兵先撤退到沽化,随后各营陆续赶到。

沽化距离宣光已远,唐景崧将各营管带召至坐营,安排就地休整。十九日即函禀岑毓英、张之洞,请示进止。函中,唐景崧提出了"景字军"下一步打算,"牧马吃紧,与其再攻难得之宣光,不如退保未失之牧马,以捍归顺"。张之洞复电唐景崧:

十九电悉,顿足叹恨,天不殄夷,夫复何言!贵部自以保牧马为是，可与桂军联络，且饷械后路较便，再图后举。惟以后云军、刘军信息难通，能改筹一路设站否？但更纡远，奈何！黄守忠能招之来牧马尤好，速图之。不知彼须候刘橄否？贵军一切可便宜从事。

张之洞赞同唐景崧退保牧马，但考虑到"景字军"一直与云军、黑旗军协同作战，如果遽然远撤，有可能造成云军、黑旗军误会，因此，张之洞第二天再次致电唐景崧，嘱其暂住沽化，飞请彦帅指示，方可远撤。

遵照张之洞之意，唐景崧即致函岑毓英。二十九日得到岑毓英复电，"极以我军退保牧马为宜，并已据情入奏"。得到岑毓英首肯，唐景崧就可以放心撤退了。

二月初一日先开拔两营，初二日唐景崧亲率两营起程，初九日抵达苏街。先期募集的中营、炮营也已赶到，此时的"景字军"增至六营。还在围攻宣光期间，张之洞、彭玉麟、倪文蔚三衔会奏中有"已饬俟宣光克复，添足十营"的允诺，现在"景字军"已撤出宣光，因此，唐景崧在苏街电询张之洞说："前有增足十营之论，尚准增否？"

十七日离开苏街，经过长途跋涉终于抵达牧马。刚刚停军歇脚，就接获两大捷报：一是二月初八日，云军、黑旗军与法军战于临洮，击溃法军，斩获大胜；二是二月十三日，冯子材等东线桂军克复谅山，取得镇南关大捷。从宣光撤出后，功败垂成的不甘情绪一直伴随着唐景崧，此时听闻两大捷报，唐景崧脸上终于露现多日未见的舒展——两捷报的取得皆与宣光围城相关，将士们浴血奋战终有所得。

到达牧马后，唐景崧接到张之洞"准增四营"的来电，"景字军"遂从原来的四营扩充至十营，加上后来黄守忠归附的两营，总共十二营，计六千人。唐景崧命刘仁柏为副前营管带，邱启标为副左营管带，任定元为副右营管带，李文忠为副后营管带，加紧招募成军，驻扎新街。

在抓紧招募将士、招安游勇的同时，唐景崧决意乘西、东两线取得胜利的大好时机，部署中路突破，直取太原。为此，于二月二十二日连续三电，向张之洞力陈攻取太原的有利条件和取胜把握。

可是，等到的却是张之洞转来朝廷停战撤兵的电旨。势不可救，纵然有万千不甘，唐景崧也只有徒唤奈何，"望南伤心"。

经临洮之战和镇南关之战，侵越法军遭受重创。消息传到巴黎，整个法国轰动，茹费理内阁因此倒台。

奇怪的是，法国以不胜而胜，中国却以不败而败。

二月十九日，中国在法国的要求下，与之签订《中法停战条件》(又称《中法和议草约》)。根据该约，上谕军机大臣等，电寄各省将军、督、抚统兵大臣：

法人现来请和，于《津约》外别无要求，业经允其所请。

约定越南宣光以东，三月初一日停战，十一日华兵拔队撤回，二十一日齐抵广西边界。宣光以西，三月十一日停战，二十一日华兵拔队撤回，四月二十二日齐抵云南边界。台湾定于三月初一日停战，法国即开各处封口。已由李鸿章分电沿海、滇、桂各督抚，如约遵行矣。惟条款未定之前，仍恐彼族挟诈背盟，伺隙猝发，不可不严加防范。着传谕沿海各省将军、督抚并云南、广西督抚及各路统兵大臣督饬防军，随时加意探察，严密整备，毋稍疏懈，是为至要。

上谕限死了宣光之东、西两线停战撤兵的日期。二十四日，张之洞将其转送云、桂相关人士。二十七日四鼓，唐芷庵带着这份电文敲开唐景崧的房门，唐景崧披衣起阅，"不胜惊讶"。

越北战场，清军东、西两线大捷，完全可以一鼓作气将法军驱出越南北圻，为什么朝廷却要"乘胜而收"，丧失固边御敌大好时机？中国在战场上取得了重大胜利，为什么在谈判桌上却一无所获？将士们在战场上浴血奋战将近一年时间，到头来，朝廷一句"法人现来请和，于《津约》外别无要求"就摆平了？

想不通也好，惊讶也好，面对谕旨，官卑职微，唐景崧有话也不能直达天听，但张之洞可以。他只能向张之洞诉说，由张之洞据理力争。张之洞采纳唐景崧等前线官员意见，三次电奏朝廷，请求暂缓撤兵，但朝廷严旨不允：

着该督遵旨亟电各营，如电信不到之处，即发急递飞达。如期停战撤兵，倘有违误，惟该督是问。

张之洞也无可奈何，只得致电苏元春、冯子材、唐景崧等有关人员，遵旨撤兵：

洞三次电奏谅山暂缓撤兵，严旨不准。贵军即钦遵二十二日电旨，依限撤兵，勿误。

上意难违。十五日在牧马，唐景崧率众多将士祭奠随征阵亡将士，启程班师。

十九日，抵达龙州。唐芷庵同广东派到"景字军"差遣委员的中书科中书周其璇，知县曹星佐、常寿龄，举人王勋臣，府经陈启鸿，县丞龚瑞时，州判张炳荣，巡检李廉，从九李大受，盐大使衔李生花，翻译石绍祖等几百民众，出城五里郊迎。

唐景崧将"景字军"十二营分扎于龙州下冻及水口关一带，自己的坐营安置在下冻关帝庙。稍安，接到好友李燕伯来信，信中附有五首为"景字军"写的铙歌：

一

廿年簪笔侍承明，一出都门便将兵。
杀贼归来看草檄，才知霍卫是书生。

二

载酒江湖杜牧之，感春楼上夜题诗。
请缨便是韩忠武，儿女英雄事事奇。

三

椎牛犒士一军欢，月照泸江剑气寒。
洒遍乌支头上血，征袍三日未曾干。

四

几人屠狗卖浆中，能捍边关即是功。
亡命莫教西夏去，张元吴昊本英雄。

五

捣穴犁庭事岂难，愤时谁共寸心丹。
连朝钜鹿城边战，诸将皆从壁上观。

面对李燕伯的赞美之词，唐景崧挥笔以答：

三千甲士解吴钩，百战归来愿不酬。
儿女英雄都抱恨，花残月黯感春楼。

与请缨出关时两首充满壮志豪情的明志诗截然相反，班师入关的这首诗作，表达的是壮志未酬的深深遗憾和半途而废的抱恨之情。

此时唐景崧的心情不难理解。自光绪八年九月二十日（1882

年10月31日)离京,至光绪十一年三月十九日(1885年5月3日)龙州入关,唐景崧在越抗法两年七个月。第一个阶段,为招抚刘永福、联络友军共同抗法,进行多方面的斡旋协调,部分达到请缨的目的。第二阶段,主要是参加西线作战,千里奔袭,浴血鏖战。在中法战争的枪林弹雨中,唐景崧表现出了一个真正的爱国者应有的英雄气概。但是,尽管自己竭尽人臣之能,却因为朝廷的腐败无为,中法战争最后落得"中国不败而败,法国不胜而胜"的结局;黑旗军也并没有像他希望的那样成为一支"屹立海疆""绥藩固圉"的劲旅,最后被迫撤回国内。越南完全沦为法国的殖民地,中国南疆从此失去了安宁之日。

时运国运如斯,唐景崧仰天长叹:"请缨之志,终憾未偿!"

二

边关息战,裁军就摆上了议事日程。

《中法停战条件》签订后,法国步步紧逼,派遣巴德纳到天津商签新的条约。清廷派出以李鸿章为全权大臣,锡珍、邓承旭为襄办的谈判组负责谈判事宜,经过一个多月的艰难谈判,于四月二十六日,双方签订《中法越南条约》十款。和议奏行,中法越南战事告一段落。中国南国屏障、藩属国越南,从此沦入法人之手。

五月初八日,张之洞将《中法越南条约》主要内容摘录转告唐景崧等：

一、法自行弭乱，华不派兵赴北圻。

二、法与越自立约，或已定，或续立，中越往来，不碍中国威望体面，亦不违此次约。

三、六个月会勘界，北圻现界处，或稍改正，以期两益。

四、法保护人民欲过界入中国，边员给照，华人入越，请法给照。

五、保胜以西、谅山以北通商，华设关，法设领事，北圻亦可驻华领事。

六、三个月内会定商款，法运越货税，照他处较减。

七、法在北圻造铁路，中国若造铁路，雇法工。

八、此约十年后再修。

九、法即退基隆，二月内台湾、澎湖全退。

十、中法前约照旧。

自此，中越边关大事已定。

五月二十七日，张之洞致电唐景崧等，以和约已定为由，提出萃军、勤军、景军遣撤二十营。其中明确要求十日内，景军裁撤六营，并赏银三千两，"悯其苦战也"。

唐景崧接令，陷于三难之境：一是边境法军尚在蠢蠢欲动，遽然裁撤军备，难防不测；二是新募炮营训练有成，前功尽弃，心有不甘；三是欠饷太多，一时恐难清偿。不得不致电张之洞，请求缓撤。

但张之洞秉承朝廷旨意，裁撤军备意志坚定。接到唐景崧请求缓撤电后，即致电唐景崧，答应设法为唐景崧解决困难，但裁撤问题上口气强硬，毫无商量余地。

唐景崧只能遵令如期裁撤六营。

正当裁军工作艰难进行之时，七月二十日朝廷分派唐景崧随周德润去云南勘界。上谕内阁：

着派内阁学士周德润驰驿前往云南，会同岑毓英、张凯嵩办理中越勘界事宜。并着五品卿衔、吏部主事唐景崧，江苏试用道叶廷眷随同办理，与周德润随带司员，一并驰驿前往。

奉派入滇勘界，实则是裁撤景军之举。赴云南勘界无需领兵前往，保留下来的只能驻守桂边，又何必留那么多？于是到了九月底十月初，景军再裁三营，仅留原景军一营和黄守忠从刘永福那边归附过来的两营交唐芷庵照料。

进入越南抗法以来，朝廷奖赏唐景崧两次：一次是光绪九年（1883）八月四日，上谕着赏四品衔；一次是光绪十年（1884）七月六日，上谕着赏加五品卿衔，前文已述。

围攻宣光，战事过去一段时间后，张之洞认为此役主帅坚定，将士用命，虽未攻克，但功不可没，力主宣光攻城战出力各军应予褒奖,并于三月十一日请岑毓英负责将此事致电总署。

三月十三日,上谕军机大臣等,并寄张之洞:

> 据电奏,历陈边军出力情形。官军围攻宣光,虽未克复,而叠次奋勇进剿,劳绩足录,着岑毓英仍遵前旨,将十一月初五日之捷,出力员弁,查明保奏,并将云、粤各军宣光攻战出力者,与临洮胜仗案一同保奖,候旨施恩。

不仅要奖赏宣光围城有功将士,还要奖赏临洮之战有功人员。十四日,张之洞致电唐景崧等,转达电旨,嘱咐唐景崧速将粤军各营出力将士名单呈递岑毓英。

唐景崧按张之洞的指令,查取景军各营宣光之战出力的文武员弁职务、姓名和战功,于四月初十日向岑毓英、张之洞、倪文蔚申领。在申领呈报中,唐景崧特意将自己排除在申请名单之外,说:"景崧事不偿愿,无功可录,不敢仰邀保奖。"

岑毓英接到上报的拟奖赏名单,不见有唐景崧的名字,斟酌再三,在保奖奏折中以附片的形式单独奏报唐景崧,对其入越抗法以来,特别是宣光攻城战中的突出表现和卓越才能给予高度肯定和褒奖:

> 再四品顶戴五品卿衔主事唐景崧,于上年十一月初五日,贼围提督刘永福部将吴凤典营,该主事率兵同提督刘永福、游击张

世荣三面夹击，大挫凶锋。嗣后，围攻宣光，该主事会同丁槐、何秀林逼城而垒，力攻三十六昼夜，轰城穴隧，肉薄相当。贼死已数千，驰书求援，亦自谓华兵猛厉，城中有坐毙之势，设非刘团左育一溃，已告成功。伏念滇军随臣百战之余，加以训练，杀敌致果，势所不难。该主事以一书生，招募新集之勇，随同攻坚陷阵，不少退却，使非有胆有识，报国情殷，何能如此奋勇？

查该主事率营出关之时，正值宣光、太原路梗。该主事以会剿为急，攀绝壁，逾深溪，间关崎岖，逾越圻千有余里，竟达滇营。其经过之路，地当幽僻，无粮可办，往往远至一二百里外采买，而军资、军火迢遥转运尤难。该主事身临前敌，复顾后路，节节设站，处处留兵，其筹画精详，人所不及。且选锋陷阵，精锐伤亡如积，该主事气不少挫，激励戎行，促攻愈紧。营官哨弁奋不顾身，其笼络驾驭尤属有方。臣毓英与臣之洞往返函商，均以该主事值辛苦艰难之会，独能竭力国事，奋迅图功，洵属明体达用，艰钜堪膺。应如何破格擢用，以收效得人之处，出自逾格鸿慈。现在该主事已回驻龙州防所，除将该主事开呈围攻宣光尤为出力员弁十三员名缮单请奖，并敕该主事仍查明出力人员暨此次接应出力之人，开报到时，再行缮单续请奖叙外，臣谨会同两广督臣张之洞合词附片具陈，伏祈圣鉴。谨奏。

根据张之洞、岑毓英的会奏具陈，朝廷五月十五日作出决定，上谕奖赏宣光、临洮获胜出力人员，褒奖唐景崧：

主事唐景崧着赏戴花翎,并交军机处存记,候旨简用。

钦奉慈禧端佑康颐昭豫庄诚皇太后懿旨,所有云南官军及唐景崧、刘永福等所部各军尤为出力兵勇,着共赏给内帑一万两,由岑毓英分别发给,以示鼓励。

光绪十二年(1886)的十一月十四日,唐景崧已授台湾道前往云南勘界时,朝廷又对宣光、临洮之战的有功人员追加恩赏:

以克复越南广威府不拔县,赏台湾道唐景崧二品衔,并霍伽春巴图鲁名号。

在力主对唐景崧等抗法作战有功人员给予奖赏的同时,岑毓英、张之洞向朝廷力荐破格重用唐景崧。

岑毓英在保奖奏折中,曾有"臣毓英与臣之洞往返函商,均以该主事值辛苦艰难之会,独能竭力国事,奋迅图功,洵属明体达用,艰钜堪膺"的保荐。张之洞尤甚。"景字军"属粤军,作为两广总督的张之洞不管是出于公事,还是出于私情,一直以来对唐景崧全力支持,呵护有加。唐景崧以一介书生,遵令组建"景字军",会同云军围攻宣光,其指挥才能、攻战谋略、驾驭将士、攻战绩效,有目共睹。张之洞对唐景崧知之甚详,极力向朝廷举荐,期盼朝廷加以重用。

为此,四月初二日,张之洞以"唐景崧一军越境会剿,历次攻战情形及遵旨撤兵还界各缘由"为题，专折奏报。其中有：

　　查该主事以文学书生亲率偏师，越疆会剿，行无人之地千余里，山箐幽险，不见天日，夜堕深堑，昼逢猛虎，马蝗盈尺，噬人立毙，人马颠陨不可数计，购粮运械尤为难苦。其人数比之滇军、刘军不及其半，其后路之远近难易则又倍之。至于临战赴援，攻城夺垒，其摧锋斩获，每与诸军相埒，将士致果效命，伤亡多于他军。每有攻战，该主事皆亲履前行，其为力能用众，勇能克敌，已可概见。此军以之防边，可期得力。

　　在奏折的附片中，更是褒誉有加：

　　臣察其为人，既能亲临行阵，深悉洋战利病、越地情形，又能筹画大局，抚驭民夷，条理井井，如此人才，实不易得。洵属可任兵事，无愧边才之选。

　　滇、粤两总督共同保荐，确属罕见。况且唐景崧作为一介书生，在国家危难之际，慷慨请缨，只身赴越，招抚刘永福，支撑桂边危局，远赴宣光会剿，历时近三年，枪林弹雨，亲尝瘴厉，确实是一难得的人才。因此早前就有将唐景崧"交军机处存记，候旨简用"的谕批。对张之洞的奏折附片，因一时难找到出缺和合适的位置来擢用唐景崧，只能作"留中。钦此"的谕批。

在张之洞、岑毓英两位封疆大吏的强力保荐下，十月十九日，张之洞转给唐景崧一份电谕："十八日上谕：'福建台湾道兼按察使衔着唐景崧补授。钦此。'"

"福建台湾道兼按察使衔"，唐景崧捧着张之洞的来电，眼睛紧盯着上面十个字，不禁浮想联翩，感慨万千。他想起了母亲，离别近三年，但母亲的谆谆教诲时时在耳。"知者不惑，仁者不忧，勇者不惧"，在国家危难之时，孩儿挺身而出，驰骋疆场，而今一纸圣令，可慰母亲否？想起了临行前宝大人的赠言："壮哉！班定远也。"实在惭愧，班超征战西域，立下万世不朽之功，而自己连"绥藩固圉"的请缨之志都未能遂愿。想起了与刘永福在越南北圻并肩作战的点点滴滴："计南征三载，与西虏旗鼓相当，大小十余战，未尝不系颈帐下，悬头藁街。"换来一纸补授圣谕，一身男儿血，何计得与失。

三

《中法停战条件》中一个重要条款是中国撤回在越军队，其重点落在刘永福黑旗军如何撤回国内并安置上。

就此事，朝廷曾于二月二十二日电谕岑毓英：

本日已将停战日期谕知岑毓英矣，现距撤兵期近，刘永福一军必须妥为安插。将来或在边界屯军，抑或别筹调度，该督务须熟思审处，先行奏闻，候旨定夺。

刘永福的大本营在距离云南最近的保胜，而且与岑毓英相处甚久，所以，朝廷便将刘永福回国和安置的事情交给了云贵总督岑毓英，并嘱其"妥为安插"。但岑毓英对刘永福一直抱有很深的成见，面对谕旨，他不得不劝导刘永福回国，但却不愿将刘永福安置在滇边。

张之洞知道岑毓英的态度后，二十四日即致电唐景崧：

现在彦帅如何办法，请电示。鄙意此人万不可弃以快敌，为粤扼边亦甚好，或钦州，或思州，或龙州，皆有用。拟询刘所愿，方为妥协。请彦帅卓裁，即赐复。维卿并即酌复。

张之洞交代一定把刘永福要回来，放在钦州、思州、龙州皆可用。但桂边众将领都不愿接收，甚至连动员工作也不愿做，完全不理睬刘永福回国安置之事。一时间，刘永福成了一块烫手山芋，只有张之洞愿意接纳安置。张之洞要安置刘永福，必须依赖唐景崧从中斡旋，舍此别无他人。

唐景崧既想为张之洞分忧，又要为刘永福的前途着想。请缨入越，招抚刘永福抗法，两人同甘共苦，并肩作战，结下生死之交。唐景崧是张之洞和刘永福都信得过的人，于是，唐景崧主动承担起刘永福回国安置的调解斡旋工作。

经多方努力，三月二十四日，朝廷最终决定将刘永福回国安置地定在思钦一带，上谕：

刘永福一军，着即调扎思钦一带。该军到防后，人数、饷数，张之洞酌定具奏。

但是，刘永福对朝廷的安排"不以为意，亦度外置之而已"。刘永福主要考虑：一是在越南经营多年，弃之可惜；二是举部回国，前途未卜，心存疑畏。因此重重顾忌，犹豫不决，采取能拖则拖的对策，赖在保胜不动。

随着撤军期限的临近，法国以刘永福撤出越南作为法军撤离澎湖的条件，刘永福不撤，法军也不撤。显然，刘永福的按兵不动已经影响到大局。清廷十分着急，不得不通过相关督抚大员向刘永福频频施压，催他回国。张之洞派人前去刘营做工作，唐景崧亦是多次飞函刘永福，缕陈利害，劝其遵旨而行。

层层重压之下，刘永福见不能再拖下去，函禀张之洞，提出一系列要求。张之洞为此专门致电唐景崧等，条条予以明确答复，几乎是有求必应，并请唐景崧代为送达：

委员孙鸿勋自越回，携刘提督禀，请示数条，分别批复：
一、准带二千人，如得力旧部不敷，万不必勉强凑数，到粤再募足，总必令统四五营，决不食言。

二、刘部众家属孤寡甚多，给银二万安置。

三、其子刘成良、凡刘家属俱不可留越，免越民游勇将来梗法，为法藉口寻仇。

四、所部出力伤亡将士，除彦帅具奏外，到粤后仍可开单，由洞奏请奖恤，已奏准。

五、彦帅咨存刘饷三万，已电请彦帅即全发给，不必细算饷费，一切应补领若干，到粤必补给。

六、旨令先撤至云境，再转入桂，取其离越较速。

七、刘到粤后，洞当一概发给后膛枪利炮，不忧无械。

八、到粤后系归洞调遣，亦应就近听护西抚院李之命。护院爱将恤士，必能抚慰。如有难，自达处托唐主政经理照料。

九、先到龙州候示，应扎何处，临时妥酌，南宁不相宜。

十、四月十八日旨催刘离越甚严，切限五月初二日撤至云境。如来不及，稍迟数日尚可，但不可太缓。

总之，刘来必使得所，惟当遵旨速行，望即开谕刘照办。因批禀驿递太迟，故电请彦帅转饬，并由薇卿代达。

唐景崧是在龙州接到张之洞这封请他代为转达的函件的，甚为张之洞的大度和周到感动，即遵令也写了一封致刘永福的信函，催其尽快入关赴桂。书中动之以情，晓之以理：

吴督带、李、胡两管带，晤于龙州，两接惠书，一切览悉。

已付吴、李银一千两矣。招募一节,令其暂缓,俟执事到时再议。香帅来电亦同。现已派弁送伯涛于十五日起程赴东,进谒香帅,面禀情形。

来书所云存亡弁勇家属零丁孤苦各情,弟已一一电陈。今接香帅复电,抄录寄览。香帅为执事谋者至优且详,来电许给二万两,则弁勇眷属自可成行。若再恋恋保胜,必遭不测。

来书所云与法人声明,以兴化为限,不可上犯之语,执事细思,法人能如此守约不背乎?何其观理不明?并鄙人叠催赴桂之意均不省悟。香帅奏调执事赴桂驻防,具有深意,无非为执事妥筹之至计,并非逼其迁籍,何乃误会?倘再徘徊保胜,不独负香帅与鄙人一片周全之苦衷,实亦拙于自谋。大丈夫感恩知己,即令赴汤蹈火,亦有所不辞。何况劝驾东来,实为执事一身起见。

昨接彦帅来函,谓尊处乞请路费,业已允行。是彦帅亦并非薄待,岂可一味执性违拗?

总之,速速赴桂为是。即一时难于启行,亦必遵旨按限先撤入云南境内。至要!至要!

弟与执事性命相依,二人万死一生,幸保骸骨,所代为谋,断无不是之处。设再不听鄙言,则此后一切,弟必不能照料,幸勿自误,后悔不及!金石之言,千万详度。临颖不胜驰系之至!

在张之洞、唐景崧反复耐心劝导并为其排解顾虑之后,刘永福终于在五月十三日自保胜启程,迁入云南文山县南溪,迈出入关回国的第一步。至此，唐景崧悬着的心才放松下来。

就在刘永福拖拖拉拉撤回的关键时候，朝廷电谕唐景崧赴云南随周德润办理中越勘界事宜。

张之洞要安置刘永福，离不开唐景崧从中斡旋。接到唐景崧前往云南勘界的谕旨，立即奏请改派唐景崧随勘桂界，以便两宜。在未蒙允准情况下，张之洞再度奏请"拨饬唐景崧留龙月余，与刘永福筹商"。这才获朝廷允准，张之洞也松了口气。

以思、钦安置刘永福是最初的设想，但随着时间的推移发现，这一设想并非最佳选择。为此，九月十八日，张之洞致电唐景崧等，征求安刘意见：

处刘之道，留越不问，上也；滇边次也；思、钦、归顺、镇安则邻越，南宁则内地，皆不宜；不得已乃思屯琼，又其次也。留越法不许，屯滇岑不许，处粤边必生衅，处腹地必累刘，洞皆不敢允。处琼内意又多虑，如何而可，望筹示。思、钦之议，乃洞争瓯脱阻桂商时语。中法既邻，时势迥别。现委方长华赴邕，经理该军营务，以资钤束谕导。

这段时间，唐景崧与张之洞为安置刘永福之地，函电交驰。唐景崧认为刘永福"仰饷于东，径调东，为刘长久之计"，如安上思州，"然刘部终不于调东"。张之洞反复权衡后，采纳唐景崧的意见，"总之，刘必调东"。刘永福到东后，张之洞意欲将其调琼。唐景崧认为不可："琼州孤悬，设有事刘难当一面，平日番船往来亦有未宜，请另酌调东善地。"

张之洞采纳唐景崧的意见，形成"调东"的共识，但具体"调东"到什么地方尚未确定。

十月初八日，刘永福到达南宁。十七日，唐景崧赶到并与之相见。唐景崧在《请缨日记》中记道：

> 晤渊亭及镇、道、府、县各官。是时，香帅从余所议，檄渊亭率部赴广州候调遣，并以五千金购大宅，嘱渊亭挈眷赴东。渊亭请置家属于宾州，不欲俱东。其妻，宾州人也。

这次相会确定刘永福"率部赴广州候调遣"，其家属留置宾州。一切商定后，十一月二十二日，唐景崧与刘永福握手言别，互道珍重，各奔西东。唐景崧即日启程前往云南勘界。二十四日，刘永福拔队东下，所部千人编为五营。

唐景崧为刘永福回国安置之事奔波操劳，既是为朝廷大局考虑，更是为朋友前程着想。但谁曾料到，这一"调东"安排，为日后两人联手保台抗倭也埋下了伏笔。

第十章

台湾巡抚

光绪十一年七月二十日（1885年8月29日），唐景崧奉旨随周德润入滇勘界。

光绪十三年三月一日（1887年3月25日），唐景崧抵达台北府城，履职台湾道。

光绪十七年十一月二十四日（1891年12月16日），唐景崧补授福建台湾布政使。

光绪二十年九月十五日（1894年10月13日），唐景崧署理福建台湾巡抚。

一

在两广总督张之洞和云贵总督岑毓英两位封疆大吏强力保荐下，朝廷终于在光绪十一年十月十八日（1885年11月24日）下达上谕："唐景崧福建台湾道兼按察使衔补授。"台湾道兼按察使的职位出缺，擢升唐景崧补任。

但是，唐景崧并没有立即去台湾赴任，而是在安置好刘永福东下后，于光绪十一年十一月二十二日由南宁起程西行，随岑毓英、周德润云南勘界去了。

越南原是中国的藩属之国，中越边界划分本就不太严格。《中法停战条件》签订后，越南沦为法国的殖民地，勘定桂、滇与越南间漫长的边界成为中法双方的大事、急事。早在七月二十日，内阁奉上谕："着派内阁学士周德润驰驿前往云南，会同岑毓英、张凯嵩办理中越勘界事宜，并着五品卿衔吏部主事唐景崧、江苏试用道员叶廷眷随同办理，与周德润随带司员，一并驰驿前往。"但因为张之洞两次奏请，唐景崧并没有按上谕规定的时间前往云南勘界。一次是八月二十一日，张之洞奏请改派唐景崧"随勘桂界"，奏折说唐景崧尚在越境，距云南较远，说他"习桂、越事，在桂界似更有益"。上谕回复说："张之洞电奏已悉。唐景崧着仍遵前旨，赴云南随周德润办理界务。其所带六营，着张之洞派员暂行统带。"未允所请。九月初，张之洞以妥善安置刘永福归国需要唐景崧从中斡旋为由，第二次奏请唐景崧留龙（龙州）月余。这一次朝廷同意了，十七日上谕电寄张之洞："据电奏拨饬唐景崧留月余，与刘永福筹商等语。着依议行，商定后即饬速赴云南，随同勘界。"到了十月十八日，朝廷补授新职，此时唐景崧即是以台湾道兼按察使的身份参与中法勘界工作的。

云南勘界大约进行了一年两个月时间，唐景崧因为张之洞的两次奏请耽搁了四个月，实际只参加十个月左右。《请缨日记》卷十说"勘界无日记"，但钦差勘界大臣周德润记得清楚：

光绪十二年六月十五日，由云南开化府移驻河口，帅道员唐景崧、叶延眷，司员张其浚、李庆云、关广槐，与法使狄塞尔、达鲁倪、思海士往来会晤，商定勘界八条，彼此画押。

中法按照双方政府批准的勘界八条，展开踏勘、测绘和谈判，过程十分复杂艰难。法方《勘界工程小结》中多次指责岑毓英，两次指责周德润、唐景崧坚持己见，还说唐景崧甚至推翻过原来达成的共识。从法方小结中可以看出，唐景崧不仅是周德润的得力助手，而且关系甚密，观点一致，甚难对付。勘界工作中，唐景崧深得周德润倚重，几乎所有文案都交由唐景崧阅定后，报奏朝廷审批。

中法勘界滇越段于光绪十二年九月二十二日（1886年10月19日）结束，形成勘界正式文本，中法文字各两份，彼此各执中法文本一份，中法两国勘界大臣集中保胜老街签字画押。中法双方各三名代表签字画押，中方代表为周德润、岑毓英和唐景崧：

大清钦差勘界大臣内阁部堂周　押
　钦差勘界大臣云贵总督部堂岑　押
　钦差同勘界务福建台湾道唐　押

大法钦差总理勘定边界大臣驻越帮办大臣狄隆　押

　　钦差勘定边界事务副将官狄塞尔　押

　　钦差勘定边界事务参将官达鲁　押

光绪十二年九月二十二日
西历一千八百八十六年十月十九日
在保胜老街画押

　　中法勘界结束后，唐景崧即打点行装赴台湾道任。次年，即光绪十三年三月初一日（1887年3月25日）抵达台北府城，四月初九日"接印任事"。

　　台湾是光绪十一年（1885）才从福建省划出来升格为行省的，时任福建巡抚刘铭传调任台湾巡抚筹备建省改设的行政工作。补授唐景崧的上谕于光绪十一年十月十八日（1885年11月24日）作出，彼时台湾建省改设尚未筹备完善，仍需福建省各方面的全力支持，所以"唐景崧福建台湾道兼按察衔"中间有"福建"两字，以示台湾与福建"联成一气"。补授唐景崧的职务是"台湾道兼按察使"——道，即道员、道台，是省（巡抚）与府（知府）之间一级的长官；按察使，尊称为臬台，主管一省的刑名，是省级最高司法长官。

　　唐景崧在"台湾道兼按察使"任上六年时间里，最为急迫和重要的工作就是查办案件，维护台湾社会稳定。为此，唐景崧除了完成抚台刘铭传和布政使邵友濂[1]、沈应奎等饬办的案子，还得经常走出衙门巡查调研和处理突发事件。

光绪十三年（1887）初，唐景崧甫一抵台便碰上刘铭传在全台湾推行"清丈"。所谓"清丈"，即详细地测量土地。这是因为台湾田赋紊乱，税收虚縻，为扭转这种局面，刘铭传大胆提出"以台之财，供台之用"的主张，下令台南、台北分设"清赋总局"，派三十名得力官员分赴各县丈量土地。经过三年"清丈"，台湾田赋状况大为改观。唐景崧上任后就投入办理清丈，改定赋则工作中。

第二年秋，彰化县令李嘉棠清丈中性情刚愎，不洽舆情，丈田不公，激发民变，引爆"施九缎案"。施九缎煽动民众对抗官府，率数千民众将彰化县城团团围困，高呼索要焚毁丈单。县城被围三日，官兵弹压无效，武力相向，互有伤亡，清丈无法进行。唐景崧急忙赶赴彰化，深入民众，摸底调查，弄清了骚乱原委。查得是李嘉棠刚愎所致，据实呈报刘铭传，严惩李嘉棠，使地方得以平静，确保刘铭传清丈定赋顺利推进。吴德功在《戴施两案纪略·施案纪略》一书中有所记载：

初五日，台湾道唐景崧到彰，途过二十四庄，其庄民以栋字

---

[1] 邵友濂（1841—1901），字筱春，浙江余姚人。光绪十三年（1887）任台湾布政使，两年后迁湖南巡抚，又两年调任台湾巡抚。中日甲午战争爆发后，复调任湖南巡抚。

营驻兵索取李椪等犯，跪道喊苦。唐景崧乃令撤去营勇，二十四庄民困稍舒。抵彰后，查核李嘉棠前所钉死民犯，从未经禀明，并以丈田致激民变，请巡抚奏参。时台湾布政使邵友濂亦以李嘉棠为官贪酷，视民如仇，详请革职，永不叙用。

唐景崧任内办理过台湾、凤山、嘉义、彰化、淡水诸县陈青鳞一类地痞流氓等的许多案子，提出过台湾郡县城池建设、煤矿等方面的许多政策性建议，多次得到刘铭传的好评。在给朝廷申报嘉奖的奏折中，刘铭传建议对唐景崧"交部从优议叙"。

"开山抚番"是刘铭传台湾建设又一影响深远的重大举措，唐景崧作为台湾道兼按察使，积极配合并主动参与其中。

有清一代，在台湾对汉民称"民"，高山族则呼"番族"，简称"番"，根据发展程度不同，又有"生番""熟番"之别。生番分布广泛，横延台湾南北七百里。刘铭传说："沿海八县之地，番民其六，民居其四。""番"与"民"之矛盾由来已久，台湾建省之前，就有沈葆桢、丁日昌试图解决这一问题，但收效有限。

刘铭传"开山抚番"的主要内容是：建立严密的抚垦系统，积极开山辟路，大力发展经济，改革行政区划设置，加强教化工作等。主要政策有：剿抚兼施，以抚为主；对番民一视同仁，注重以智取胜；对叛番头目攻心为上。"开山抚番"几乎贯穿刘铭传巡抚台湾的全部历程。然而汉民被杀，被偷盗、劫持事件仍多有发生，时常酿成叛乱，刘铭传不得不疲于奔命，派官兵弹压。

为解决刘铭传之困，促推"开山抚番"，唐景崧辅以软硬两手措施：软的一手，出台剃发奖励新政，饬令内山各社剃发归化。但并不强迫，而是采取奖励的办法，凡剃发归化的番目，一年以内不滋事，发给六、七品功牌。硬的一手，募勇一营助彰化剿匪。刘铭传《彰匪围城劫馆派兵剿平折》中说：光绪十四年（1888）六月，后山番变，九月彰化县千匪围攻县城，情势危急，台湾道唐景崧禀募一营，协助彰化剿匪，生获贼匪六人，阵斩十七级，立解城围。如此新政一出，"番族诺诺"，滋扰之事骤降。

这段时间里，唐景崧广泛接触台湾社会，并将京城喜好带入台湾，创斐亭吟社，开澄怀园诗酒会，聘施士洁主持海东书院，时邀僚属、诗友饮酒赋诗，一时间周围聚集了如许南英、施士洁、丘逢甲、施琼芳、汪春源等晚清台湾文化名流上百人。

先期，作为台湾道台，唐景崧于职务内接办台湾府和台北府的科举考试，得到刘铭传的嘉奖和器重。后来，刘铭传以身体有病为由向朝廷请假，将台湾全省的科考交给唐景崧代办。借由此，唐景崧为台湾培养出许南英、丘逢甲等大批人才，也为自己今后在台湾发展扎下深厚的人文基础。

尤其值得一提的是唐景崧与丘逢甲的关系。丘逢甲祖籍广东蕉岭，其先祖为躲避战乱从中原南迁入粤，最后漂洋过海，定居台湾。到丘逢甲这一代，丘家在台湾已定居四代上百年。丘逢甲天资聪慧，尤长诗词，有"东宁才子"之誉，但科考屡试不第。光绪十三年（1887），唐景崧抵达台湾不久，下车观风，听闻丘逢甲之名,读了他的诗词,十分喜欢,便招至府衙接见,当下就收丘逢甲为递帖弟子。从此在唐景崧的指导下,丘逢甲积极为科考做准备,果然不负厚望,光绪十四年中举人,十五年中进士,授工部主事。但丘逢甲无意在京做官,返回台湾,受恩师唐景崧委派到台南府崇文书院做主讲,同时兼任台湾府宏文书院和嘉义罗山书院主讲,讲授中外史实和时局新知。《马关条约》签订后,师生携手并肩,联络台湾士绅和民众开展反割台斗争,书写了保台抗倭的悲壮抗争史。

二

唐景崧在刘铭传属下做台湾道兼按察使六年时间,深得抚台之意。时值前任布政使邵友濂因感受湿热,请病假内渡就医,且就医期间补授湖南巡抚,刘铭传便向朝廷推荐唐景崧署理台湾布政使,认为唐景崧"持躬谨练,驭下宽和,堪以署理"。

光绪十七年四月二十八日(1891年6月5日),唐景崧接过布政使篆务。所谓"署理",即有官员出缺或离任,由其他官员暂时代理。署理七个月后,邵友濂已接替刘铭传任台湾巡抚,于光绪十八年(1892)正月初八日宣布光绪皇帝御批:

福建台湾布政使着唐景崧补授。

"补授"即补任官职。经过考察，唐景崧正式任职布政使。

二月二十日，光绪皇帝颁发圣谕"着来见"。皇帝亲自召见布政使实乃罕见，足见其对台湾情势的重视和对唐景崧个人的信赖。受宠若惊的唐景崧一面"恭设香案，望阙叩头谢恩"，一面上书涕泪表忠：

涓埃未报，克惕方深。今获重任，梦所未及。台地重区，藩司要津，举凡用人、理财、察史、安民，均关紧要……惟有入京陛见，跪聆圣训，一切方有依循。

唐景崧尽快处理好身边杂务，迎施士洁为幕友，打点行装从台湾启程，于四月十三日抵达京城。在京城逗留两月有余，受到光绪皇帝的两次召见，唐景崧叹为"圣诲周详，莫名钦感"。

离开京城，回到台湾，唐景崧正式履职台湾布政使，时间是光绪十八年六月二十八日（1892年7月21日），距离中日甲午战争爆发仅两年时间。

光绪十八年（1892），台北知府陈文騄、淡水知县叶意深禀请纂修通志，巡抚邵友濂从之，批示曰：

台湾升建行省，增改郡县，规模制度，秩然可观。若使载记阙如，无以信今而传后。据禀请纂《福建台湾省志》，所议筹款、设局、求才、分职、购书、制器六条，尚为妥协。仰布政司查照核办，移饬遵照。

　　唐景崧补授布政使后，巡抚邵友濂即交给他监修首部台湾地方志书《台湾通志》的任务。唐景崧为这部书的编纂付出了大量时间和精力，从光绪十八年（1892）启动到二十一年（1895）基本完成，自始至终在其监修和指导下进行。

　　首先，在台北成立通志局，唐景崧为监修，陈文騄、叶意深为提调，聘请蒋师辙担任总纂。不久蒋师辙因事离职，唐景崧延请薛绍元接任。又聘请进士许南英协修通志台湾部分，聘请进士丘逢甲担任通志采访师，负责采访乡土故实。由此《台湾通志》修纂工作正式展开。

　　其次，为了确保质量并如期编就《台湾通志》，唐景崧颁布了《修志事宜》，后又编就采访册式样板，饬发各属，要求按规定完成采访诸项目材料搜集。

　　在《修志事宜》中，唐景崧说明修志缘由、必要性和通志的主要内容，制定通志编纂的基本标准、基本规范和基本方法。唐景崧指出，台湾归入大清已百多年，光绪十一年改行省以来，"未及修志"，原有的各县志来不及更新，"事实宜急续纂，且大都残失，完本难求"，希望各参编单位部门和个人抓紧时间，"勿视为不急之务，厌怠徘徊"，尽快完成所负责的部分。

　　同时，唐景崧提出数条标准和要求，希望各编撰人员遵照执行：

一、府县建置，宜考沿革，今昔兴废，一览了然。

二、舆地测绘，得其要领，实地勘察，名目清晰，方位走向，万万不可倒置。

三、疆域广狭，着其道里，犬牙交错，尤宜注明。生番地界，尚难入版图者，例从阙如。

四、人物立传，稽其实迹，行考其详，不得附和随声。德行、文学、宦绩、武功例所必录；孝烈、贞烈有关风俗者，尤应表彰。

五、田赋科则，宜折等差。

六、物产土宜，辨识种类。

七、土客风俗，究其异同。

八、文艺杂著，广加搜罗。

九、地方修造，纪其兴废。凡创建、重修、造者、时间日期，均宜记录在案，即使颓废、湮灭，亦应记录。

十、职官缙绅，录其姓氏，职务明白，履历清晰。

除以上诸条外，唐景崧还对寇贼兵事、产矿山场、番社方言、灾祥变异等做了不同要求。

再者，唐景崧也十分关心资料搜集、甄别和分类的进度。在《修志事宜》颁行快一年的时候，唐景崧做了一次检查，发现修志质量和进度都令人不满。于是在光绪十九年（1893）八月二十八日，唐景崧拟了一道"最后通牒"，催促各属加快通志材料收集和编纂进度。"最后通牒"说：

限三个月内，一律采访竣事，详送通志总局备纂……特饬之件，勿再视为具文，任意逾延，致干咎戾。

光绪二十年（1894），唐景崧统帅下的通志总局依据各属所送资料，分科纂修。至光绪二十一年（1895）三月，《通志》成稿十之六七，共耗时三十四个月，花费金钱十万七千八百八十两。甲午战争爆发后，猝遭割台之痛，《通志》稿本被志局人士带离台湾，编纂工作就此中断。[1]

担任布政使期间，唐景崧除监修、指导、编纂《台湾通志》外，还监修新编的《台湾澎湖志》并作序。通过两部志书的修纂，唐景崧"台湾通"的内涵进一步得到充实。

光绪十九年（1893），即授任布政使的第二年，唐景崧忙里偷闲编辑、刊刻、印行了父亲、自己和儿子的著作，将他们合在一起，取名《得一山房四种附一种》，为"光绪癸巳台湾布政使署刻本"，简称"光绪十九年刻本"，分正编和附录两部分。正编收录四种：《得一山房诗集》二卷，唐景崧父亲唐开旭（懋功）所著；《请缨日记》十卷，唐景崧著；《诗畸》十卷，唐景崧辑；《谜拾》二卷，唐景崧著。附录收录其子唐运溥的《谜学》一书。

光绪十四年（1888）起，唐景崧就在台湾道署着手整理请缨

---

[1] 光绪三十三年（1907），日人访知有此稿，由驻福州（代理）领事（佐野一郎）以一百五十银元购得《通志》全稿四十册及目录小册一册送回台湾，藏诸台湾总督府图书馆（即今台湾省台北图书馆）。

抗法日记，并收集当时的军事电文于其中。书前有唐景崧拜帖弟子丘逢甲作的序文和唐景崧自己写的凡例，书后有清廷外交官朱和钧作的跋和唐景崧本人写的两篇跋。跋文中，唐景崧特意说明何以用"请缨"命名的问题，再一次重点介绍谢子石赠送的巨幅画作《万里请缨图》，并附上谢的诗作一首。《请缨日记》所记，从唐景崧向朝廷呈递"请缨"折子那天开始，到中法越南战争结束赴台湾就任台湾道兼按察使那天为止，长达五个年头，除了关于兵事及唐景崧四进四出越南的记录之外，也还有许多文化、山川、风物、民俗等方面的记载。可以说，《请缨日记》是研究19世纪80年代中法战争、近代中越关系以及晚清时期中国和越南社会不可或缺的第一手宝贵史料。

所谓"诗畸"，唐景崧在序中云："《正字通》曰：'零田不为井，为畸。'兹刻七律外，皆零句无片段，亦诗之畸而已矣。"黄乃江对《诗畸》深入研究后说：

《诗畸》是台湾第一部诗钟总集，收录了光绪十九年（1893）二月以前，唐景崧与僚属及台湾名士在台南斐亭吟社、台北牡丹诗社，以及"壬辰（1892）入都"时在京"与闽中诸君子鏖战数日"所作的作品。全集十卷，其中"正编"八卷为唐景崧参与聚作的作品，"外编"二卷为"南注生[1]未与会者"，共录诗钟645

---

[1] 唐景崧号"南注生"。

题4669联、七律35题221首,作为《得一山房四种》之一,光绪十九年(1893)由台北布政使署刊刻印行。《诗畸》自刊行以来,一直被两岸钟界奉为诗钟创作的经典,影响相当广泛。

又说:

《诗畸》所录诗钟作品,题材多样,内容庞杂,既有对文人心态及淫逸生活的记述,也有对科考定制及相关风习的载录;既有对官场规则及腐败风气的摹写,也有对历史风物及社会风情的体察等等。除了极少数纯粹竞技雕镂之作外,绝大多数作品都言之有物,寄寓了作者的深刻诗思与真挚情感。由于受诗钟体裁形式的规定和制约,从单个作品来看,《诗畸》所描绘的也许只是社会生活的"一雕栏一画础",但从整部钟集看来,它所反映的却是清末台湾宏大而壮阔的历史图景,堪称"诗史"。

《谜学》编入唐景崧京城和台湾时期所制谜作共五百条。1958年,台北新兴书局出版了一本《谜拾》评注的专著,评注者台北诗谜大家黄朝传称:"如以南北两府而言,则唐著有《谜拾》一书,较林鹤山更胜一筹。尊之为台湾最初诗谜家,谅不为过。"继而在书中评价说:唐景崧"性豪爽,耽风雅",无论在台南兵备道任上还是台北署衙,每当余暇节庆之时,必邀属僚和科甲中人举行诗会、酒宴,游戏诗谜。台湾文人围绕其门下,成一时之盛，故而台湾诗谜得以传承，文风得以开启。

后来，台湾又出版了一部《中华灯谜学》，学者陈祖舜在其序文中评价说："台湾最早之灯谜书为清光绪年间台湾巡抚唐景崧所著之《谜拾》。"

20世纪90年代，人民出版社出版了一部浩大的《中华灯谜集成》（共三册），第二册收录唐景崧的《谜拾》与其子唐运溥的《谜学》。可见唐景崧《谜拾》在海峡两岸影响之深远。

除刊刻《得一山房四种附一种》外，唐景崧在台湾任内也开创并组织过许多文化文学方面的活动，引领文风一时盛极。

一是创设斐亭吟社并题联。光绪十一年（1885），唐景崧修葺台南道署旧有斐亭，创斐亭吟社并题联亭柱。每逢春秋佳日，与台南进士、文人于道署内射虎助兴。亭柱联云：

听百丈涛声，最难忘铁马金戈，万里游踪真腊椑
挥满堂豪翰，果然是锦袍红烛，千秋高会斐亭钟

二是创牡丹诗社。光绪十七年（1891）唐景崧升布政使，由台南移驻台北，立施士洁为当事人，时邀丘逢甲、汪春源、林启东等名士吟咏于官署。因曾从海外运来数十盆牡丹，林鹤年以牡丹致之，遂名为"牡丹诗社"；亦多作诗钟，益于地方文风和诗歌传播。

三是聘施士洁主讲并担任海东书院山长。海东书院属当时台

湾历史悠久、规模最大的书院，曾吸引丘逢甲与新竹郑明、安平汪春源等一大班文化名流。施士洁祖籍福建晋江，移居台南，光绪二年丙子科（1886）三甲进士，钦点内阁中书，但无意仕途，不久辞官回归。唐景崧任布政使后，上谕进京陛见，迎施士洁为幕友，陪伴随行，施十分出力，给唐景崧留下深刻印象。时逢唐景崧在台湾大力发展文教，遂接聘为海东书院山长。

三

光绪二十年六月二十三日（1894年7月25日）中日甲午战争爆发，台湾战役随时都有可能打响。台湾防务吃紧，清廷发出多道监视在台湾海峡游弋的日本船只的指令，并调兵遣将，增拨军械，严加防范。

之前一天，光绪皇帝通过军机处给闽浙总督谭钟麟下达旨意，饬令福建水师提督杨岐珍酌带兵勇，迅速渡台。之后两天里，又下了两道相同的电谕，饬令驻汕头南澳总兵刘永福带兵渡台：

> 南澳镇总兵刘永福，着谭钟龄饬令酌带兵勇，前往台湾，随同邵友濂办理防务。

同时，军机处还给台湾巡抚邵友濂发出一道战事密令：

倭已在朝鲜牙山击我兵船,衅由彼开,如有倭船驶赴台口,可即击之。

作出一系列安排布置后,朝廷考虑到唐景崧与刘永福联手抗法的经历,为促二人合作再次联手保台,七月初六日,光绪皇帝叮嘱军机处给台湾巡抚邵友濂追加一道圣旨,让唐景崧和刘永福一起帮办台湾防务:

台湾布政使唐景崧、南澳镇总兵刘永福,均着帮同邵友濂办理防务。

如此,唐景崧与刘永福分手九年后,为了抗倭保台又走到了一起。

唐景崧在接到"帮办台湾防务"的谕旨后,给朝廷上了一道感恩折,除列数巡抚邵友濂的悉心布防外,更表示自身阅历不深,承接圣恩"惟有殚竭血诚,不辞艰险,凡遇防务事件,帮同巡抚,悉心办理,冀答高厚鸿慈于万一"。

可是仅两个月后,唐景崧就给军机处上了一道折子,希望代呈皇帝,乞恩销去帮办台防,情愿带兵北上,折子说:

景崧奉命帮办台防,而抚臣邵友濂以杨岐珍统基、沪各军,刘永福赴台南,现调总兵廖得胜等,一切军事不令与闻。伏恳天恩销去帮办台防差使，情愿带营北上，效命何恨。

这个折子的关键词在"一切军事不令与闻"。光绪皇帝看了唐景崧愤愤不平的奏折大吃一惊，当即下旨：

电邵友濂，……前有旨，派唐景崧帮办台湾军务，凡邵友濂所以布置自应与该司和衷商办，岂有不使与闻之理？唐景崧此电，语多不平，所指各节，该抚能否告知？着邵友濂据实具奏。

九月十三日，军机处给闽浙总督谭钟麟下达一道密电，要求查实唐景崧所陈不平事，密电说：

电谭钟麟，据唐景崧奏，邵友濂诸事把持，语多急切，显与该抚意见不合，恐致误事。着谭钟麟将该藩司所陈各节据实电复。台湾孤悬海外，久为外人垂涎，究竟邵、唐二人孰为得力，秉公察度具奏。

过了两天，军机处就收到闽浙总督谭钟麟发回的密电，呈报奉旨调查邵、唐二人的结果：

邵友濂本不知兵，师心自用，朝令夕改，文武啧有烦言。唐景崧帮办防务，布置略有头绪，迹近张皇，且帮办仍是藩司，自宜委婉就商，只求公事有济，乃以意见之私，辄行讦奏，亦属不顾大体。倭奴不得逞志于东北，必扰台湾以泄愤。事机甚迫，此时求一实心实力者接替，颇难其人，且来不及。应请圣旨，申饬该抚、藩，以防务为重，调和将士，化其偏私，不可稍存意见。麟亦致书婉劝，无误戎机。谨据实密陈。

就在谭钟麟给军机处呈上密奏的时候，邵友濂也拟了一道密折呈报朝廷：

军情瞬息千变，必须事权归一，方可一力主持。历来全省事务悉听命于督抚，凡遇军务无论督办、帮办而尊，非督抚则呼应不灵。故办理军务非授以督抚实缺不可，请旨另简知兵大员，迅接抚篆，以一事权。臣仍请留台效力。

邵友濂强调的是"必须事权归一，方可一力主持"。有意思的是，在邵友濂这份奏折的末尾，竟留有光绪皇帝的谕旨："邵友濂调署湖南巡抚，福建台湾巡抚着唐景崧署理。"原来，在九月十五日军机处收到邵的密折之前，已经发出了另一道授职谕旨。在甲午战争第一阶段失败，台湾局势万分危急之际，将"不知兵事"的邵友濂调往湖南，将唐景崧直接推上了抗倭保台的前线总指挥位置。

九月十五日，军机处发出另一道授职谕旨，全文如下：

电唐景崧：本日已明降谕旨，邵友濂调署湖南巡抚，唐景崧署理福建台湾巡抚。台湾防务极关紧要，唐景崧既经署理巡抚，责任綦重，一切防守事宜即责成该署抚妥为筹备，并与杨岐珍、刘永福会商布置，不得意气用事，自以为是。倘与僚属动辄龃龉，以致贻误事机，该大臣当任其咎。

细读授职谕旨可见，在朝廷眼中，"台湾防务极关紧要"，能担当守护台湾重任的人，翻遍满朝文武官员名录也找不到比唐景崧更合适的人选了。所以谕旨殷殷托付，切切期盼，千万嘱咐"责任綦重"，"妥为筹备"，"与杨岐珍、刘永福会商布置"，"不得意气用事"，"贻误事机"。

面对皇命，唐景崧跪聆之际，感悚莫名。在写给光绪皇帝的感恩折中表示：

蒙圣主知遇之恩，授予署理台湾巡抚之职，惟有恪守圣训，倾心效力，加紧台湾布防，和杨岐珍、刘永福随时会商，和衷共济，不敢有丝毫意气和懈怠，致误事机。

战争即将来临，万事容不得拖。次日，邵友濂收到总理衙门转发的谕旨电文，九月二十三日即带领若干僚属，将巡抚大印、台湾学政各关防并王命、旗牌暨兼管海关一切文卷等等，向署理台湾巡抚唐景崧办理了移交手续。

唐景崧接掾视事，马上交代属僚拟就一道公文通报各衙门：

台湾巡抚交接任事业已完成。并将此文转发台岛内部各部及沪尾、台南两海关。

九月三十日，唐景崧密陈朝廷，将台南、澎湖、台中、台北四个方面加强防务、益求完备的情况详细加以汇报。

在台南，重新明确刘永福和万国本的职责范围，增强了刘永福的兵力和统摄权力，强化了原来一百多里间无统领、无炮台、无兵力、首尾难顾的薄弱环节。电奏说：

查倭人虽鸱张于北，而志不忘台。六月以来，时有倭轮游弋测水。故台湾设防，与临敌同。南路于霜降后，涌浪渐平，与澎湖并形吃重。恒春县自大港口以迄凤山、枋寮，百有余里，昔为倭人盘踞半载余，蹊径既谙，旧奸犹有，炮台未设，海岸易登。该处防营尚单，又无大员统率，诚恐敌人承虚就熟，不可不加意严防。帮办防务南澳镇总兵刘永福与台湾镇总兵万国本并驻台南郡城，遥顾恒春，鞭长莫及。兹商以万国本专防安、旗一带，刘永福专防凤山、东港至恒春一带。该两镇臣相去仅百余里间，事机则仍可互商，部曲则不妨划守，庶几各有责成。惟刘永福仅带两营，不敷展布，商属派员回粤增募四营。恒春至东港防营，均归节制，以一事权。酌裁疲卒，藉抵新募饷需。

在澎湖，则从沪尾调候补知府朱上泮率四营兵力加强防务，奏报说：

从来争台者必首争澎，盖以澎湖可泊数十艘，踞之足为巢窟。我能保澎，敌难寄椗，游行海面，势不能长困孤台。而难守者，莫如澎妈宫、西屿，两岛对峙，中隔海程二十里，现止勇练八营，断难兼顾。兹调驻扎沪尾候补知府朱上泮率带四营，并募炮队前往协防；又开水旱雷一营，择要分置。该地不产薪米，一切粮饷、军装非及时宽为储备，临警则接济无从，现惟竭力源源运往。

在台中，则采取"汰弱补强，并散为整"的策略，新调统领杨汝翼重整壁垒。电奏说：

中路台湾府为南北枢纽，港口深者约二三处。该处民情浮动，旧有勇营分扎，仅能弹压，必须有坚整之军，方可扼守海口。兹将现有四营汰弱补强，并散为整，调取福建候补道杨汝翼以为统领，重新壁垒，用壮声威，不欲使台岛中权稍留罅漏。

至于台湾北面的基隆、淡水，唐景崧则经常和驻防于此的厦门水师提督杨岐珍会商，以鼓舞士气，团结人心为第一要义，兵力、火力、物资等随时调节。电奏最后说：

基、沪为台北门户，臣与提臣杨岐珍遇事会商，先以鼓舞士气、固结人心为第一要义，就近整饬，尚属不难。惟台湾港口林立，防营合计则多，分布犹薄，又不能以财力有限，遂昧远图。至于炮台欠密、军械欠精，虽非目前猝能增易，亦应随时力为筹购。惜有形之财必愈糜无形之财，节平时之备必重劳临时之备，则非微臣之所敢出也。所有续布台防缘由，谨缮折密陈，乞伏皇上圣鉴训示。

以上关于加强防务的汇报，有的已经落实，有的也还是设想，唐景崧说完全兑现，最快也得两个月时间。这期间，有人奏文"浙、台两省防务紧要，抚臣均难胜任"。十月初六日，光绪谕旨令闽浙总督谭钟麟督查唐景崧的台湾布防。

谭钟麟奉旨查办后，得出结论：唐景崧"部署防营，似尚周密"，"尚无不合之处"，"亦未闻有举动任性之处"。

光绪皇帝阅后未表示异议，朱批"知道了"，三个字化解了一场风波。

如果说前段时间唐景崧是在前两任巡抚防务工作的基础上进一步加强，那么从十月起至年底，唐景崧则是动作频频，积极备战：

其一，购买枪炮弹药。

十月十二日，唐景崧给朝廷的一份电文中附有一份采购清单，汇报第一批枪炮购置和银两开销详情。

这批枪炮弹药通过上海转运局、江南制造局、各洋行和广东分别拨购，运解到台：

计有格林炮二十尊，炮弹二十万发；毛瑟枪一万三千杆，子弹七百四十万发；林明散枪三千杆，子弹九十万发；黎复枪二千杆，子弹二十万发；又云者士得枪六百杆，子弹二十六万发；头二号石子小炮药六万磅，栗色饼药四万磅，粗细枪药六万磅，水雷五个，铁水泥四十桶，总共花白银四十六万五千三百零九万两。

其二，令丘逢甲办义勇。

十月底，唐景崧上奏光绪皇帝，请求批准丘逢甲主办义勇军。奏折说：台湾局势日益紧张，淮军、湘军远水难解近渴，况且不熟台湾水土，而台湾民众一向彪悍，熟悉枪械，训练不难。在籍工部主事丘逢甲有声望，办事得力，委托他负责招募全台义勇事务并统领义勇军。义勇军平时不支钱粮，战时征调，再拨粮饷。有了义勇这支藏兵于民的队伍，可以备战事而固民心。

十一月初一，得光绪皇帝批复允准，唐景崧踌躇满志，丘逢甲更是意气风发，二人相约延平郡王祠，师生合题一联，借郑成功的事迹激励抗日。唐撰上联："由秀才封王，为天下读书人别开生面"；丘撰下联："驱异族出境，语中国有志者再鼓雄风"。

丘逢甲在短时间内树起义勇军大旗，一呼百应，很快发展到二十六营一万四千多人。

其三，调入军事要员。

唐景崧向闽浙总督谭钟麟求援，请求将福建候补道杨汝翼调台，令其统帅二千五百湘勇到彰化地区，分驻鹿岛诸港口，强化台中的防御和进攻力量。获得谭总督的同意后，十一月二十二日，杨汝翼入台，分驻鹿港诸口。

此后，又极力争取将福建水师陆路提督黄少春调入，将滕国凤补授台湾南路下淡水营都司遗缺。

其四，与富商林维源协商团防。

台湾首富林维源受清政府任命"留办台湾团防帮办垦抚事务"，归台湾巡抚节制。唐景崧署理台湾巡抚后，与林维源协商团防事务，具体情况在林维源呈递朝廷的两份奏折中有所记录。前一份奏明"自筹粮饷招募土勇二营缘由事"，土勇已"经署抚臣唐景崧分拨南崁、后垅、中港、大安等处驻扎"，并表示，"海患一平，乃敢裁撤"。后一份奏报甲午战争爆发以来筹办台湾团防的经过与工作绩效，言及台北府、台湾府、台南府等地组织成立民团、渔团并筹集粮饷等情形。折中说，台北府有民团、渔团各属五千五百名，台湾府各属二千五百名，台南府各属七千七百名，对他们按月巡操，加强训练，坚明约束，众志成城；末尾明确表示，"随时与署抚臣唐景崧商酌办理"。

其五，与刘永福密商台防。

甲午战争爆发，台湾防务紧张，刘永福被调派到台湾随同邵友濂帮办军务，邵安排其驻扎台南。刘永福带兵从汕头乘坐"威靖""驾时"两轮于八月初五日到达台南。

唐景崧署理台湾巡抚并督办台湾军务伊始，刘永福从台南驻地赴台北会见唐景崧。老朋友、老战友重逢，二人激动得泪眼相拥，感情爆发非一般人所能理解。随后几天，唐景崧领着刘永福在台北周遭查看营盘、人马、辎重等，二人边看边谈。

回到府上，刘永福直爽而不失分寸地对唐景崧说：中丞这个驻所，建筑不妥，人马羸弱者稍多了些。唐景崧频频点头，没有言语。刘永福接着直白地向唐景崧提出自己的一点建议，要求从台南调来台北，和唐景崧共防，为其分忧。

唐景崧明白刘永福的好意，从台北固防和个人感情上说，他何尝不希望刘永福来台北同住分忧。但考虑到整个台湾的布防和安危，似有不妥，而且皇帝在授命谕旨里曾告诫过"不得意气用事"。唐景崧稍稍沉思，然后语重心长对刘永福说：

老兄在台南独当一面，节制南方各统领，任便行事，已成专阃。弟虽督办之名，亦不为遥制，且鞭长莫及。台南地方，实为扼要，非有威望大员，不足以资震慑。老兄即系台南，毋庸再多一样思想。又况老兄顾台南，弟顾台北，南北两处皆有备敌之对付，声势大壮，谚云'先声夺人'，日本岂不闻风而畏乎！弟意已决，兄勿多疑为是。

坚决而又委婉地拒绝了刘永福北调的请求。

台南的确是战备重地，倭寇曾经登陆过，熟悉地情，非声名显赫的名将大员难堪驻守大任，故而前巡抚邵友濂安排刘永福驻扎台南。倘若将刘永福北调，那么谁可调防台南？目下只有驻防台北府的福建水师提督杨岐珍，然其统帅下的基、沪诸军都是李鸿章安排的，调动不易。因此可以说，唐景崧维持邵友濂的部署，没有听从刘永福的请求，是以台湾安危大局为重的考虑和安排。

第十一章
力阻割台

光绪二十一年二月二十九日（1895年3月25日），澎湖为日军所陷。

三月二十三日，《马关条约》签订，割台湾诸岛。

四月二十六日，清廷饬令台湾大小文武官员内渡。

四月二十九日，唐景崧发布《"台湾民主国"独立宣言》，"自立"以保台，两日后被拥为"总统"。

一

在甲午战争失败的大背景下，谍报飞传，匪盗四起，整个台湾带着恐慌的情绪进入乙未年（1895）。

正月至二月这段时间里，唐景崧神经高度紧张，与军机处和张之洞的往来电文十分频密。正月初十日，军机处给张之洞传达谕旨：着张之洞、唐景崧会商直捣日本本土之策。接旨后，从初十至十七日，唐景崧和张之洞数次研究袭击倭国之策，一致认为目前不具备攻倭的条件，"欲攻袭倭境非有多艘铁舰快船不可"，惜"现无此力"。因此回奏朝廷，进言放弃攻袭倭国的计谋。

其后，唐景崧开始考虑其他较为可行的抗倭保台思路。综合唐景崧这段时间给朝廷和张之洞等的电文，其保台思路要点有三：

其一，保南洋必先保台湾，坚决不可以抛弃台湾。"欲固南洋，必先保台。台若不保，南洋永不安枕。"

其二，倭如攻台，誓死抵抗。唐景崧说："微臣职在守土，倭如攻台，战事生死以之。""一岛关南洋全局，惟有沥陈厉害，上备先事之运筹，下慰民之惶惑。"

其三，以台湾作抵押，请欧美各国出面保护台湾，让日本不敢染指台湾。这是唐景崧和张之洞商量后，由张之洞出面呈报朝廷的建议，包含三层意思：一是以台湾作抵押，可向美国借银圆十万万元，也可以单独向英国先借两三千万元；二是请英美等债权国派兵轮保护台湾；三是以台湾的矿产资源、铁路交通、商务为条件，请欧美各国出面保护台湾。

除频频向朝廷和张之洞汇报自己的保台主张和思路外，唐景崧也积极采取其他措施继续巩固和加强防务：

其一，向民间筹资。二月初十日，唐景崧电致军机处，说防倭保台经费紧缺，请饬令台湾首富林维源筹借军饷百万两。

户部拨付台款百万，暂补防费，欲添防兵，则苦不能。撤防则无期，亟应预筹接济。续借洋款无应，其借华债，则本地绅民皆推太仆寺卿林维源为首。维源自上年七月报效两营，月饷五千两，今与商，仅肯再捐四万两。该京卿钜富，应请旨饬令林维源筹借百万两。如撤防后，其款未经用完，即先退还，在维源力所能为，在公家不失情理，伏乞恩准。

第二天光绪皇帝御批"着户部速议具奏"。十四日，体仁阁大学士福琨等五位户部大臣联名上奏，当日光绪下达谕旨：

户部奏：遵议唐景崧奏请饬太仆寺卿林维源筹借银一百万两暂补防费一折。着照所请，即饬该京卿如数筹借，由户部指拨各省关实银，分三年还请，不得稍有延欠。其借人之款，着仿借华款办法，酌给利息。俟缴足百万之数，仍由该部奏请将该京卿破格奖叙。

其二，整编义勇军。上年十月，唐景崧奉旨令丘逢甲在全台湾招募义勇，并担任总头领。义勇军一边生产，一边训练，不支公款，战时召之即来，即所谓藏兵于民。到了这年二月，形势日趋紧迫，唐景崧饬令丘逢甲对义勇军进行大规模整编。告示发布，僚属纷纷响应，各地所招人员均造册并编定营号，以备随时调遣，仅淡水一地就招募在册两千义勇，编为四营。

其三，备购军粮。为应对战争之需，唐景崧紧急从芜湖购进五千石大米，并禀告张之洞，希望饬令相关关长放行。第二天，张之洞电告唐景崧，已下令上海、镇江两关道属僚，对台湾所购军粮如数放行。

乙未二月下旬，正值李鸿章在日本谈判，条约尚未签订之际，外电纷传日本将派兵攻打台湾，法、德等国军舰欲前往观战。唐景崧加紧了对澎湖海上往来船只的监视，防范日本船只掺杂其间偷偷犯台。

二月二十三日，唐景崧向总署递了两份奏折，建议朝廷发公告请商各国公使饬观战各兵轮：

各国兵轮来台观战，澎湖停有法船，可否钧处商各国公使，务饬各兵轮远停口外，勿入口。一恐日船混入，二恐百姓疑骇。

过了两天，唐景崧又电奏朝廷：

近闻倭将犯台，前数日来一法国兵轮，停澎湖多日，屡催开，未行。本日又来一轮，升法国旗，又来一轮，旗看不明，均停澎湖西屿口外。又澎湖纱帽山，见有五轮，旗亦未辨明晰。询法公使，究确有几轮到台，恐系倭人假冒。如此多轮，势应开炮，法轮请远行，恐误伤。

经唐景崧多次催促,总署终于在二月二十六日发出"各国公使通饬各国兵商各轮须暂行远避"的公告:

二十五日,据署理台湾巡抚唐景崧电称,连日来澎湖西屿口外又数艘兵轮游弋,澎湖纱帽山有五艘船,旗帜难辨,恐怕是日本船只假冒旗号。如此多轮,本欲开炮,如有各国兵轮,应请远行,以免误伤。此次台、澎所泊船只形迹可疑,应请各国大臣饬令各驻台领事,如有船只到台,请事先知照本地官员,以便辨认,并远离日船停泊之地,以免误伤。

二月二十六日,唐景崧致电军机处,禀明已加强对日本船只的监视,恒春方面也嘱刘永福策应:

恒春见倭轮十余艘,游弋港口,该处无炮台,有防军三营。上年十月,筹设电报,购线甫到,竣工尚早,消息不灵。刘永福驻凤山,距恒春两日程,已电嘱其拨营策应。澎湖西岭(屿)复见倭轮五艘,离炮台较远,曾饬各军,度枪炮不能中敌,勿开击,坚伏待。

台澎保卫战一触即发,唐景崧通过电文向张之洞作了战前分析:
从地形上看,守军劣势明显。当口大者八九处,小者难以计数，处处可以登陆。兵营虽然不少，可还是分布不够，各营勇士战斗力良莠不齐，很难寻求完备。军饷更是堪忧。这些都难以对日军形成威慑。最让人忧虑的是澎湖，其次是基隆。基隆口水深，轮船较易闯入，但有山险、地营、壕堤等可倚恃，且唐景崧亲自督战，不至于很快就被击溃。

从台湾诸军统领看，调度指挥仍有不协。水师提督杨岐珍总统基隆、沪尾各军，由前任邵友濂调入。本来此地各军已经有了统领，如今又添统领，不宜合作与调度。好在他为人平和，目前意见不大，矛盾不算突出。刘永福因为不能像杨岐珍那样总统指挥台南而不满意，虽然凤山、恒春两地全归他辖制统帅，但台湾、澎湖两镇因为地位平级没有由他统领。知县姚光耀在背后挑唆刘永福，唐景崧虽曾想找个借口将其打发，可姚仍然居久未去。

从敌方的用兵上看，唐景崧分析说：日军用兵与法国人不同，法军一向谨慎，常常正面进攻，但日军多从侧路，让人防不胜防。

如此战局，唐景崧将再次接受战争的生死考验。

果如唐景崧与张之洞往来函电中所料，台澎保卫战自澎湖开始。光绪二十一年二月二十七日（1895年3月23日），日军军舰十二艘进犯澎湖大城北，澎湖之战打响。

唐景崧迅速电告张之洞和谭钟麟：二十七日，日军军舰十二艘侵犯澎湖大城北。澎湖激战首日，日舰二艘被击沉，二艘受伤，连忙逃遁，然未远去。我炮台无伤。并将此战情同时报告军机处，军机处回复唐景崧：饬令刘永福注意监视恒春海面敌舰。

战争打响的第二天，日军从海上、陆地同时进攻各个当口，战事惨烈。午后澎湖断电，电报发不出去，台北与澎湖通讯中断。澎湖四周水深，到处都可停泊军舰，敌军登陆地点难防。日本陆军千余人从文良港登陆，与清军展开激战，统将朱上泮知府和敌人短兵相接，五处受伤倒地阵亡。日军攻进城，澎湖镇总兵周振邦、分统林福喜、通判陈步梯奋力搏杀，日军退却。经过两天两夜激烈交锋，双方各亡千余人。

二十九日，日军军舰成环形进攻。总兵周振邦率兵迎战，重伤，左右全部牺牲。哨官陈德兴并百余人全力抵抗，也全体阵亡。林福喜受伤，下落不明，其部队最英勇，伤亡尤其惨重。陈步梯带团助战负伤，不知下落。卢彦梯一军守西屿，当天敌军从远处炮击，不知生死。

三天血战，澎湖守军统领伤亡殆尽。二十九日午刻，日军攻入城内。

激战的三天里，唐景崧一面指挥前线作战，一面向朝廷汇报战情，并请求紧急援助：

其一，借镑三百万应急。

其二，尽快调拨轮船和毛瑟弹二十万。

其三，立颁重赏。

对唐景崧的请援，清廷迅速作出批复：

其一，着唐景崧速饬刘永福拨营策应，力筹堵御。

其二，着唐景崧激励将士，测准炮力所及，即刻轰击敌舰。如能多毁敌舰，立予重赏。

其三，令户部和总理衙署协调各部门立即筹款五十万两，交上海汇丰即汇台湾唐景崧收讫。

其四，责令张之洞、谭钟麟与唐景崧一同落实台湾所需军械和所拨款项。

澎湖失守，唐景崧向朝廷汇报战情并自请严处。三月初三日，唐景崧再次上折请求朝廷对自己严加处分。军机处收到唐景崧自请处分的电奏后，马上群议。次日光绪皇帝指示军机处电谕唐景崧，不仅没给处分，反而"着加恩宽免"：

电唐景崧，澎湖力战三日，竟至不守，所有各官下落查明具奏。唐景崧自请严议之处，着加恩宽免。台湾情形更紧，上年据奏，招一万四千人听调，能否得力，杨岐珍现驻扎何处，日若分路来犯，亟须联络抵御。

根据光绪皇帝的谕旨，军机处饬唐景崧查清澎湖文武各官下落与台湾将领如何分布，据实上报。有功者，查清后即上报受赏；

临阵脱逃者严惩不贷。三月十一日，唐景崧奏请将唐赞衮革职。光绪皇帝批阅后，下达谕旨：台南府知府唐赞衮当军务吃紧之时随意借故申请卸任，实属逃避战争责任，唐赞衮着即革职。

澎湖得手，日军更加张狂，加快了进犯台湾的步伐。张之洞电告唐景崧说，李鸿章在日本谈判极其不利，不仅被倭人偷袭，脸颊重伤，且媾和条件苛刻，意图割让澎湖和台湾。谈判期间，诸省停战二十一天，但不包括台湾。如此种种，台湾危在旦夕。

唐景崧实在按捺不住，忠君爱国之情转化为满腔义愤，于三月初七日向军机处连发五电，首先表达了对停战不包括台湾的极其不满，希望能将北省停战各地的军舰全部调台湾应战，愿誓以死守：

其一，停战台不在列，洋行得信喧传，台民愤骇，谓北省停战，台独向隅，是任日以全力攻袭，台民何辜遭此歧视……一时军民工商无不失望，义勇尤哗。

其二，停战，台湾独否，敌必以全力攻击，孤台当巨寇，其危可知。他方既停战，恳饬所有兵轮均赴台湾所用，崧将激励将士誓以死守。澎湖之失以无兵轮援应，前车不远，可为寒心。崧不惜死，总期于国家有益。

另外三电，一是详细密报澎湖失守后台湾全境重新布防情况：

澎失，蒙恩免罪，愈悚惶。谕旨垂询台营布置，台防分南、北、中三路。守北路：基隆提督张兆连、基隆后路道员林朝栋、马尾总兵廖得胜、沪尾对岸都司黄宗河、沪尾后路守备李效忠、苏澳参将沈棋山。守南路：刘永福、台湾镇万国本、恒春都司邱启标、嘉义总兵陈罗。守中路：道员杨汝翼。守后山：台东知州胡传。此外，小口十余处，或一二营不等，原设防番各营，不能撤动。杨岐珍往来基、沪，办事和衷，所部扎基、沪，留以布在省城，俾备游击。合布虽多，分布则薄，基、沪要口合前敌后路不满六千人，此外可知。游击师仅杨岐珍之营，一二仗后无营替换，现赶募未能成营。义勇可调用，惜乏枪与弹。得款后始购新式枪炮，运送必迟。论台之力，办防仅能至此，久支强寇，实无胜算，略可恃者，军民心尚固结耳。

二是请求饬令粤督尽快拨发枪弹援台，三是汇报军火军饷难以久支，乞请张之洞救援。

一日五电，情急意切，军机处一一作了回复。三月初九日、十二日军机处两次给唐景崧传达谕旨，或是勉励"继续激励诸军，相互策应，同仇敌忾，痛击倭军"，或是嘱咐"时刻严防，准备堵御"，希望唐景崧公开朝廷宣示，"开导绅民，敌忾同仇，力图捍御"。关于军火军饷的事，饬李翰章、张之洞、谭钟麟速办，并明确告知"粤省枪械，均无可拨"。虽没有正面回应布防汇报，但应该算是默许唐景崧重新布防台湾的方案和分析判断。

二

  风闻和约即将签订，台湾将被割让，唐景崧更是寝食难安，多方打听条款内容并多次电询张之洞。张之洞告之内情，并鼓励唐景崧将心中所想沥陈朝廷。

  三月二十日，唐景崧在致总署请代奏的电文中吐露心声，沥陈可赔款、不可割台，否则再战等事，唐景崧说：臣愚以为赔兵费、通商可以，割让土地则不可。北辽、南台二者失一，我大清将无以立国。战而失地，犹可恢复，和而失地，长此沦陷。割香港给英国，危害已经很严重，何况台湾为南海咽喉要地，实在不得已，那就再战，以赔偿的费用做军费。日本国小，资源有限，只要坚持，或有转机，逼他就范。国家大计，本来不容我这样的海外孤臣闻谣妄议，何况臣连澎湖也没保住，岂敢再言保台湾，实系大局利害关系所致，临处危地，万死不悔。如果臣不密谋光复澎湖，竭力保护台湾，那对上辜负圣恩，对下无颜面对全台百姓。

  唐景崧知道，翁同龢等军机大臣和光绪皇帝主战，但主和的势力更强大。甲午战争败得一塌糊涂，北洋舰队全军覆灭，还能拿什么与本来就要侵占中国、霸占台湾的日本强盗谈条件？

  清朝国运衰败，穷途末路，再无可倚靠。这种状况下，唐景崧依然满腔热血，他清楚个人力量远远不够，只有借助台湾民众誓死保卫家园的决心，或可说动朝廷与日寇抗争。于是，三月二十日，唐景崧又拟发另一封代台民申诉的电文，呈递军机处和光绪皇帝，转达台湾民众保卫台湾的意志。电文说：台民唯恐倭人攻台，主动前来表示愿意应征入伍上战场杀敌的每日有千数百人，惜不能尽收。江南运枪万支已到，尚需修理，方可使用。台民知借不到洋款，表示十日之内，借银二十万两。民心如此团结，日军必定溃败。

《马关条约》签订的头一天，盛怀宣通过电报将条约主要内容（辽东至营口及台湾澎湖全割，赔款三万万两等）报告张之洞，张之洞立即转告唐景崧。唐景崧"立时气绝"，频发电文向张之洞表达台湾万不可弃之理。张之洞除向唐景崧表示敬佩外，别无言辞可慰。

淡水海关税务司英国人马士向来敬重唐景崧，建议接受《纽约先驱论坛报》等外国媒体随军记者的采访，唐景崧欣然答应。采访中，他向全世界表明台湾民众不愿意日本占领台湾，坚决抗日保台的决心。

《马关条约》签订的当天即光绪二十一年三月二十三日（1895年4月17日），台湾各地即已通过洋行获悉马关已然签约，并有割台条款，同时风传日本已派出兵轮"即日来台"。消息虽然一时无法证实，但正在南崁坐镇布防的丘逢甲"立即通知义军各营，一律预备开战"，同时致电唐景崧说："如议和者意有割台之事，默察台地情形，必至内乱。此时无绳尺之可循，倘有英雄者出，但使封疆大臣中有能隐助以军火，即足集事，饷则不必问矣。"

丘逢甲信中还写道："浩劫茫茫，未知天心何属，于此令人思郑延平一流人不置！"婉转规劝恩师值此国难当头之际，以民族英雄郑成功为榜样，挺身而出，卫国护台，建立万世不朽之业。

"城头城头擂大鼓，苍天苍天泪如雨。"当割台消息得到证实，台民奔走相告，"若午夜暴闻轰雷，惊骇无人色，万人聚哭于市中，夜以继日。哭声达于四野，风云变色，若无天地"。丘逢甲怒不可遏，当即刺破手指，血书"抗倭守土"四个大字，以示抗敌保台之决心。第二天，丘逢甲邀集绅民千人，带着请愿书到巡抚衙门叩见唐景崧。唐景崧接过《丘逢甲率全台绅民誓与台共存亡》的请愿书，当即草拟《致电军机处台民呈称愿效死勿割台地》电文，奏报朝廷：

据工部主事总领全台义勇丘逢甲率全台绅民呈称："和议割台，全台震骇。自闻警以来，全台民慨输饷械，不顾身家，无负朝廷。列圣深仁厚泽二百余年，所以养人心，振士气，正为我皇上今日之用，何忍弃之？全台非澎湖之比，何至不能一战！臣等桑梓之地，义与存亡，愿与抚臣誓死守御。设战而不胜，请俟臣等死后再言割地。皇上亦可上对祖宗，下对百姓。如日酋来收台湾，台民惟有开仗。谨率全台绅民痛苦上呈"等因。

在民族蒙难之际，师生肝胆相照，誓言"惟有开仗，义与存亡"。

《马关条约》签订，台湾割让虽然变成白纸黑字，但尚未交割。唐景崧仍想死马当活马医，百计千方，企图挽狂澜于既倒，做最后一搏，随即采取以下策略：

　策略一：以煤、金等矿产资源作押保台。条约签订的当天，张之洞发电唐景崧，先通报割台消息，然后告诉唐景崧，通过王之春大使借款已经购买军舰十艘，雇得将领垠威理和士兵两千人，本月可以来华。船炮价格二百万镑，用费一年约二百余万两。

　唐景崧听了异常激动，第二天回电询问张之洞，这些军舰、士兵是哪个国家的，说台湾虽然割让，但尚未交割，此国肯以军舰、士兵援我，我将以台湾的煤和金两种矿产作为资金酬谢，十年后再归还与我，此国即来保护台湾。并请张之洞赶快与王之春大使商量决定。

　以煤、金等矿产资源押注阻止割台虽是个不错的主意，但日本人对台湾多年虎视眈眈，草木砂石都志在必得，岂容将煤、金等矿对外抵押。英、美、法列强维护的是在华利益，绝不会为中国台湾牺牲自己分毫，以煤、金等资源抵押保台的想法根本不符合实际。

　策略二：紧急征调俞明震[1]等干将护台。时间越来越紧迫，

---

[1] 俞明震（1860—1918），字恪士，祖籍浙江绍兴，生于湖南，少年能诗，光绪十六年（1890）庚寅科三甲进士，同年五月入翰林院为庶吉士，散馆后授刑部主事。光绪二十一年（1895）五月初一日，布政使顾肇熙内渡，唐景崧立即向朝廷推荐，提拔俞明震接替顾肇熙担任布政使。

此时最需要的一是银款,二是共济时艰的人才。三月二十七日,《马关条约》签订还没几天,唐景崧和闽浙总督谭钟麟联名奏请急调俞明震等人入台:

值此台湾筹办军务之际,颇思良才,共济艰难。就地择才,不敷行用,照例当调闽省人员,但穷搜不得。查有刑部主事俞明震,讲求时务,器识宏通;分省试用道赖鹤年,练达有为,志趣特远;又浙江试用通判张正芬,年富力强,练习营务,因差到台;又选用同知苏绍良,心思灵敏,才具优长。以上各员拟均请调台湾差遣委用。

光绪皇帝朱批:"着照所请。该部知道。"

策略三:请西方各国公断。为了有效阻止割台,唐景崧尽力斡旋各方,提出请西方各国公断的多项主张。三月二十九日,唐景崧请总署转呈光绪皇帝一封密电,密奏说:

致总署恳将割台事请各国公使公断。台湾为各国入华咽喉,归之日本,不独台民不服,恐各国也不愿从,从此争端无已,涂炭生灵。查浙江之舟山,朝鲜之巨文岛,与各国皆有约,可保全中国之权,不致大伤中国体面。并为息争起见,台湾能仿此办法,不独台民之幸,亦中国大势所关。恳将此电饬下总署与各国使臣,从公商断,不胜待命之至。

割台湾给日本，不仅台湾民众不答应，西方各国也不会答应，建议将此事拿出来请各国公断。然而，在弱肉强食的国际丛林，能有公断吗？

策略四：代递血书，恳请废约。四月初三日，唐景崧代台湾民众递交一份血书，称"台民汹汹，恳请废约"。

兹据绅民血书呈称，万民誓不从倭，割亦死，拒亦死，宁先死于乱民手，不愿死于倭人手。现闻各国阻缓换约，皇太后、皇上及众廷臣倘不乘此时，将割地一条删除，则是安心弃我台民。台民已矣，朝廷失人心，何以治天下。查《公法会通》第二百八十六章有云：割地须商居民能顺从与否；又云，民必须（顺）从，方得视为易主等语。务求废约，请诸国公议，派兵轮相助。并求皇上一言，以慰众志而遏乱萌。迫切万分，哀号待命。

血书有三层意思：其一，割地，台民不从，必定内乱，是割也死，拒也死，宁可先死在乱民之手，绅民也不愿割地；其二，西方多国正迫使日本暂缓交换《马关条约》文本，恳请朝廷借最后机会，将割地条款删掉；其三，查国际法有关条款规定，民不从则地不能易主，恳请皇帝出面，求诸国际公断，以助废约。

但是，清廷对此无动于衷，回电训斥唐景崧说：

台湾虽重，比起京师则台为轻。倘敌人乘胜直攻大沽，则京师危在旦夕。又台湾孤悬海外，终究不能据守……不可因一时义愤，遂忘记以前所陈种种患害于不顾也。

策略五：议设租界，以图缓兵。《马关条约》割辽东半岛、台湾及澎湖之后，俄、德、法三国干涉，辽东半岛得以归还，台湾及澎湖诸岛尽管张之洞四次电奏朝廷请求从条约中删除，但仍难以幸免。见张、唐如此力保，仍难有转机，台湾民众已在蠢蠢欲动，另作打算了。四月初四日，唐景崧心中又生一计——建立租界，在给朝廷的电奏中求请道：

台民追求自主，可否许诺某些利益，建立租界，请西方各国保护，使日本不敢轻易进犯台湾。

到了四月二十二日，唐景崧在电文中以台民汹汹，拒绝从日，誓与战争为由，请朝廷劝日方从缓来台交割。在万般无奈的情况下，唐景崧力图通过缓兵之计以赢得时间，备军火、扩军队，争取西方各国护台。

策略六：请法国立约保台。受俄、德、法三国干涉还辽成功[1]的启发，唐景崧相信请法国立约保台，避免台湾割让也应该

---

[1]《马关条约》原议定割辽东半岛与台澎，经三国干涉后，删除了割辽东半岛一项。

行得通，至少可以尝试一下。

四月十一日，军机处向唐景崧发电：据驻英、法、意、比等国公使龚照瑗电奏，台湾吃紧，已派法轮护商，先遣员晤台抚，面商机宜。有兵登岸，请晓谕地方勿惊扰。法员来时，即与相见。唐景崧似乎盼到了救星，立即复电军机处"台民感戴万分"，借便询问是否与法立约保台，同时将此电奏转发给张之洞。张之洞阅后也似乎看到希望，立即给军机处发电，询问详情。

同一天，龚照瑗接总理衙署转达谕旨：着王之春、龚照瑗会同外部，先会商研究出一个法国保台的、可供中日两国讨论或签字的合约。两日后，军机处回复张之洞的询问，说王之春所商合约各节，已经告知法使，电其外部，尚无回音。已着相关人士密办此事。为免引起日人疑忌，龚照瑗已回伦敦。

张之洞及时将军机处的电文内容告知唐景崧，说："法确允保台，王（之春）甚力，龚（照瑗）沮扰，事将败。请尽快奏请，以民变为词促朝廷恳法，迟则无及。"并告之"俄专阻日割辽，他事不管，保台须求法"。

四月十五日，唐景崧再次向朝廷大声疾呼："（兵轮不见，立约不成）法如此情形，台恐无转机。民变在即，如何办法？务求时赐消息。"第二天，张之洞电唐景崧，鼓励做最后一搏：俄、法、德告总署，倭允还辽、旅，中日已换约，大局败坏，已不可救。但台湾还可做最后一搏，法既然答应，不会轻易改口，请赶快见法国水师。

法国海军尚未会晤，总理衙署已经跟法国公使施阿兰就与法国保台一事展开谈判，磨来磨去明确了三个问题：其一，保台问题，法国不便再出面，此事作罢；其二，即使台生民变，法出面保台之事也不能办，深恐两厢连累。日后台湾若有别项情形，法或有另外打算也未可定。

这等于宣告了请法保台策划的流产。

策略七：商请德、俄护台。请法保台失败后，唐景崧还是不甘心，四月十七日，电致总署，提出请德国参与阻止割台主张。唐景崧说，目前法国在台湾既无法商，也无领事，所以请其防护台湾难以商谈，但这些德国在台湾都有。中国和德国一向交情最厚，没有间隙，应该可以先与德国领事馆沟通，然后请皇帝下旨，饬驻外大使向德国外交部商议，联合德国一起阻止割让台湾，保护台湾。如果不联系德国，只联系英、俄、法，似乎不周到，于情于理都不妥帖。在这方面可以请总署和驻外使节出面，会商酌办，比台湾单方面给德国打电报好得多。

唐景崧电奏请示经过军机处呈报，第二天获得上谕：

台湾众情不服，势将变乱，难以交接，此中国最为棘手之事。台民不愿从倭，意在他国保护，着许景澄将此情形密商俄外部，能否仍联三国设一公同保护之策。

四月二十二日，清廷驻俄使臣许景澄回复军机处说：俄、德不愿意顾及台湾，也不再向日本说话。德国已由领使告台民，不能保台，实无他策。

至此，请西方各国出面保护台湾的种种努力均告失败。

策略八：通过押款方式阻止割台。经俄、德、法三国干预，中国增加赔款，日本放弃了辽东半岛。虽然请法保台和请俄、德保台都行不通，唐景崧又想尝试用押款的方式。

四月二十九日，在中日即将办理交接台湾前夕，唐景崧还在坚持最后一搏。在给朝廷的电奏中说：可以将台湾抵押给第三国，以台湾资源做抵押取得巨款，赔付日本，不使台湾被割。至于什么价格为宜，也可请各国公断……美国公使说，台湾至少可以押出十万万之数，如此一笔资金足够赔付。请旨饬总署和李鸿章与日本商议，尽快解决这一难题。

但这一设想，递上去后如石沉大海，再无消息。

各种护台方案和措施逐一落空，而交台日期又日益临近，台湾局势瞬息万变，险象丛生。面对割台乱局和无能为力的清廷，眼见台湾民意汹汹拒不从倭的社会现实，目睹隔岸观火并盘算着自己利益的西方列强，唐景崧忧心如焚。

四月初四日，唐景崧给朝廷发出一封措辞急切尖锐的电奏，沥陈心中块垒，跪求皇帝训示：台湾民众不愿归顺日本，忧乱四起，朝廷一弃，此地就没有王法，诸多棘手之事鹊起，殊难办理。文武各官离任还是在任？不能以尚未交接解职文武各官，也不能等到日本人来才离任。百官离任，民必自遑，王法没了，社会如何管理？不独良民会惨遭涂炭，就是百官也难以自全。盐是人人保命的必须，倘若无法控制，老百姓会立即困顿，这是相当难处理好的事情。眼下，仅仅听到些风声，各局署已处于瘫痪状态，幕友、书吏、杂役离散一空，电报、译局随之无人，通讯中断，如何办事，如何上达天听，下通民情？至为要者，兵营何时撤离，如何撤离，更是难事一桩。台民惟有留臣与刘永福在台主持大局，确保不乱。我自知不可为，然台民挽留，不能自主，崧有死而已。

此时摆在唐景崧面前的似乎只有两种选择：一是接受朝廷的安排，向日本交割台湾；二是与日本一战。

唐景崧断然选择了后者。

随后，唐景崧向军机处发电，请求饬户部拨款二百万白银。唐景崧说：台湾局势越来越紧，兵营在增多，士兵不能缩减，无论留还是撤，都需经费开销，购买军火更得付款，恳请支拨二百万两，以备急需。电文中表示："台湾亡矣，但有一线可图，另开局面，誓死存台。"电文最后，唐景崧以决绝的语气说，急无可求，仍仗朝廷，"借慰万民愤怨之忱"，"两百年养育天恩，亦遂从此尽矣，乞伏恩准"。

接到电奏后，光绪皇帝即谕示军机处解决。军机处当日与总理衙署和户部会商，拟借英国一百万镑，饬张之洞从速向台湾先拨五十万两以备急用。在紧急向台湾拨款的同时，朝廷十七日又着张之洞调拨台湾一万支枪。

与此同时，台湾局势已不可控，民变随时可能爆发。四月二十二日，唐景崧向朝廷呈递一道密电，再次报告说：台民自知法不可恃，愿死守战区，再三劝导，均告失败。

面对"无天可呼，无主可依"的千古奇变，以丘逢甲为首的官绅反应最为激烈，连续多天，邀集林朝栋、陈季同等商量自救的办法，设想着各种可行的保台方案。曾任驻外公使馆参赞的陈季同提出"民主独立，遥奉正朔"的主张，一众官绅深受启发，以为此策可行。陈季同说，根据《万国公法》"民不服某国，可自立民主"，何况"全台生民百数十万，地方二千余里，自立有余"，暂时脱离清廷而自立，既可对内加强号召，对外争取援助，又不致给日以口实，使清廷为难。虽然诸官绅赞成陈季同的见解，但毕竟事关重大，未敢定议。

随着局势进一步恶化，丘逢甲等一众官绅决心破釜沉舟，加紧自主保台酝酿和筹备，并多次劝请唐景崧出面主持抗日大计。唐景崧一方面对法、德保台和清政府尚存一丝希望，另一方面，在四月二十二日至二十五日的几天时间里，也一直通过电文密切跟张之洞商议台湾如何自保的问题。他们也认为台湾最好能够自主，成为一国，以争取外援，使各国名正言顺入台，让日本无话可说。如果不另立名目，终究是中国官员，日本不会允许，只会招来更大麻烦。

为此，唐景崧希望张之洞斡旋，让朝廷暗中给一个允许台湾新立名目不追责的文据。唐景崧说，这只是一种应急之策，台湾一旦自主,即可设法求援诸国。张之洞回电说,朝廷未必肯给密据,也未必肯给明允。而此间,俄、德、法等西方诸国纷纷表示,不再跟日本交涉生事。

这时候,丘逢甲等官绅已急不可耐,率众闯入抚府,再三恳求唐景崧出面主持,率台抗日,并于当日通过张之洞给总署和闽浙总督边宝泉发出密电,陈述台情:

> 台湾属倭,万众不服,而事不可挽回。台湾之失,如赤子失母,悲痛万分。台湾既为朝廷割弃,百姓无依无靠,惟有死守,据为岛国,别无他法。

此时,日本已指派桦山资纪出任第一任台湾总督,全权负责接收台湾,不日启程,并敦促清政府尽快派出对应的全权交割大使。清廷也只能回到《马关条约》规定上来,如期交割台湾。

四月二十五日,光绪皇帝下达圣旨:"着李鸿章饬令李经方迅速赴台,与日使妥为商办,毋稍耽延。"

向日本人交割台湾后,台湾已不属于清政府的领地,巡抚唐景崧的使命也就到此为止。而且自巡抚以来,唐景崧一直极力阻止和拖延割交台湾,已然成为落实《马关条约》的绊脚石,如果让其继续留在台湾,必定还会生出许多事端,惹恼日人,牵涉清廷。因此,开缺唐景崧,饬令内渡,也是必然的事。四月二十六日,军机处转达谕旨曰:

署台湾巡抚布政使唐景崧，着即开缺来京陛见。其台省大小文武官员，并着饬令陆续内渡。

自此，从光绪二十年九月二十三日（1894年10月13日）任职到这一天宣告开缺，唐景崧署理台湾巡抚七个月多几天。卸下顶戴官袍，历史注定唐景崧的人生将翻开新的篇章。

三

中日双方在澎湖海上交割之际，唐景崧虽已开缺，不再是朝廷命官，却仍在处心积虑谋划"防倭拒割，为大清保住台湾"之策略。

寻求国际法保台。

清政府出使俄国大臣王之春提出：普法战争之后，普鲁士索要法国阿勒撒士及楼阿来两省，因民众不服，现仍由两省自主，台湾可以效仿此做法。根据这个案例，唐景崧郑重提出用国际法保台的思路。在给总理衙门的电奏中试图说服朝廷"废约"，指出："查《公法会通》第二百八十六章有云：'割地须商居民能顺从与否'，'民必顺从，方得视为易主'等语。"亦即"在政权转换生效之前，须先征询其居民是否认可此一转换"。

在台湾筹防局召开的官绅会议上，陈季同依《万国公法》之"民不服某国，可自立民主"原则，提出"民政独立，遥奉正朔"

的主张。这更加坚定了唐景崧立"国"保台的决心——惟自立可保台。

四月二十二日，在全台绅民代奏的电文中，唐景崧提出"惟有死守，据为岛国"，"图固守以待转机"的主张，代奏电文说：

> 台湾已为朝廷弃地，百姓无依，惟有死守，据为岛国，遥戴皇灵，为南洋屏蔽。惟须有人统帅，众意坚留唐抚暂仍理台事，并留刘镇永福镇守台南，一面恳请各国查照割地绅民不服公法，从公剖判台湾应作何处置，再送唐抚入京，刘镇回任。台民此举无非恋戴皇清，图固守以待转机。

四月二十六日，即开缺的当天，唐景崧在给张之洞的电文中提出了"可设总统"的主张：

> 名目惟有总统，仿洋制也。此事刘永福最适宜，惜不能控全局……崧无可辞，为守或有转机。

两天后，觊觎台湾已久的法国人知道唐景崧"据为岛国"的消息，率先表态支持，随即派保阳、保佩两艘军舰到台。法军军官德而尼在拜谒唐景崧时表明："如果为清朝收回台湾，不太可能；如果台民不服倭，可以助力自立。"这无异于给台湾打了一剂强心针。

次日,即四月二十九日,台湾士绅就以"全台民之名"公开发布了《"台湾民主国"独立宣言》:

照得日本欺凌中国,索台湾一岛,台民两次电奏,势难挽回。知倭奴不日即将攻入,吾等如甘受,则吾土、吾乡归夷狄所有;如不甘受,防备不足故,断难长期持续。屡与列强折冲,无人肯援,台民惟有自主。台民愿人人战死而失台,决不愿拱手而让台。台民公议自立为民主之国,决定国务由公民公选官吏营运。为达此计划且抵抗倭奴侵略,新政府机构中枢必须有人主持,确保乡里和平。夙敬仰巡抚承宣布政使唐景崧,会议决定推举为"台湾民主国"总统。

初二日公同刊刻印信,全台湾绅民上呈。当日拂晓,士农工商公集筹防局,开始严肃此壮举。

乞勿迟误!

以全台民之名布告之

《宣言》明确了三点核心内容:一是立国的原委;二是推举唐景崧为"民主国"总统;三是五月初二日举行成立仪式。

四月三十日,《宣言》又以英文译本的形式送达各国驻台领事馆,表示台湾即将"独立"成为"共和国",希望仍与各国保持交往与贸易关系。

按上谕,唐景崧理应"开缺来京陛见",于二十六日当天就该起程赴京，但在第二天却被"逼上梁山"：

闽县人道衔陈季同倡言立"民主国"之谋，同工部主事丘逢甲（台中人）、候补道林朝栋（台中人）、内阁中书教谕陈儒林（台中人），推唐为民主。集台北绅商于是日公进贺表，同送至署请视事。铸金印一颗，文曰"台湾民主总统之印"，银章一颗，文曰"台湾民主将军之印"。即于五月初二日，众绅民在台北亲送与唐景崧抚帅，其银章须另日遣员送台南刘帮办。

事已至此，唐景崧也就不再犹豫，慨然受之。四月三十日，拟定一份给朝廷的电奏稿，诉说奉旨开缺的艰难处境和不得不留台的原委，并表示等立"国"之事定下来以后，便找机会回京席藁请罪。概述如下：

臣先行，民不容。众官员，难保全。臣暂留，吏内渡。台自立，"民主国"。民捧印，抵抚署。送虎旗，强留臣。不得已，允视事。再相机，而后定。俟事定，能脱身。赴宫门，席藁罪。

光绪二十一年五月初二日（1895年5月25日），被迫自救，采取非常措施的"台湾民主国"正式成立。成立大典在原巡抚衙门前举行，乐队前导，台湾绅民齐聚府衙之前，士绅代表丘逢甲等将金质"台湾民主总统之印"及"蓝地黄虎"国旗献呈唐景崧，拥唐即位，改年号为"永清"，以示永远隶属清朝之意，正式宣告"台湾民主国"成立。基隆炮台鸣二十一响礼炮，各国驻台洋商、兵舰皆鸣炮升旗庆贺。

唐景崧着总统服就职，望阙九叩首，面北受任，大哭而入。当日，唐景崧以总统名义发表告全体台民书，全文如下：

"台湾民主国"总统前署台湾巡抚布政使唐为晓谕事：照得日本欺凌中国，大肆要求，此次马关议款，于赔偿兵费之外，复索台湾一岛。台民忠义，不肯俯首事仇，屡次恳求代奏免割，总统亦奏多次，而中国欲昭大信，未允改约。全台士民，不胜悲愤。当此无天可吁，无主可依，台民公议自立为民主之国。以为事关军国，必须有人主持。于四月二十二日，士民公集本衙递呈，请余暂统政事。经余再三推让，复于四月二十七日相率环吁。五月初二日，公同刊刻印信，文曰："民主国之宝印"，换用国旗"蓝地黄虎"，捧送前来。窃见众志已坚，群情难拂，不得已为保民起见，俯如所请，允暂视事。即日议定，改台湾为民主之国，国中一切新政，应即先立议院，公举议员，详定律例章程，务归简易。惟是台湾疆土，荷、郑、大清经营缔造二百余年，今须自立为国，感念列圣旧恩，仍应恭奉正朔，遥作屏籓，气脉相通，无异中土，照常严备，不可稍涉疏虞。民间有假立名号，聚众滋事，藉端仇杀者，照匪类治罪。从此台湾清内政，结外援，广利源，除陋习，铁路、兵轮次第筹办，富强可致，雄峙东南，未尝非台民之幸也。特此晓谕全台知之。永清元年五月初二日。

告示详细陈述成立"台湾民主国"之缘由,表明尽管清政府割弃了台湾,但台民不服,只能据岛立国,誓死捍卫,才能为大清王朝保住台湾。所以誓言"为大清之臣,守大清之地";仿清朝黄地青龙旗式样,定旗帜为"蓝地黄虎旗","龙在天,虎在地,以示尊卑;虎首内向,尾高首下,以示臣服清朝";所用年号为"永清",表示台湾永远属于大清。义愤指出:"日本欺凌中国,大肆要求,此次马关议款,于赔偿兵费之外,复索台湾一岛,实为可恶。"告示还明确表示:"大清经营缔造两百余年,今须自立为国,感念列圣旧恩,仍应恭奉正朔,遥作屏藩,气脉相通,无异中土,照常严备,不可稍涉疏虞。"

告示之后,随即发布命令:以巡抚署为总统府,任命刘永福为大将军,以刑部主事俞明震为内务大臣,陈季同为外务大臣,以礼部主事李秉瑞为军务大臣,设立议院,派道员姚文栋前往北京,详陈建国情形。

对于"台湾民主国"的成立,清廷及有关大臣前后态度迥异。

军机处和总理衙署的态度先是推脱。五月初四日给李鸿章发出谕旨:"台民劫制生变,事出意外,无从过问。"接着又说,如果日本怀疑是朝廷暗中唆使,可以据实相告:"已旨令开缺来京,本已无官,乃为台民强留,即不得自以为华官。"

后是袒护。军机处和总理衙署就"台湾民主国"成立专拟电文向张之洞传达谕旨并电知唐景崧：

现在台事未便过问，若仍用奏咨文件，即难免牵累，有碍大局。唐为台民劫制，如能设法脱身，亦即早归，庶免别生枝节。遵旨电达，希即电知为要。

又切切关怀说：

唐迫于台民，不能内渡。唐现在之法，洵属无可奈何致苦心。事成则国家受其利，不成则该抚身受其害，谅蒙圣明鉴察。

李鸿章满腹牢骚。李鸿章看了唐景崧、张之洞给总署关于"台湾民主国"成立的奏折，给朝廷发了份电折，说：无论如何不能奉署抚唐景崧为总统，使朝廷号令不行。旋即又拟了一份电奏发给朝廷，询问李经方该如何行动。军机处即回电说：自应剋日前往、相机商办。李鸿章又言：近闻台绅民公议，已自主为"民主岛国"，不服我国号令，台湾岛上发生什么事，实难遥制。李鸿章对"台湾民主国"的成立大为不满，对朝廷不敢发泄，只能怒斥唐景崧、张之洞为"不明洋情，凭空臆造"。

张之洞全力支持。张之洞是朝廷大臣中坚定支持唐景崧和"台湾民主国"成立的代表人物。五月初三日，即"民主国"成立的第二天，即给上海刘道台、赖道台发电报，催促火速给唐景崧汇款：

前奉旨寄台之款，即速拨三十万交汇丰汇台交唐抚台。如能一批汇完，即全汇亦好，但需安稳，勿误发他人为要。

接着给闽浙总督边宝泉发电，说台湾无船而械少，很难阻挡日军登陆，请与支援，万勿惜费为祷。军机处知道后怕节外生枝，给张之洞发出谕旨，说台事无从过问，所有饷械不宜再解，致节外生枝。张之洞立即电奏总署，陈明原委，极力辩解。

此外，一些地方督抚也十分关心唐景崧，发来互勉与慰问电文。山东巡抚李秉衡说："台湾唐薇帅鉴，电示敬悉。读之泪下，愿公努力。"

舆论高度关注，普遍给予赞扬。作为当时中国最具影响力的中文日报，《申报》五月十日报道：

接京友信，言台湾电奏到京，计十六字，照录于后："台湾士民，义不臣倭，愿为岛国，永戴圣清。"电奏若此，益见台峤一隅力拒鲸鲵之寇，仍称蚁蚕之臣，布置艰危，此中国大有人在也。

隔了三天，该报又发表《论台湾终不为倭人所有》的专论，评价说：

台民义愤，誓不臣倭，全台之人，同心协力，布告各国，拥立唐薇卿中丞为民主，已进"台湾民主国"总统之章，俨然海外扶余，别开世界，亦倭人们梦想不到者也。

六月二十二日，该报又载文称赞"民主国"的成立：

远足以震动天下，俾海内外闻之，知中国固大有人在：我君可欺，而我民不可欺；我官可玩，而我民不可玩。

列国多作壁上观，唯日本对此反应非常强烈。本已到手的台湾，现在横生枝节，甚至有可能落空，恼怒之下，加紧布置，准备以武力攻占。

台湾乙未保卫战即将打响。

"台湾民主国"成立后，日本加紧了进攻台湾的军事部署。俞明震《台湾八日记》载：五月初五日，共二十九艘军舰在台湾北部海面集结，然后分别停泊在各海口外。"基隆、沪尾、澳底、金包里、八里垒、大姑崁，凡可登岸之处，皆有兵轮。"

澳底，今台北县贡寮乡三貂岭一带，距离基隆五十华里，道路崎岖。初六日，日军在澳底登陆，乙未台湾保卫战正式打响。

俞明震《台湾八日记》记载：

初六日，土人勾结挖金沙匪，引倭人由澳底登岸……曾喜熙募土勇两营守澳底,成军甫三日,遇敌不敢战,均逃散。

此地包括基隆原归属福建水师提督淮军名将杨岐珍布防,关隘险峻,筑有炮台,易守难攻。但是,杨岐珍已于战前三日,即初三日开始撤军内渡。眼下基隆守军仅四营,属临时布防,兵力十分单薄,仓促应战,难当大敌。而基隆东路三貂岭、澳底一带无兵可守。初六日当晚,唐景崧加急命令吴国华率七百人增援布防三貂岭,然吴为新征调入台的广东新军将领,亦属临阵磨枪,次日上午才集结四百人抵达战位。

初八日五更时分,唐景崧寝食不安,急令"民主国内务部长"俞明震"赴前敌督战,兼料理饷械、电报事宜"。黎明时刻,俞明震率亲兵六十人、委员三人、武官六人等随行人员乘火车直奔基隆。午初达到,即派武官持令检查、整固各关隘布防。

下午一点至三点,吴国华部队遭遇小股日军,展开搏杀,击毙一个日军首领,敌军溃散,吴军追至山顶。观战百姓,拍手称快。

唐景崧密奏[1]中说:

初八日下午,粤军与倭人迎头奋击,力战两时获胜,杀寇甚多,并斩获倭兵官三画首级一名,寇退至三貂岭半山地方。先仍饬各军相机进剿,续有探报再陈。

---

[1] 虽然已任"台湾民主国"总统,但唐景崧仍坚持有要事必奏。

双方相持三日，各有死伤，战事进入胶着状态。

初九日黎明，唐景崧向俞明震下达基隆保卫战战前指示：

三路进兵甚善：瑞芳一路专责成吴国华，九芬李文忠，吴朱埕杨连珍，限申初到基隆调遣。

此前五更时分，唐景崧已令刘燕将刚运到的五门五管格林快炮安置于基隆西面山上制高点。当日，军事调度部署完毕，将士们酉刻在基隆饱餐，准备迎敌。

部署完毕，日军即分两路来袭：一路扑九芬，直抵瑞芳，另一路扼吴朱埕北，防"民主国"军包抄。俞明震《台湾八日记》对战事记述道：九芬临海，兵力单薄。日军运快炮登岸猛轰，"民主国"军死伤惨重，九芬失守。此时，瑞芳一路尚未开战。瑞芳地势险要，四面皆山，地形如锅底。但是日军列队东面高山上，八人一队，队形严谨。在北面距三貂岭四里，日军驱教民、汉奸下山，扼九芬桥达千余人。"民主国"刘燕炮队列西面山上，占有地利优势。"民主国"军枪声不绝，但日军匍匐不动。忽然日军冲过桥梁，山顶日军开火猛烈，"民主国"军死伤多人，军心动摇，出现临阵逃跑者。晚间，敌营电灯通亮，明如白昼，各军惊慌。

俞明震飞书吴国华，通报战情，指出此战关系台北存亡，决不能后退一步，凡有逃兵，一律斩首。吴国华接到俞明震飞书，带队抢夺九芬桥。而日军早已带领汉奸埋伏桥下溪水两旁。吴国华军一到，日军突然开火。吴军死伤达二十余人，士兵逃窜，难以阻止。日军就势迫近瑞芳街口。此时刘燕炮队发挥威力，炮死敌人十余人，日军只好撤退。当晚四更，"民主国"军各路兵马汇集瑞芳助战，纷纷表示天亮再与日军决一雌雄。

基隆激战之时，清廷台湾交割全权大使李经方抵达台湾淡水。日本授受台湾全权大使、首任台湾总督桦山资纪迎接李经方到其军舰上。当时正是桦山带军舰四艘停基隆口海面，指挥陆军一万攻打基隆。

初八日，淡水税务司税务官英国人马士曾来"总统府"拜见唐景崧，说李经方发电文要求在日本船上会见，意在打听台湾近期发生的一切。唐景崧同意马士去会晤李经方，并特别叮嘱马士转告李经方不可登临台岛陆地，否则台民不会放过他，有生命危险。马士欲向唐景崧索取通行文件，唐景崧拒绝，只在晚间给马士一封信请转李经方。

初九日，马士在海上漂泊颠簸五个小时才登上停在基隆海口外的日舰，与李经方交谈了大约十五分钟。马士向李经方和美国翻译科士达介绍了一些人所共知的信息，包括"台湾民主国"成立、台湾绅民决不服从日本人、军队随时准备开战以及杨岐珍带着一千七百人离开台湾等情况。李经方还想打听台湾布防和巡抚唐景崧的近况，但是马士拒绝回答，虽然马士是知道很多内情的，比如记事本上写着："昨晨广勇守住了原阵地，四千以上的宜兰乡勇和其他队伍，利用地形掩护，把日军围困在山上……初九日斩首二十级献给巡抚。巡抚出赏二万要求守住山头。"

初十日，李经方和桦山在基隆口外海面日舰上互换文本，完成台湾交割。

基隆保卫战也进入第二天。

天明，"民主国"军张统领站立九芬桥吹角列队，日军带三百汉奸进攻，每队十二人，由两名持枪日兵押后。枪炮声四起，张统领率队冲锋在前，吴国华军接应不上。此时日军从山上飞驰而下，冲上九芬桥，切断了张统领退路，围裹重重，枪炮凶猛。

此时，俞明震下令，能将张统领救出重围者，赏三千金。陈得胜率八十人，曾喜熙率三十人，涉溪涧冲入战阵，冒死救人。张已负重伤，右腿被子弹穿过，亲兵抢护，死七人。后来一名士兵背其潜行水中，终于得脱。统带曾喜熙受伤，裹创战，到庚子寮投李文忠营。陈得胜竟战死。当初，张统领小胜之际，吴军增援不上之时，曾命营官黄义光派兵增援，黄面有难色，口出怨言。俞明震愤怒至极，下令斩首示众。刘燕乞恩，仅摘翎顶以示薄惩。

战到午后，俞明震突然接到唐景崧电文，命黄义光速撤亲兵回台北，各营惊骇。俞明震连忙乘车返回台北面见唐景崧，然而唐景崧对此却一无所知。经查原来是某某代黄翼德嘱电报房私发，署上唐景崧大名。局面颓败至此，唐景崧唯有叹息。

此时，张营四次来电催俞明震恳请赴前敌主事，电文说："俞督办艰难任事，去后合厅皇骇，乞速来救我身命。"唐景崧拿着电文给俞明震阅览，流泪对俞明震说，赶快走吧。于是，俞明震奉命带了数十名随从赶赴基隆前线，仍与刘燕炮队筑营土山上抗敌。

战至十一日，"民主国"军伤亡惨重。

这一天日军加紧了进攻力度。统领张兆连重伤，全军溃散。俞明震和刘燕部队被日军围困，枪声炮声如雨如潮。吴国华军未至，各路军营亦不予施救。战斗打到临近十点，炮兵已经死去八人，重伤四人，炮管已经打红变软，不能再打，只能依靠战壕用美国造十三响枪顽强抵抗。差官杨德标、李成德阵亡。日军使用开花弹，迅速而猛烈。彭发立位于俞明震身后，腰际中弹，呼号甚惨。俞看见开花弹炸成铜片，嵌入脑额，血流不止，腿胯被枪弹擦过，痛极晕厥。时各路军均溃散，狮球岭丢失。

狮球岭后有名叫八堵的关隘，是进入台北城的必经之地。狮球岭败退，俞明震欲请唐景崧帅驻八堵，为死守计，并命绅士写一公禀，即率方祖荫乘火车回台北。唐维帅见面就说："大势已去，奈何？"俞明震出示绅士公禀，说："且请入驻八堵。"唐景崧惊异，"午刻闻前敌信，即令黄翼德率护卫营入扎八堵。黄说狮球岭已失，八堵大雨，不能扎营，故乘火车急驰回城，以防内乱"。俞明震大怒，说黄翼德根本没有去过，大骂黄翼德欺罔。

兵败狮球岭，失守八堵，台北不保，整个台湾将陷入危局。

第十二章
仓皇内渡

光绪二十一年五月十四日（1895年6月6日），唐景崧离台内渡厦门。

五月三十日，清廷电命唐景崧"休致回籍"。

一

光绪二十一年五月十一日，"民主国"成立的第九天，狮球岭兵败，基隆陷落，台北大乱。

唐景崧在给总理衙署的电文中说：

基隆血战六天，将士伤亡不少。统领张兆连重伤，全军溃散，基隆不守。教民四起，省城瓦解，事不可为矣。

护卫营谎报军情，散布谣言。十一日中午，唐景崧接到前敌发来的电报，知道狮球岭失守，便命令护卫营黄翼德到八堵扎营，为胡友胜后援，以防日军进犯台北。可黄翼德到了八堵，本人及士卒并没下车，而是立即乘火车返回台北，向唐景崧谎报军情说，狮球岭失守，八堵下大雨难以扎营，并四处散布日军悬赏六十万大洋买唐景崧头颅的谣言。虽遭到俞明震的严厉斥责，但事件已是越闹越大。

护卫营是护守总统府的心腹部队，护卫营之乱比日军来犯更伤"民主国"和唐景崧的命。到了晚上，黄翼德率护卫营强索银饷，公然闹事，欲抢库银，幸得卢嘉植率东莞百余士兵把守维持。见闹事不成，护卫营便哄抢官员、上司的行李、家什。

李文魁比黄翼德更甚。李文魁，直隶游匪，随淮军渡台，充抚署亲兵，深得唐景崧信任。因犯令革退，大为不满。为平衡关系，日军从澳底登陆后，唐景崧启用李文魁做统领，令两天内招募六营开赴狮球岭驻扎。万没想到，李文魁在开赴狮球岭的前夜已被日谍收买，起了反心，将党羽布置在抚署周围，日夜监视唐景崧的一举一动，只待时机一到，就将唐景崧捉拿送日军请赏。一计不成，李文魁又生一计。抵达狮球岭后，李文魁不仅没有阻击日军的进攻，反而带一营士兵，携快枪驰回台北，直闯抚署，对着唐景崧高喊"基隆已经失守，狮球岭危在旦夕，我已无能为力，请大帅亲自去督战吧"，企图将唐景崧调出抚署擒拿之。这时唐景崧方才明白"豢养多年的亲信，竟是一条中山狼"，仰天叹道："变生肘腋，大势去矣。"

护卫营哗变、亲兵谋反,"变生肘腋",唐景崧这时候才反思用人失察,但为时已晚。

到五月十二日中午,内乱已一发不可收拾。原署抚厨子、杂役散去,电报局人员亦散失殆尽,线路被剪断,前敌消息渺然。傍晚一批批伤病、散兵回到台北,涌入城内,沿户抄掠。土勇、粤勇责骂斗殴,城中积尸遍地,喊声哭声震天。兵勇、土匪纷纷闯进总统府争抢财物,互相厮打搏杀,更有中军护卫作为内应,乱上添乱。随之总统府起火,火药局爆炸,四周紧邻房舍被大火吞噬,内乱不堪,唐景崧几乎陷入走投无路之绝境。

此时此地,唐景崧的确想到过以死报之。五月十二日二鼓时分,唐景崧关好房门,从箱里取出昔日巡抚顶戴朝服,穿戴整齐,望北拜了三拜,掏出手枪,就要自尽。守在窗外的家仆聂升看得清楚,一脚破门而入,夺下唐景崧的手枪,责备道:"相公,老娘尚在,此路不通!"唐景崧跪地大哭道:"诸公误我,我误台民!"

五月十二日夜,俞明震携方越亭、熊瑞图见唐景崧商量撤退之事,力劝退守新竹,时林朝栋、刘永福也在场,力主再举。然左右均怒目视之,王觐庭持手枪斥责说:"大人五天不睡,诸君亦宜歇息,谁多言者,以枪击之。"

于是,俞明震退回自己卧室,却发现行李已被洗劫一空。

俞明震悄悄将唐景崧的电奏草稿本藏入衣中,焚掉各处往来密电文件,又给唐景崧写了一封密信:

天不佑中国，无可奈何！公心迹可告无罪。惟既不退守新竹，公亦自为计，不可贻笑天下。电奏本震已带出，心酸不忍多写。负公知遇，此恨千古！

天尚黑，惶惑无策，俞明震便绕道总统府后墙，欲私见唐景崧。委员周奭配腰刀出来告诉他，维帅刚刚出城了。

绝望之中，唐景崧只有死里逃生了。

在写给唐景崇的信函中唐景崧说：

遂于五月十二日二鼓易装带数人潜出，辗转至十五日，始出海口。九死一生，其苦万状，凡出来者无不如此，盖乱兵乱民交起也。全眷辎重，当日为民扣留，一物不能移出，全弃于台。老人仅着单衣，夹、棉、皮俱无矣。书籍、器具，一件无存。

关于唐景崧逃离抚署仓皇内渡的事，有许多说法，比较可信的是唐景崧自己的表述和俞明震《台湾八日记》、姚锡光《姚锡光日记》中相关记载。《姚锡光日记》中有一段根据俞明震口述整理而成的记录：

十二日，维帅出亡，乘小舟，拟往沪尾，上驾时轮内渡。时遇游勇、地痞严搜逃官内渡者，维帅行至海口，有炮台，台上炮弹阻截行舟，扼制不得进。随有游勇上船搜查，维帅乃弃小舟登陆，仍折回，道遇德国德几理和洋行买办薛某某，拉着维帅入洋行藏匿焉。未几，兵匪侦察到维帅藏在洋行中，将往搜。知不可匿，十四日，洋行乃将维帅混杂于洋行练勇队中，易洋兵服，短衣革履，从练勇队中，呼啸偕行。至海口，混杂练勇中上舢板，登南精小轮船，始得内渡。

虽然说法很多，但综合起来看，有几点是可以肯定的：

其一，唐景崧逃离总统府的时间是光绪二十一年五月十二日（1895年6月4日），即"台湾民主国"成立后第十天。

其二，经乔装打扮，经过两天两夜的生死辗转磨难，于五月十四日上午抵达淡水，八时三十分终于搭乘"驾时"号（德文音译"雅打"或"益达"）轮船离开淡水前往厦门。"驾时"号轮船本为台湾商务局购置，商货两用，乙未战争期间交由德商经营，悬挂德国国旗。"驾时"号轮船离开淡水码头时曾遭炮台轰击，死伤十余人，经船上士兵打点银两后方得放行。

其三，同一条船上除了唐景崧的贴身护卫、亲兵外，还有清朝大小文武官员以及粤、湘在台返回大陆士兵千数百人，包括"台湾民主国"内阁重要成员陈季同、俞明震等，船上拥挤非常，站立都很困难。

其四，到五月十五日，"驾时"号轮船全船人员安全抵达厦门，唐景崧隐蔽于厦门电报局。

二

也因为这次仓皇内渡，唐景崧身后争议纷扰。

其一，唐景崧是否"消极抗日"？唐景崧并未如他所说的"誓以死守"，姚锡光也惋惜道："维帅初心，何尝不思身殉台湾，特为爱妾、娈童所困，易其初心，一失足成千古恨，可胜太息！"

唐景崧的确无数次说过"誓以死守""义与存亡"的话，却并没有战斗到底，而是乱中逃离。然而冷静地想想，台湾之危局是如何造成的？《马关条约》签订，台湾割让给日本，主权不存，为谁死守？为谁而战？战争的源动力都被剥夺了，还苛求他什么？况且清政府将大部分军政骨干内调回国，并下令切断一切外援，使台湾变成一座孤岛。甲午战争，清王朝败得一塌糊涂，唐景崧在这种情况下，能坚持十四天，何其不易！假如不内渡，台北已经完全失去控制，兵匪烧杀抢掠，总统府失火，火药局爆炸……唐景崧已无藏身之所，而且日本叠加悬赏布网缉拿，叛乱分子全城搜寻疯狂追杀，留给唐景崧的只有死路一条。难道死于乱枪之下，才算有始有终？

其二，是否"携款潜逃"？这是个争论已久且影响广泛的问题，笔者试图通过两个假设从正反两方面做一些厘清。

第一个假设：如果唐景崧没有"携款潜逃"，为什么会有这种说法流传呢？

首先，这是来自日本谍报的诬陷和栽赃，可称"谍报源头"。

还在火烧总统府、唐景崧尚未离台之时,"携款潜逃"的消息就在福建和台湾地区疯传了,查其源头,竟是一份秘密的日本谍报:

本府间谍士人所呈报告:

自大稻埕至新庄间八里之电线,已被废坏。

本月十三日上午一时(清历),唐景崧自行放火于衙门,带官兵四百兵逃至沪尾。居民得悉,乃鸣锣予以追击。唐逃上轮船,沪尾居民追至渡头,放枪击之。一小时后沪尾之王统领追至船上欲杀唐,唐涕泣求命曰:"余将赠足下十六万两。"终购得一命返香港,携银四百两并带广东兵若干。

林钦差及杨提台,于十日夜七时,携眷搭乘斯美轮船返泉州。

中路之勇兵,于十三日溃散,另一千名逃亡新竹县。本月十四日四时,王统领乘火车到新庄。台北沪尾间之百姓深怨唐某,今日本军莅此,四民喜悦,各地人民家家户户揭旗点灯恭迎军队。

大捷塝炮台火药局,于十四日七时人民闯进,拟掠取火药移运他处,因过失引火,致焚死百七十余人。

大稻埕锯器局、军器局,于十三、十四两日亦被土人所掠取。

此则谍报最先说到唐景崧"携款潜逃"的事,然漏洞百出,根本经不起推敲:一、唐景崧离开台北府衙的时间。谍报说"本月十三日"(光绪二十一年五月十三日,即1895年6月5日)上午

一时，唐景崧带官兵四百兵，逃至沪尾（今淡水）。在唐景崧给唐景崇信[1]和俞明震《台湾八日记》中，时间是五月十二日（6月

---

[1] 信件内容如下：春卿三弟如晤：香帅奏奉电旨："着即休致回籍，钦此。"当今时局，休归亦好。本已无志人世，惟一片苦衷，幸冀台岛苟延，以待转机。而基隆失后遂离台者，盖亦有故，电语难详，兹特再布，亦可使都中人知之。自三月廿四（4月18日）接总署割台之电，人心业已动摇，官心、军心尤甚。台民虽不愿从倭，而良莠不齐，且台向来时有乱事，其乱民亦非甘服倭，但乘机欲任所欲为。若办交割，撤官撤兵，势必大乱。官固不能出，兵亦不能散，绝无办法。自立之举，明知难于久支。论饷，仅支两月（尚赖后拨之五十万，亦未汇到）；论军火，仅敷十余战。既无外援，又无兵轮，其危可知。而为民劫留，不得已出于此举，亦冀一线苟延，以待保护。实守不住，则亦弃之耳。无如五月初一日（5月24日）后，藩司以次各官，大半内渡。杨军门（杨岐珍）勇营扎基、沪后路，亦率内渡。守基隆后之狮球岭，系林绅朝栋（中路人）七营，因中路不靖，彼与勇皆系念家园，亦刚拔去。新到粤勇千人，尚未成军，仓猝填防，部署未定，而倭人突于初五（5月28日）来攻基隆旁路，我军接战。六日（5月29日），前敌正在得手，奈沿海奸民受彼重贿（每日四元），并与军火，伏在两旁及后路，抄击我军。将士四面受敌，伤亡不少。初十日（6月2日），基隆统将受伤，代统者亦伤，一军无主，遂不能军。调去沪尾五营，头目多死。十一日（6月3日），基失，狮球亦失。狮球至省之路，残军万难堵截。又值连日大雨，白昼晦冥，人人皆惊，且究系皇灵已去，势败，各无固志。十二日（6月4日），官绅纷散，火车、电报俱无人办理，诛不胜诛，捕不胜捕，侦知奸匪满城，约夜焚烧署局。倭悬重赏，由六十万加至二百万两，欲得我而甘心焉。再四踌躇，万无可为。窃思守土宜死，而今与守土异。如台民大家拼命，可与共死。而台民不独不能助官，且不能约束，奸民以至助贼。而是日各急归乡，传唤不至，我独死亦觉不值。欲走中路，势难再振，四面无非绝地，必至受擒而后已。适奉电旨，有"设法脱身，以免枝节"之语。因杀倭人亦不少，且十二日（6月4日）倭轮夹攻正口，被我炮台击沉两艘，倘因我尚在台，借口缠我中国，既不能守台，又为朝廷增累，更属不可。遂于二鼓易装带数人潜出，辗转至十五日（6月7日），始出海口。九死一生，其苦万状，凡出来者无不如此，盖乱兵、乱民交起也。全眷辎重，当日为民扣留，一物不能移出，

4日)夜间"二鼓"时分(21—23时)。二、唐景崧6月6日上午离开淡水的目的地是厦门,而非香港。三、台湾巡抚衙门焚毁原因,唐景崧的信和俞明震《台湾八日记》记载得很清楚,均指出是乱兵所为。四、谍报所言杨提台即杨歧珍(淮军将领,1894年7月奉旨入台协助台防,渡台前为厦门水师提督),根据其向李鸿章的汇报电文显示,杨是内渡厦门而非泉州,且时间是五月初八日而非谍报所说"十日夜七时"。

此份谍报显然是出于刻意丑化唐景崧,图谋挑拨唐景崧与台湾士绅民众的关系,以达到搞垮"台湾民主国"的目的。有学者引以为据,误认为"台北藩库所少十六万两,乃是被唐景崧汇走,

---

全弃于台。老人仅着单衣,夹、棉、皮俱无矣。书籍、器具,一件无存。虽不足惜,而此后件件添制,亦殊匪易。一片苦心,无人鉴谅!

成败论人,自不免谤毁丛生。迭接来电,不知毁我者何人?所谓"迟则震怒",怒不应自立耶?抑因不能守耶?近见亭有何话说,不至有余波否?闽省谣传我携库银数十万,由驾时轮船运出,遂登《申报》。不知当日运一箱一篓,民且拦截,何况数十万银之多,焉肯放行?且一运银,民即知官将行,焉能走出?十二(6月4日)晚,海关存银三万,防乱移上驾时轮船,遂为两岸兵民劫夺一空,且开炮不准船行,击死十余人,岂能运数十万银之理?事败,则人言滋起,固无足辩,而世道人心亦险甚矣。此办台之大略也。后拨五十万尚未收到,库款本存无多,十二日(6月4日)已就近发饷,现尚有订购军火未到台者,须给价二十余万,方能收物。又,台轮数只,有押与洋人换旗者,须清首尾。我须在上海,候洋人及委员到齐,方能会算,不无耽延。船械,江南愿要愿付价,尚不为难。但洋人在淡水,不知何时来耳。母亲愿回桂林,拟日内率眷由汉口走两湖归里。我从此还山,不复再问世事矣!

手此,即问俪好。兄崧手书。又五月朔。

决非丘逢甲领去"。刘雄等学者曾作出批驳："论据多为不实"，"亦无确据"。

其次，受范文澜先生根据质疑所作推断的影响，是为"学界源头"。范文澜先生在《中国近代史》上册中，根据姚锡光日记中的质疑推出"一去不知下落"的不确定结论，正是这个结论引出许多猜测和争议，刘雄教授的辩驳应该是有说服力的：

关于唐氏曾提库银四十万两汇往上海，并在内渡前又汇走十六万两之事，前者源自范文澜所著《中国近代史》，实际上由于范先生对唐氏是否为侵吞这些银两而将之汇往上海，抑或内渡后确实已将这些银两侵吞不确定，因而仅以怀疑的语气称这些银两"一去不知下落"。若联系到唐氏署理台抚后派茅延年驻上海专事购械济台，显然，上述汇款也可能是供茅氏购械之用。至于后者，则源自戚其章所撰《中日甲午战争史研究的世纪回顾》一文，戚先生所据者则为日谍的一份报告。该份日谍报告内容大多来自途说道听，多为不实。……何况该日谍之报告仅提及唐氏向追上船来的沪尾王统领承诺，只要不杀他，放他走，他将赠王十六万两。可见，断定唐氏于内渡前又提库十六万两汇走并将之侵吞，显然亦无确据。

综上所述，根据第一个假设，难以证明唐景崧"携款潜逃"。第二个假设：如果唐景崧果真"携款潜逃"，为什么那么多相关重要人物和著作文献应该记载却没有记载？

一、俞明震《台湾八日记》没有唐景崧"携款潜逃"的记载。关于库银，曾任台湾布政使、"民主国"内务部长的俞明震最为清楚。其在《台湾八日记·台湾唐薇卿中丞电奏稿（附件）》有明确的记载："总署代奏后，奉旨拨百万，先由上海拨五十万交台湾转运局。台亡后，尚存二十万系洋行票子，维帅持交香帅。其余三十万，似尚未全行运赴台湾。惟闻交广东唐镜沅十万，赶办军火；其余，赖耘芝处当有报销。"由此可见，尚存的二十万库银为洋行票子（汇票），并未兑现，内渡回到江宁后，唐景崧移交给张之洞，而另外三十万尚未解运到台湾。

二、张之洞有款项进出记录，遍查《张文襄公全集》《张之洞年谱长编》《张之洞全集》，没有能够证明唐景崧"携款潜逃"的记载。唐景崧署台湾巡抚期间经手的款项与数额，包括俸禄、军饷、军需、军械等的申请，都必须经过朝廷批准，由光绪皇帝批准下旨交军机处，或户部、总署等发出，大都着张之洞、谭钟麟落实执行，尤其是张之洞，是奉旨代表清政府给唐景崧调拨钱财军需的直接长官。张之洞对钱财、军需的进出均有记录，极为严谨，比如五月十七日即唐景崧从台湾内渡抵达厦门刚两天，张之洞就立即向鲁麟洋行发出一封追款电报，要求追回日前转交的汇银三十万两。电文如下：

致上海刘道台（光绪二十一年五月十七日丑刻）：台事不支，

唐中丞已内渡。前数日交赖道转交鲁麟洋行汇银三十万，仓猝数日，该行必未在台交银。速问赖道，向该行收回，万不容其含混。

这则电文也印证了俞明震《台湾八日记》里关于三十万票银的记载属实。

三、清廷及有关大臣也不相信唐景崧会"携款潜逃"。光绪皇帝、慈禧太后、军机处、总理衙署等非常清楚唐景崧何时离开台湾，何时内渡厦门，也知道广为流传的所谓"携款潜逃"的消息，甚至有文廷式等大臣借此要求严处唐景崧，但朝廷根本不相信唐景崧"携款潜逃"，就连对唐景崧多有批评的李鸿章也从来没说过唐景崧"携款潜逃"。正因为如此，清廷并未重罚唐景崧，而只是让其"休致回籍"；若果有"携款潜逃"之事，按律必会定罪入狱。

四、台湾学者及台湾史方面的重要著作提及别的官员"携款"的问题，独没有唐景崧"携款潜逃"的记载。连横著《台湾通史》中关于甲午、乙未战争的章节中，有丘逢甲"挟款以去，或言近十万"的记载，却没有唐景崧"携款潜逃"的字眼；易顺鼎《四魂集·魂南集》、吴德功《让台记》、黎景嵩《台海思痛录》等著作言及林朝栋、杨汝翼、丘逢甲皆携拥巨资，弃师而逃，均无唐景崧携款而逃的记录。此外，今人张求会先生在其论文《唐景崧内渡：一个让陈寅恪为难的话题》中引述一条资料：许地山为其父许南英作传时，所依据的乃翁"自订年谱"提及唐景崧和刘永福内渡的事，只说到刘永福"挟兵饷官帑数十万乘德船逃回中国"，也没有关于唐景崧携款潜逃的记录。兹引如下：

  1933年，许地山在为亡父撰作《窥园先生诗传》时，以乃翁的"自定年谱"为依据，对于乙未年唐景崧、刘永福的内渡有如下记述：七月，基隆失守，唐大伯理玺天德乘德轮船逃厦门，日人遂入台北……八月，嘉义失守，刘永福不愿死战，致书日军求和，且令台南解严，先生只得听命。和议未成，打狗、凤山相继陷，刘永福遂挟兵饷官帑数十万乘德船逃回中国。旧历九月初二日，安平炮台被占。大局已去，丘逢甲也弃职，"民主国"在实际上已经消灭，城中绅商都不以死守为然，力劝先生解甲，因为兵饷被刘提走。……本集里，辛丑所作《无题》（六四页）便是记当日刘帅逃走和他不能守城底愤恨。

  综上所述，根据第二个假设，也难以证明唐景崧"携款潜逃"。

  曾经的门生、部属、抗日同道丘逢甲对非议唐景崧内渡的言论也不以为然，为之极力辩护。

  自乙未年（1895）夏末，与唐景崧组织抗日失败内渡后，对当时国内众多批评唐（景崧）、刘（永福）的言论丘逢甲颇不以为然。他曾对丘菽园道："沪上诸家铅石版印新书之纪台湾拒日者，全是局外耳食。甚或于唐、刘二帅事，任意憎爱，谀语谤书，徒淆观听。每欲自为一书，又以采摭未备，而难其成，引为生平之憾。"光绪二十四年（1898）四月二十九日写给丘菽园的信中再次说道：

承询台湾往事。保台之疏，唐公几百上，刘（永福）亦屡上，几于无策不筹，而外间知不十一，弟亦四疏与血疏为五。于时，瞬息百变，当局数人外，同在斯土者，且莫知本末，更无论外间传闻矣。嗣迫为自主，此犹夷然，明知末着，而势不能不拼而出此者。成败之论，今古同慨，弟亦当局之一人，何事喋喋？辱荷垂问，敢尽其愚。

方事之殷也，唐北刘南；民部守中，则敝统也。时则王灵已去，人心大动，抚内未定，而敌已北来。唐督战，不全负也，饷械本绌，而均屯北；已而淮部首变，北军乃溃，饷械一空，而敌遂据北矣。中部驰援，半道遇敌。旬月之战，虽不大挫，而终莫支，则军火缺也。

甲午防事起，惟南皮张公在两江略接济，不能如甲申闽粤诸省均助台，然犹节节截堵。固由民勇，亦地险为之。入秋潦平而潦退，水陆无阻，敌遂由中而萃南，而南亦不守矣。外间初则誉刘逾分，后则毁亦逾分。平心而论，唐、刘均未可厚非。是时，如为身计，已奉朝命，即以地委日而去，岂不足以自全？而皆不忍去者，犹冀万一保全此土此民。非特此土此民也，台弃而天下大局遂不可问。今日胶、澳、旅大之势，当时已早忧之。故权为自主，以振人心，丛受笑怜，亦不敢辞。然其时守台，固自守之，非为君守，固无异与存亡之义。唐变起而去，刘力绌而去，虽责以不死，以义无可殉而死也。

信函中回顾了乙未台湾保卫战的一些关键，作为亲历者，丘逢甲"平心而论"，说"唐、刘均未可厚非"。

可以认定，唐景崧没有"携款潜逃"。而且，不仅"携款"不正确，"潜逃"也有误。所谓"潜逃"，多指因为犯罪而偷偷逃走。但唐景崧有何罪行？唐景崧只是按照谕旨"开缺回京陛见"。窃以为用"仓皇内渡"比较恰当。

三

"驾时"号甫抵厦门港，眼前一片惨景：从台湾内渡兵勇的船只横七竖八塞满港口，船上数千兵勇不愿上岸，吵吵嚷嚷着要补偿、要回家。这时候唐景崧似乎才意识到，台湾抗日失败，会如此严重地波及福建沿海特别是厦门的社会局势。先期从台湾内渡过来的六七千兵勇，因朝廷欠发军饷，穷困凄惨已极，公然结伙在福建沿海地区烧杀抢掠，给厦门造成严重的社会恐慌。

唐景崧在推搡中踉跄登岸，被杨歧珍秘密护卫接入。尽管如此，消息还是不胫而走。叛将李文魁也在当天搭乘轮船追到厦门，住在福升馆，等待时机刺杀唐景崧。

李文魁在福升馆召妓饮酒，醉酒狂欢之后摇摇晃晃来到街上。他以为唐景崧与水师提督杨岐珍友好，一定住在杨的寓所，于是前去杨提督家探看，可惜没有找到。李文魁在街上徘徊，引起厦门营官印宝昌的怀疑。当时印宝昌正率兵在街上巡逻，遇到李文魁询问其姓名，李不回答，请其到提督署衙门又不肯，遂吩咐随从将李文魁擒拿。从其身上搜到匕首等凶器，于是将其押往提督衙门审讯，得知就是李文魁，到厦门欲谋行刺唐景崧。证据确凿，随后将李文魁就地正法。

得知李文魁追到厦门刺杀的消息，唐景崧意识到厦门不是久留之地，短暂停留便告别杨岐珍，乘坐"驾时"号继续北上，于五月二十四日晚上在上海轮船招商北栈江中锚泊，冒雨上岸，赶赴上海家中处理一些私事后，第二天清晨匆匆回到船上。"驾时"号轮船在大雨中溯流而上，向江宁（南京）缓慢进发。

唐景崧赴江宁有两个目的：一是拜会两江总督兼南洋大臣张之洞，并等候朝廷处置；二是看望母亲，与家人团聚。

光绪二十一年五月二十七日（1895年6月19日）早晨，唐景崧乘坐"驾时"号轮船于风雨中安全到达江宁府城。唐景崧与"驾时"号船长挥手告别，带着随从上岸，沿小路向江宁府行进。

于公于私，唐景崧此时最急着要见的是张之洞。张之洞对他有万千道不尽的恩，万千诉不完的情。一路上，唐景崧心情异常复杂，万千头绪不知从哪里说起。仅说署理台抚组织台湾军民防倭保台期间，江苏、浙江、福建、广东等沿海诸省的督抚当中，唯有张之洞最为理解支持，要钱给钱，要物给物；《马关条约》签订后，为阻割让，也是张之洞最为相知相契，数百封电文往来，费尽心思，慎密策划周旋，力图扶大厦于将倾；抗日保台进入最紧张最关键阶段，张之洞更是关怀备至，派人专程到台湾将唐母及其他家属二十余口接回江宁，妥为安置于席珍别墅，以激励景崧誓死抗日，并电告说："君为国尽忠，吾为若尽孝，勿以老母为忧。"款款情深，无以言表……而如今仓皇内渡，失意落魄，如何向他交差？更兼有，是回京陛见还是坐地等候朝廷处置、生死未卜的问题。

心中翻江倒海，脚下癫步飘忽，诚兮惶兮之间，人已来到江宁府衙。趁着门卫通报间隙，唐景崧整理一下衣冠，舒缓一下心情，不一会儿跟着门卫走进戒备森严的衙门。

张之洞厅堂迎接唐景崧。

唐景崧仆身跪下道："不才唐景崧，叩见张香帅。"

张之洞起身相扶："薇卿兄不必拘礼，请起，请起身说话。"

二人如故友重逢，安坐寒暄，就抗日保台和内渡厦门情况进行了详细交谈。唐景崧向张之洞汇报了"台湾民主国"成立及就任"民主国"总统组织绅民反割让、保台湾所作的种种努力，也说到一些民族败类与日寇狼狈为奸、卖国求荣的斑斑劣迹，回答并解释了委派刘永福镇守台南的原委。交谈良久，仍意犹未尽，唐景崧怕耽搁张之洞公事，起身告辞，相约改日再叙。

从江宁府出来，唐景崧急忙赶往席珍别墅看望家人。离别月余，全家日日为唐景崧燃香祈祷，眼见平安归来，全家人终于团聚，无不热泪相拥，八十三岁高龄老母更是抱着长子泣不成声。

虽然与家人团聚令人暂得宽松，但唐景崧心头仍然吊着一块石头——不知道朝廷会怎样处置自己。尽管已与张之洞交谈过，但唐景崧明显感觉到张之洞也不清楚朝廷的旨意。这块石头不着地，唐景崧笑起来也不轻松。

第二天一大早，唐景崧再次走进两江总督府衙，向张之洞汇报情况并寻求帮助。

这次汇报的重点是江南协饷和台湾军火款项使用情况。唐景崧乘坐"驾时"号仓皇内渡之时，还安排三艘船只装满军火银饷，换上德国旗帜开出淡水港，尾随驶向厦门，一同到达江宁。首次拜见时，因正派人查验军火及饷银数量，不便汇报。此次见面，清点已经完毕，唐景崧便递上查验清单：

江南协饷二十万两，台湾另款四万九千八百两，购未到之洋炮十尊，枪一万一千枝，并易旗之三船，派员缴还。

张之洞看完清单，颔首对唐景崧说："薇卿兄不顾身家性命，也要将三船军火银饷带回国内，实乃不易，不胜感佩！"

两人以此为切入点，话题拓展到台湾今后动向，相谈甚欢。最后，应唐景崧之请，张之洞答应以两江总督兼南洋大臣的名义电奏总理衙门,询问是否允许唐景崧进京陛见。

张之洞说到做到,当天就派员告知唐景崧,给总理衙署的电文已经发出,全文如下:

致电总署转奏朝廷,告前护台抚唐景崧已遵旨内渡,于本月二十七日到江宁。本日已晤面,恳为代奏请旨应否仍行入京陛见,候旨遵行。

电文是五月二十八日发出的,唐景崧在焦躁不安中等候了两天,五月三十日一大早,张之洞派人请唐景崧过总督府说话。见面寒暄一阵,张之洞面色凝重地将朝廷批复电文交给唐景崧:

电寄张之洞。电奏已悉。唐景崧,着即休致回籍。

看罢电文,唐景崧面如土色,顿时瘫坐在椅子上,江宁候命,候到的竟然是"休致回籍"四个字!

光绪八年(1882)舍家弃小请缨出关,招抚刘永福黑旗军抗法,取得纸桥大捷。自组"景字营",围攻宣光,重创法军,两年多时间征战,出生入死,何计个人得失?以功授台湾道及至布政使职,九年时间里,恪尽职守,深得台民拥戴。甲午战争,临危署理台湾巡抚,《马关条约》将台湾和澎湖列岛割让日本,岛内格局大乱,声讨汹汹不绝于市,自己与丘逢甲等台湾绅民数十次上书朝廷抗争，以死相许，并多方面组织反割让斗争，朝廷不自咎，难道是唐景崧自己错了吗？乙未五月，台民强留，被拥为"民主国总统"，原指望国际社会干预，对日本施加压力促使台湾局势逆转。种种努力均告失败，日军澳底登陆，基隆失守，台北内乱，只得仓皇内渡。唐景崧实在想不通，自己做错了什么，到底错在哪里？

见唐景崧捧着电文黯然失魂的样子，张之洞急忙吩咐将其扶入密室，不准任何人打扰。

刚跨入密室，唐景崧就跪在地上放声大哭起来，张之洞只是默默站在一旁，任其哭个痛快。约莫一顿饭时间，唐景崧情绪才稍稍稳定下来，起身说："刚才失态了，望香帅见谅！"

张之洞吩咐侍从上茶，劝其喝茶平静一下心情，安慰道："薇卿兄不必如此伤心，你还年轻，必定还有出头之日。"三杯茶过后，张之洞才劝勉道："薇卿兄，朝廷之命已无可更改，你还是先回广西老家吧，暂时避一避风头，等待机会。只要我还在两江总督这个位置上，我会寻找机会保举你出山。"

唐景崧谢过，说："当今时局，休归亦好。"也只能痛苦地接受现实。

当晚，张之洞留唐景崧在府内用膳，两人一边饮酒一边谈论时局。唐景崧因为心情郁闷，不多几杯就醉了。张之洞扶其步出府门，叫侍从将唐景崧抬回席珍别墅。

安养了大约一个星期，唐景崧像是从生死劫难中蜕变出来，终于回到现实：既然无法更改朝廷"休致回籍"的成命，那就回去吧，待在江宁府已经没有任何意义了。于是拖着疲惫的身子前去两江总督府与张之洞告别。

两人长谈半天，临走时，张之洞赠给一张十万两银票，银票上有张之洞的亲笔签名，嘱其回桂林安家。唐景崧收下后，三鞠躬作别。

光绪二十一年九月初的一天，清秋晨雾，凉风习习，唐府一家起了个大早，有的忙着收拾行李盘缠，有的挥帚打扫庭院，有的扛包裹奔向码头……日出时分用完早餐，唐景崧搀着母亲回头看看席珍别墅，领着一家二十几口怆然告别江宁府，向着长江码头款步而行。

及至江边，展眼忽见张之洞率领两江总督府文武官员，以及江宁友人们早就在码头上候着为他们送行来了。唐景崧强忍泪水，疾步登上码头与众人一一躬身泣别，而后携家人登上向汉口进发的江轮。

在汉口稍事停留几天，而后溯湘江南下，经洞庭，过岳阳、长沙、湘潭和衡阳，在兴安灵渠换乘，顺漓江而下，一路颠簸辗转，耗时近月，唐景崧一家终于回到阔别已久的桂林城。

桂林，是唐景崧青少年求学成长的宝地。在这里，有过跟王鹏运等伙伴漓江戏水的快乐，也有过诀别爷爷的悲伤，有过蟾宫折桂的狂喜，也有过失去初婚的痛苦……有诗曰："少小离家老大回，乡音未改鬓毛衰。"回籍桂林，奇山秀水，街市楼阁，民风习俗,一切的一切都是那么熟悉;然而,心随境迁,物是人非,一切的一切又都是那么的陌生。

带着几分凄凉,唐景崧携家人推开五美路临时租住的一座老屋,开始了闲居桂林的晚年生活。

消息很快传开,便常有亲朋好友上门喝酒博饮,唐景崧举碗为杯,每每烂醉如泥。或有朋友相请,上剧院听听祁阳艺人用桂林方言演唱的戏剧,博其开心,也有经古书院和桂山书院山长多次登门,求其出山执掌教鞭,都被唐景崧一一婉拒。

在消沉、无奈和不甘相互交织中消磨了两个多月时光,转眼到了除夕。媳妇们准备了丰盛的菜肴,唐景崧却无心享用,草草吃了个年夜饭,就独自到屋外漫步去了。北风呼啸,花树凋零,爆竹声震耳欲聋,行不到半里便索然回到书房,伏案写下一首除夕感怀诗,集中表达了对于组织台湾抗日失败,被朝廷休致回籍的万般无奈和愤懑之情。该诗最后两句云:

圣明未忍诛臣罪,衮钺何妨听后人。

日本学者伊能嘉矩评论说:"读此,亦可怜其处身万难矣。况脱身系奉朝令,犹非诸将可比。"

第十三章
创新桂剧

光绪二十二年（1896），唐景崧组建桂林春班。

一

跨入新年，即是光绪二十二年（1896），送走寒冬迎来春天，唐景崧的心境也跟这个气候转换差不多，基本走出被朝廷处置回籍的阴影。回到现实之中，他开始考虑买地建房子，定居桂林安度晚年的事。

去岁十月回来的时候，唐景崧在五美路租了一栋民房，暂时将一家老少安顿下来。之所以选在五美路，一是唐氏兄弟都是在五美路燕怀堂王家私塾里接受教育长大成人的，有感情；二是濒临榕湖南岸，湖光山色，有风景；三是桂林有名望、有地位的人家多聚居于此，有档次。榕湖南面靠近五美路有一大片菜地，清明节刚过，唐景崧便跟母亲商量，想将湖边那片菜地买下来建造一座别墅。张之洞馈赠的十万两银票，加上这些年的积蓄正敷所需。

唐景崧要在榕湖南岸买地建房的消息很快在桂林城传开。在榕湖南岸有菜地的市民非常敬仰这位昔日请缨抗法，后来又在台湾领导抗日的"民主国总统"，纷纷表示愿以最便宜的价格卖给唐家。广西地方官员如巡抚史念祖、布政使蔡希邠等也给予大力支持，买地手续只经月余便已办妥。

从这年的春天开始，唐景崧花了三年时间来建造这座私家大宅。建造过程中，许多建筑工是曾经跟随唐景崧在台湾抗日的人，他们内渡回桂林后，常常叨念唐景崧恩德，知道唐景崧回桂林建房子，便自觉前来帮工，因此，建造工程进展得非常顺利。竣工后，唐景崧为其取名"五美堂别墅"，并亲笔题写。

五美堂别墅建有戏台，戏台雕龙画凤，装饰华丽。唐景崧为其题写一副对联，曰：

台前灯火笙歌，直到收场犹灿烂
背面湖光山色，偶然退步亦清凉

上联写唐景崧与达官贵人、亲朋好友一边饮酒作诗，一边看台上唱戏的热闹场景；下联隐喻自己回籍桂林，淡出官场的消沉和不甘。

戏台的旁边唐景崧请建筑师设计了一座独具特色的四方亭，

取名"看棋亭"。看棋亭地势较高,视野开阔,近可欣赏榕湖的湖光山色和美丽的荷花,远可眺望雄伟的杉湖楼阁和福建会馆。这里是唐景崧和家人茶余饭后散心的地方,也是与亲朋好友饮酒赋诗,下棋谈天的场所。唐景崧特为看棋亭撰写一副对联,至今还在桂林传诵:

纵然局外闲身,每到关怀惊劫急
多少棋中妙着,何堪束手让人先

对联表面看是写棋局对弈,实际隐喻自己虽然闲居桂林,但依然不忘国难,渴望有朝一日被朝廷启用,再为国家建功立业。

戏台建成后,唐景崧经常邀请桂林"人和""瑞祥"这两个最好的桂戏班子进五美堂戏台演戏,观众也主要是自己家人。后来,所请戏班不再局限于桂林,时常也邀请湖南祁阳著名艺人和桂戏主要演员前来唱戏,观众更逐步扩大到远朋近友、达官贵人和桂戏票友,看戏、谈戏、评戏,与众同乐,一时热闹非凡,轰动全城。

桂林是当时广西的省会所在,广西巡抚、布政使、提督等官署衙门皆在桂林,唐景崧少不了与史念祖、黄槐森、游智开、蔡希邠等广西高官交往,有的甚至成为知心好友,每有闲暇便相约五美堂看戏聊天。戏看多了,唐景崧觉得当前的桂戏没什么新意,演艺水平也低,随演随唱,缺乏训练,而且没有固定剧本,全凭口口相传,限制了水平的提高。于是便萌生了组建桂戏班子、为桂戏写作剧本的想法,想从改良创新桂剧着手,正正经经为广西地方文化发展做点实事。

居京时,唐景崧便经常出入戏园,结交戏剧名角,探讨戏剧艺术,特别是与京剧青衣名角余紫云的交往,更是在京城被传为佳话。但是对于桂剧,唐景崧还比较生疏,得好好研究一番。

桂剧也是历史悠久,明末清初形成并流行于桂北地区。经过数百年的演变,吸收了徽调(二黄、吹腔)、甘肃调(西皮)、南曲(余姚腔、海盐腔、弋阳腔、昆山腔)以及湘剧、祁剧等的唱腔曲牌,并由北方语言演唱发展到杂用北方和桂林方言演唱,最后用桂林方言演唱,逐渐演变为今日包括高、昆、吹、弹、杂等五大声腔在内的综合型地方剧种。

经过反复的比较和研究,唐景崧发现桂剧存在三大缺陷和不足:一是演员没有固定的演唱剧本,台词也是随唱随编,很不规范;二是演出服装和道具没有形成统一的样式;三是唱腔和演出风格过于单一,没有凸显广西桂林戏剧的地方色彩。于是,唐景崧决意从创编剧本着手,对桂剧实行改良创新。

从光绪二十二年(1896)起的六七年里,唐景崧集中精力创编了四十个剧本,成为桂剧发展史上第一个为该剧种写作剧本的人。后来,桂林三经堂蒋老板将这四十个剧本汇编起来并刊刻出版,总称《看棋亭杂剧四十种》。

关于蒋老板刊刻《看棋亭杂剧》,《广西戏剧志》有下列记载:

桂林三经堂的蒋老板很喜欢桂戏，是一位桂戏老票友。听说唐景崧在五美堂改编创作桂剧剧本的消息，很感兴趣，经常携带桂林三花美酒到五美堂拜访唐景崧，唐景崧也常常邀请蒋老板一道饮酒看戏。一次看戏间歇，见唐景崧非常高兴，蒋老板便趁机与唐景崧商谈将剧本刊刻成书的事情。蒋老板表示，刻书经费不要唐景崧一分钱，而当剧本刊刻出版之后，两人四六分成。对于蒋老板这一慷慨举动，唐景崧非常欣赏也很支持，遂将《看棋亭杂剧》四十出交给蒋老板刻印成书。清朝光绪二十七年（1901），《看棋亭杂剧四十种》由桂林三经堂出版，一经面世，便受到桂林市民们的热烈欢迎，几家桂戏班子争相抢购，一些戏班知名艺人也纷纷掏钱购买珍藏，《看棋亭杂剧》很快被抢购一空。蒋老板只得与唐景崧商议，进行修改重版，才勉强满足市场需求。

令人惋惜的是，唐景崧晚年呕心沥血编创的《看棋亭杂剧四十种》，1944年在桂林举办的"西南第一届戏剧展览会"还展出过刻本，到年底桂林沦陷后，这个刻本以及传抄本均毁于战火之中，再也见不到踪影了。好在1956年广西传统剧目鉴定委员会邀请林秀甫等老艺人根据以往的演出实践，口授记录并整理校点出十六个剧本，这才有现今流传的《看棋亭杂剧十六种》。

第二步，组建广西第一个戏剧班社——桂林春班。

光绪二十二年（1896），唐景崧拟出资筹建私人桂剧班社——桂林春班。消息一出，引起桂林和湖南祁阳两地艺人的极大关注，皆争相请求加入。有记载云：

若能够进入到唐景崧的桂林春班演戏，等于进入了艺术殿堂，也就意味着衣食无忧了。于是艺人们争相前来五美堂，纷纷要求报名加入桂林春班。但是，桂林春班名额有限，不可能招纳这么多演员进戏班，怎么办？唐景崧决定采取演戏比赛的办法，谁演技高就算胜出，就有资格受聘进入戏班。

经过激烈的比赛选拔，录聘当时有名的桂剧艺人林秀甫、一枝花、周梅圃、明才等，同时还从湖南录聘唐梅云、胡玉兰、唐玉时、胡玉俊等有影响的祁剧艺人，这样生、旦、净三大角色都有了着落，唯独丑角尚难定论。因为参与竞争丑角的周三毛和蒋老五各怀绝技，水平难分上下，淘汰谁都是遗憾。在两难之中，唐景崧决定比武当场：

祁阳班名丑周三毛，戏路宽，擅长猴戏。金丹桂班名丑蒋老五唱、做出色，尤以唱工戏见长。两人各有一路看家好戏，各自称雄一方，在桂林戏剧界颇有影响。唐景崧久闻周三毛和蒋老五之名，同时派人前去考察，但是两人都有真本事，难以定夺谁为当场丑脚。思前想后，唐景崧遂与两人商定：比武定胜负，谁获胜谁当场。于是在五美堂戏台摆下擂台，让两人连演三天，各展所长。周演《秋江》，蒋演《大进宫》；周演《花子骂相》，蒋演《花子拾金》；周演《打草鞋》，蒋演《三搜索府》。比肩并美，难分高下。第四天，周三毛推出猴子戏《五行山》，该剧唱、做、念、打俱全。周翻筋斗、开打，均有高难之绝活，且别具一格地运用花脸的身段、旦脚的马路，与猴子的形体动作融为一体，而将孙悟空的智慧、果敢、坚韧不拔和顽皮之性格演得活灵活现，赢得台下唐景崧和观众们的满堂喝彩。蒋老五甚是折服，自愧不如，于是便不再比，周三毛亦谦让，自言唱功不如蒋。

唐景崧与友人在台下看完两人三天的精彩表演，甚为高兴，经多方征求意见，决定聘请周三毛作为桂林春班的当场丑角，蒋老五作为候补丑角，也顺利进入到桂林春班。

就此，阵容堪称豪华强大的桂林春班完成组建，成为广西省府首屈一指的私家戏班。

二

唐景崧创编的桂剧中，根据曹雪芹《红楼梦》改编的桂剧占据较大的比例，有六个：《晴雯补裘》、《芙蓉诔》、《黛玉葬花》（又名《看花泪》）、《绛珠归天》、《中乡魁》和《宝玉哭灵》。

其中，《芙蓉诔》是唐景崧"红剧"创编中最具代表性也最为出名的一出。该剧根据《红楼梦》中贾宝玉四大丫鬟之一晴雯这个人物创编而成。晴雯从小养成得理不饶人的性格，被王夫人硬给撵了出去，宝玉偷偷前去探望，晴雯深受感动，当夜悲惨死去。听小丫鬟说晴雯死后做了芙蓉花神，宝玉便作了篇长长的《芙蓉女儿诔》寄托哀思。

就在这样一个人物身上，唐景崧为了表达自己虽遭受朝廷休致回籍的不公处置，但作为臣子，哪怕委屈也要"怨而不怒"的思想，将一个尖牙利齿、疾恶如仇、心比天高、出淤泥而不染的晴雯，改编成一个低声下气、逆来顺受、死而无怨的"贤惠"奴才，已经不复是曹雪芹笔下的那个晴雯，完全塑造成作者内心情态的一个外化形象。不妨看看将晴雯撵出大观园的一段描述：

王夫人　你这小贱人，你的不好，自己岂不知道，还来问我！
王熙凤　太太要开发你，自有道理。你这丫头还要多嘴！等你嫂子进来，领你出去，这就是太太的恩典了。
晴　雯　二奶奶最是明白的人，晴雯有何错处？
王熙凤　事到如今，还有何说，想要留你是万万不能了。
晴　雯　（叹气）罢了！（唱）
　　　　听婆子这番言十分难忍，
　　　　一个个欺负我跌落之人。
　　　　暗回头望一望那人形影，
　　　　……
　　　　他站在那一旁不敢开声。
　　　　可怜我病恹恹气喘不定，

　　　　　……
　　　　（咳嗽、喘气、接唱）
　　　　人将死又何必苦怨生嗔!
　　　　罢罢罢咬牙关权且耐忍,
　　　　听他们发放我出这园门。
（晴雯嫂子上。）
　嫂　子　（念）忽听夫人叫,必有好事到。
　　　　　（白）请太太安。
　王夫人　晴雯这丫头交与你带了出去,不准再进府来。
　嫂　子　遵命。（扶起晴雯）起来起来,你这不中用的东西,
　　　　　随我出去吧!
（晴雯望着贾宝玉流泪,被嫂子拉了下去。）
　王夫人　（对贾宝玉）你好生读书,小心你老子查你的功课!

　　借晴雯之口,充分表现了唐景崧此时"人将死又何必苦怨生嗔",即使遭遇天大的不幸,也要尽到做奴才的本分的心境。
　　《看棋亭杂剧十六种》中,不仅"红剧",其余的本子也都是根据前人名著改编。这十六个剧本大都有一个共同的比较鲜明的思想倾向,即对阴暗、腐朽的封建制度和昏庸、残暴的封建统治者,给予一定的揭露和抨击,对被压迫者(特别是妇女)和反抗者给予同情、肯定。例如,他根据清代洪升《长生殿》改编的《一缕发》《马嵬驿》《九华惊梦》,原作侧重于表现杨玉环与唐明

皇的爱情故事，一定程度上真实而深刻地反映了时代面貌和社会矛盾，但唐景崧把杨玉环当作被损害的妇女典型来塑造，在她身上寄予很大的同情。对于唐明皇李隆基的昏庸、懦弱、虚伪，则报以颇为有力的鞭挞。剧中的杨玉环实际上不过是唐明皇手上的一具玩物，她以美色取悦于皇帝，受宠时便山盟海誓，奉若天仙，但一怒之下立可抛弃，撵出宫门；为了保存自己的地位和性命，也可以把她作为牺牲品贡献出去。唐明皇号称"万人之上"，却无力保护一个爱妃，更无力捍卫风雨飘摇的江山。他除了恸哭流涕、诚惶诚恐地表示痛心疾首外，唯一的办法就是牺牲别人，保存自己。什么山盟海誓，什么金石之言，到头来都不过是水月镜花。而杨玉环呢，只不过是一个无辜的弱质女流，是君王祭坛上的牺牲。这种揭露和同情，在三出戏中表现得相当鲜明突出。

在《看棋亭杂剧》中，也有一些剧本是借古人以自喻的，《虬髯传》和《高坐寺》便是代表作。在唐代杜光庭撰著的《虬髯客传》中，描写虬髯客张仲坚和红拂等人的行为，意在烘托李世民这个"真命天子"，所以对张仲坚的海外功业一笔带过。唐景崧在创作改编这一剧本时，则对张仲坚的奇侠行为作了尽量突出的描写和渲染，并参照明代张凤翼的《红拂记》传奇，设专场表现其远征扶余国的海外功业。这显然是唐景崧对自己过去功业的留恋，对再创不世奇功的向往。透过唐景崧"南行"之始和病逝之前两度题《红拂诗》的举动，我们不难窥见唐景崧写作此剧的用心。

《高坐寺》则以标榜清高自我和抒发私愤为宗旨。该剧以明末清初隐士方以智[1]的轶事为故事情节，唐景崧在剧本中着力讴歌方以智不与污浊同流，不随时势沉浮，一味孤芳自赏的傲骨高风，宣扬他超凡脱俗的奇行异志，抒发他愤世嫉俗的情怀。剧中也有一个"看棋亭"，恍惚间叫人把方密之看成唐景崧的影子。

且以方以智将王六娘送给傅以渐的一段描写为例：

方密之　阁下为这个女子，千里远来，可称奇士。但非小弟，也不肯叫姬妾拜见生人。我二人的举动，世上的俗人，是做不到的。

傅以渐　因知公子气概非常，晚生方敢冒昧。但晚生并无他事干求公子，就告辞了。（起身）

方密之　请坐，还有话说。我想阁下既爱六娘，天下的美人名士，最难得的是这知己。小弟就将六娘送与阁下，成了眷属，岂非美事？

傅以渐　（惊）哪有这等奇事！公子取笑了。

方密之　天下奇事，是奇人做出来的。我家再买美人，也不为难。阁下推却，便是俗人了。

傅以渐　但不知佳人意下如何，肯从我寒士否？

---

[1] 方以智（1611—1671），字密之，山东桐城人，明末进士，曾授翰林院检讨，因为在长安门长跪上疏而闻名。其后被阮大铖排斥陷害，不得不埋名隐姓避于岭南为僧。明亡，清朝统治者想起用他，他却宁死不从，拒召不出。

方密之　六娘意下如何？

王六娘　奴本薄命之人，似漂泊杨花，哪由得自己作主。

方密之　如此甚好。你所有的妆奁，约值数万金，你都带去。还有三千金，送与傅相公，以为读书之费。又有使女二名，一唤彩云，一唤素雪，以便途中服侍。方升哪里？

（方升上。）

方密之　你去雇二辆车来，送傅相公、王六娘启程。

方　升　是。

乍看起来，方密之似乎不受任何礼教和世俗的束缚，他可以把宠妾推出来任人玩赏，还可以为奇志相投而将其相赠友人。这似乎很新潮。但转过另一角度来看，这其中女人仍不过是男人的私有之物，既可任意玩赏，也可以随便赠人，方密之这种奇行异志，说到底不外乎是封建男权思想外加玩世不恭的表现。唐景崧特别以赞叹的态度描写王六娘的温顺随和、唯男人的意志是听的禀性，她不管人家怎样摆布，都全无怨艾，甘愿顺从。《高坐寺》对王六娘的刻画和《桃花庵》中对陈淑嫒的刻画，都反映了唐景崧妇女观的另一面：他仍然摆脱不了封建礼教的陈条，充斥着新旧思想的矛盾，而且旧的观念仍占着主导地位。

三

唐景崧晚年倾心创新改良桂剧，对这门广西主要地方戏剧的传承与发展产生深远影响，其贡献主要表现在如下几个方面：

一是，第一个为桂剧创编剧本，堪称桂剧的奠基人，《看棋亭杂剧四十种》（现今流传十六种）为广西桂剧留下宝贵财富。

二是，规范桂剧辙韵。唐景崧将桂剧辙韵概括为"栖霞夜雨怀龙隐，秋水长天眺伏波"，与中国戏曲通用的"十三辙"相衔接，使桂剧辙韵得以规范统一。

三是，组建广西第一个桂剧班社桂林春班，招聘祁剧、桂剧名演员入班，为桂剧的传承与发展培养了大批演艺人才。男演员方面，如林秀甫，擅长旦角，戏路极宽，样样精熟，压倒同行，人称"压旦"。光绪二十二年（1896）进桂林春班，常得到唐景崧的指点，后又赴上海学习，于光绪二十八年（1902）与何元宝创设桂林第一个桂剧戏园"景福园"，使得桂剧第一次有了固定的演出场所。民国元年（1912），林秀甫应聘到由周锡侯所创首个桂剧女科班"福增园"，并任教习。中华人民共和国成立后，协助广西戏剧研究室整理出版唐景崧《看棋亭杂剧十六种》。林秀甫在培育后辈、丰富桂剧艺术上均有突出贡献。又如，明才，姓字不详，生性机敏，长相潇洒，是个不可多得的小生，为唐景崧所赏识。扮演《三气周瑜》《黄鹤楼》中的周瑜，风流儒雅，惟妙惟肖，被誉为"活周瑜"。《芙蓉诔》《黛玉葬花》等戏，唐景崧指定明才饰贾宝玉，演来情意缠绵悱恻，美妙动人。再如小崔，工旦角，名字不详，唐景崧随从，年轻貌美聪明，教以桂剧，很快能够领悟。《九华惊梦》中的杨贵妃、《黛玉葬花》的黛玉、《木兰从军》的花木兰等，多由他扮演。小崔扮相漂亮，唱做合节有味，颇为人称道。女演员方面，唐景崧打破早期桂剧概由男伶表演的传统惯例，开始招收三十名女学员。唐景崧自任导演，使这批女演员基本成才，开创桂剧有女演员的先河，为民国初年桂剧女科班兴起，著名女演员涌现打下了基础。

四是，在表演风格和演出服饰等方面的一系列改革，使桂剧面目为之一新。唐景崧彻底改变了长期以来桂剧口传心授，不重视戏剧文学的习惯。他身体力行，经常跟演员一起，字斟句酌，细致推敲，力求剧本艺术性和现场感完美结合。因此，《看棋亭杂剧》的剧本不仅主题鲜明，结构严谨，剧情集中，说白和唱词音韵和谐，节奏铿锵，易演易唱，而且跟舞台演出的现场感密切结合，在舞台服饰和道具等方面的改良也更加注重场面简洁和人物塑造。

五是，戏以人传，提升桂剧艺术水准和社会影响，助推桂剧改良创新。光绪二十三年元宵节（1897年2月16日），唐景崧邀请再次赴桂林讲学的康有为到五美堂过节，顺便观赏和评价自编自导的新作《黛玉葬花》。康有为欣然允邀，岑春煊[1]作陪。席间，康有为赋诗两首，既评戏又劝人，诗云：

其一
妙音历尽几多春，往返人天等一尘。
偶转金轮开世界，更无净土著无亲。
黑风歙海都成梦，红袖题诗更有神。
谁识看花皆是泪，雄心岂忍白他人。

其二
羽衣云帔想蓬莱，无碍天风引去来。
种菜英雄看老大，念奴歌舞费新裁。
起居八座犹将母，坛席千秋起异才。
丝竹东山宾客满，不妨顾曲笑颜看。

二月初六日，岑春煊宴请康有为，唐景崧、蔡希邠等应邀参加，名旦一枝花扮演唐景崧新编桂剧之《芙蓉诔》一出。康有为即席赋诗致谢，对唐景崧创作改编桂剧表示赞赏，诗云：

九华灯色照朱缨，千里莺花入桂城。

---

[1] 岑春煊（1861—1933），字云阶，号炯堂老人，广西西林县人，云贵总督岑毓英之子，中国近代史上著名政治人物。

> 万玉哀鸣闻宝瑟，一枝浓艳识花卿。
> 芙蓉城远神仙梦，芍药春深词客情。
> 此曲应知托顽艳，从来侧帽感三生。

康有为为唐景崧桂剧新作题诗，很快在桂林市民和戏剧票友中流传开来，进一步提高了唐景崧及其桂剧新作的社会声望。一时间桂林城内戏剧班子争相排练演出《黛玉葬花》，形成桂剧新的风潮。

受桂剧新风潮的深刻影响，唐景崧的得意门生马君武接过桂剧改良的接力棒。抗战时期，马君武从上海回到桂林后，为了发挥戏剧的宣传和教化功能，动员全社会投入抗战，即与广西地方戏剧界人士组建以改革桂剧为宗旨的广西戏剧改进会，亲自担任会长，并以广西省政府顾问的名义邀请国内著名戏剧大师欧阳予倩来桂林主持桂戏改革事宜。经过整理桂剧剧目，组织艺人学习文化艺术等系列活动，马君武和欧阳予倩领导下的桂剧改革成效显著，对于桂剧的传承与发展，对于鼓舞军民抗日士气发挥了重要的作用。

第十四章

教育维新

光绪二十三年（1897），唐景崧同康有为、岑春煊等发起圣学会，创广仁学堂及《广仁报》。

光绪二十五年（1899），广西巡抚黄槐森聘请唐景崧主持体用学堂堂务。

一

上文提到，光绪二十三年（1897）康有为第二次到桂林讲学，在五美堂别墅过元宵节并题诗，其之所以会来桂林讲学，与"变法维新"紧密相关。

光绪二十一年（1895）年底，康有为在北京发起公车上书，主张维新变法，一时闻名全国。因为遭到慈禧太后等顽固守旧势力的记恨，康有为郁郁南返，回到广州创办万木草堂，继续宣传维新变法，着力培养新型人才。

康有为曾随任职桂林的祖父康国器在桂林生活过一段时间，对桂林情有独钟，也想在广西开辟维新变法新天地。光绪二十年（1894）十一月，曾来桂林讲学四十天，由于尚未取得功名，加上没有得力的人才可以依赖，收效甚微，影响不大。彷徨之际，适值门生龙泽厚提及唐景崧，说唐景崧咸丰辛酉科中解元，同治乙丑科中进士，台湾抗日失败后，被朝廷解职回籍，闲居桂林。康听闻后大喜过望，猜测唐景崧失意回籍，必不甘寂寞，遂想拉住唐景崧，扩大维新变法在广西的影响，便有了第二次来桂林讲学之举。

康有为第二次桂林讲学，时间长达半年。当是时，岑春煊因不满朝廷签订丧权辱国的《马关条约》，愤然辞职南下，也隐居桂林东巷，康有为便成了岑春煊的座上宾。而岑与唐交往甚密，于是由岑牵线搭桥，便有了五美堂看戏题诗的趣话。一来二往，康、岑、唐三人相谈甚欢，极为默契。大凡康有为提出的维新变法意见，在取得唐景崧、岑春煊的支持后，俱能办妥。

康有为多次与唐景崧、岑春煊和广西布政使蔡希邠等商议，希望在桂林城内成立一个祭拜孔子的圣学会，以"圣学会"名义行之，名正言顺地推动广西的维新变法宣传活动。

康有为邀请布政使蔡希邠为圣学会作序，蔡非常慷慨地答应。但是，尚缺题写后序的人选，到底推荐谁来主笔呢？康有为先是盛情邀请岑春煊，但是岑春煊对康有为说："南海兄，统兵打仗是我的专长，提笔写作，那是唐薇卿的强项。"唐景崧赶紧推辞:"西林大人,您能文能武,撰写一篇后序,那是小菜一碟。"岑春煊还在推辞,看到唐景崧在一旁微笑,等着看笑话,于是便说:"薇卿兄,《看棋亭杂剧》您老信手写来,这个后序非您莫属,休要再推辞,要不然,下次再邀请我去五美堂看戏,我就不去了。"眼见岑春煊态度坚决,唐景崧最后答应说:"在下只好献丑了。"请唐景崧为圣学会题写后序的事,就这样定了下来。

唐景崧在序言开头,明确指出创办圣学会的宗旨在于研究孔子的"仁爱"学说:

圣学者何?圣人之学也。圣人以孔子为至,大一统也。自天地山川,至昆虫草木,大含元化,小入物类,皆统一于孔子。子思所谓上律天时,下袭水土;庄子所谓本神明,育万物,六通四辟,本末精粗,其运无乎不在;朱子所谓众物之表里精粗无不到,心之全体大用无不明。盖圣人之用心,吉凶与民同患,治其志而归之于仁,既欲救患,非博极医方,无以起危病也。仁者爱其同气,爱其同类,爱其同宗,爱其同国,爱其同室。

接着,唐景崧对康有为《大同书》的"三世说"[1]进行了解读:

孔子圣之时者,其爱之广狭大小,皆因其时而推之。故《春

---

[1] 康氏的"三世说",即"据乱世""升平世"和"太平盛世"。

秋》陈三世，其时据乱则爱狭，内其国而外诸夏；其时升平则爱渐广，内诸夏而外夷狄；其时太平则爱极廓溥，远近大小若一。其内外之爱，或异或同，或狭或广，皆时之为也。今大地既通，其由拨乱而致太平之时耶？自汉后，孔子之道不复外诸夏矣。继自今其圣道不复外夷狄，而使遍于日月所出入，远近大小若一耶？其使吾孔子制器尚象，开物成务，利用前民探赜索隐，钩深致远大光耶？孔子曰："学之不讲是吾忧。"曾子曰："以文会友，以友辅仁。"《易》曰："嘉会足以合礼。"衿缨庶士，惟孔子不讲学之忧是虑，惟曾子不以文会友是惧，汲汲焉大陈图书，盍簪拜经，以崇圣师，而明大道。

唐景崧最后指出，圣学会之所以能够在省会桂林成立，广西地方官员的大力支持和赞助是非常关键的，也借机表明自己参与维新变法的积极态度：

中丞史公，宏昌盛轨，拨大万以振斯举。其以辅仁合礼，光宣大教，俾孔子于二千五百年后，道大光明，其在斯乎，其在斯乎！景崧承乏讲席，愿与多士踔躤蹈厉，以答贤有司盛意焉。灌阳唐景崧。

其后圣学会设立"广仁学堂"，一时学童彬彬，盛况空前。为了进一步扩大维新变法的宣传，康有为与唐景崧、岑春煊等商定再创办一份机关报，名曰《广仁报》。此设想得到抚台支持，拨出万两白银作刊刻报纸等项事务的经费。

康有为亲自拟定《广仁报》的宗旨：以宣传变法维新为核心。在给《广仁报》规定的目的和任务中指出："专以讲明孔道，表章实学，之及各省新闻、各国政学，而善堂美举，会中事务附焉。"

一切准备就绪，康有为请唐景崧撰写创刊缘起。唐景崧谦让说："长素兄，你是全国维新派首屈一指的人物，我们广西桂林之所以能够创办这份报纸，全仗你的功德，理应由你亲自撰写才是。"康有为回答说："薇卿兄，你是桂林地方巨绅，颇负社会声望，再说，《广仁报》是广西地方第一张报纸，应该请广西本地素服声望之人提笔。你的文才谁人不识谁人不晓，薇卿兄就不要推辞了。"却之不恭，唐景松接下了这份重任。

《广仁报》第一期按期发刊，头版刊载唐景崧所撰创刊缘起，栏目设置有评论、时事新闻、地方新闻、中西译述、杂谈、短评等。广西第一家报刊一经出版发行，市面争相抢购传阅，引起桂林各界强烈反响。

在与康有为交谈中，唐景崧和岑春煊得知圣学会和《广仁报》缺少经费，二话不说，当即吩咐家人取出银两交给康有为，并说今后学会经费不足，可以随时来取。在为圣学会购置图书和嘉奖学生等方面，唐景崧捐款最多，贡献最大。眼见唐景崧、岑春煊两位巨绅如此热心维新变法活动，康有为深受感动和鼓舞，"以此留连，未忍去也"。

这一时期的唐景崧，热心参加康有为组织的所有社会活动，经常与康有为、岑春煊在一起谈论国内外大事。三人饮酒、赋诗、酬唱应答，结下深厚友谊，是当时桂林市民心目中宣传维新变法的主要人物。

　　唐景崧之所以跟康有为一拍即合，热心变法，是有深层次原因的：一方面晚清政治腐败，民不聊生，社会动荡不已，民族危机加剧。康有为、梁启超、严复等维新派领袖大声呼吁必须对社会秩序进行改革，推行维新变法加以有效整治；而唐景崧亲身经历中法和中日两场战争，目睹晚清政府腐败无能，军队如同散沙，外交妥协卖国，种种因素促使唐景崧晚年在思想上发生变化，开始倾向维新变法。另一方面，中日签订《马关条约》，康有为联合在京应试举人一千三百多人发起"公车上书"，提出"拒和、迁都、变法"三大主张，一时间声震天地，成为全国维新变法领袖，也得到年轻的、想有所作为的光绪皇帝的赏识和器重，唐景崧想通过康有为在光绪皇帝面前再次举荐，重新复出为国效力。

　　果然，次年春光绪皇帝下诏在全国开展变法。消息传到桂林，广西巡抚黄槐森遵旨进行改革。唐景崧既为变法高兴，又因没能听到康有为从京城传来使其复出的消息而黯然失落，赋诗两首表达此时的心境：

一

苍昊沉沉忽霁颜，春光依旧媚湖山。

补天万手忙如许，莲荡楼台镇日闲。

二

盈箱缣素偶然开，任手涂鸦负麝煤。
一管书生无用笔，旧曾投去又收回。

20世纪50年代，其孙女婿、国学大师陈寅恪为此写下按语，第一次向国人解读唐景崧当时的内心感受："唐公归来后，家居桂林之环湖边，故云莲荡。光绪戊戌（1898）春间，全国竞言改革，公自伤闲居，无缘补天也。"对唐景崧当时闲居桂林、无缘复出为国效力作了恰如其分的解读和说明。

二

光绪二十一年（1895）秋，唐景崧答应暂时接替龙朝言担任经古书院山长，时间虽然不长，但有两个突破性创举：一是首开算学课程，这是实行新学课程后算学第一次进入广西书院，具有里程碑意义；二是力推以策论为主的课文教学，号召学生广泛阅读富有时代气息的新书籍，把反映现实生活和国家大事的写作教学放在首位，学风为之大变，受到学生、家长和社会各界的广泛称道。

将算学课程引入书院，事关重大，既要得到广西地方官员的大力支持，又要季课示谕登报，所拟章程照录如下：

一、算学为六艺之一，岂能废而不讲，欲通格致制造及一切技艺之学，皆从算学始。近日各直省多有精通算学者，广西人文蔚起，自不乏留心时务之士。兹创设算学一课，以睹实学而拔真才。

二、各省皆有专课算学之地，近复有学堂之设，筑室延师，固为当时急务第。广西经费支绌，筹备需时，缓不济急。查经古书院为讲求实学之所，理应附入，事既简便，且归划一。

三、通晓算学，人数无多，此课盖为储才备用而设，无论外省本省，举贡生监童生，但能通晓即可应课，不分畛域，以示大公。

四、算学一课，既附入经古书院，所有请题、收卷、发榜卷一切事宜，自应归经古书院监院经理，以专责成。

五、课期宜仿照广东学海堂章程，分为四季。每季由抚宪命题，限一月内缴卷，迟则不录。

六、算学课卷，须绘图演式，与应考文字不同，课卷应宜自备，交卷时由监院盖用钤记。随给回考生小票一纸，榜发后，凭票领回课卷及奖赏。

七、算学为育才之举，自应优给奖赏，以励乡学。名次分为三等：上取四两，次取三两，又次取一两五钱。视课卷之优劣，以定每等之多少，其并不通晓者，概不列等，以示限制。

当此之时，广东、江西、江苏等地都在兴办新学，广西巡抚黄槐森也于光绪二十五年（1899）年初上折朝廷，请予在广西创办一所新式学校，为广西培养新型人才。得到朝廷批准同意后，黄抚即与唐景崧、岑春煊等桂林士绅们商议学堂名称、校址和经费筹措问题。一致同意从张之洞一贯倡导的"中学为体，西学为用"中各取一字，名为"广西体用学堂"；暂定校址于象鼻山前机器局旧址；议定适当压减团练、练兵费筹措一部分经费，不足部分由唐景崧、岑春煊等地方士绅捐献解决。

广西体用学堂学业分经学、算学两科，并讲授英语。聘请唐景崧主办堂务（校长）兼中文总教习，广东利文石任算学教师，福建陈崇实任英语教师，设有提调、学监、舍监、总务、庶务、缮校各职，有讲堂、食堂、图书室、教职员室、学生宿舍等设置。

在唐景崧卓有成效的管理下，兼之得到各教习的积极支持和配合，体用学堂教风严谨务实，学生勤奋用功，办学成就显著，培养了大批新学人才，引领并助推了广西近现代教育的发展。[1]

唐景崧除主持广西体用学堂堂务外，还担任学堂中文总教习，亲自为学生讲授国文课。按规定是每旬（十天）一次，每次三小时，但唐景崧常将各朝屈服外国、割地丧师的事与自己抗法、抗日的亲身经历相结合，课风生动形象，深受学生欢迎，每每欲罢难休。

---

[1] 光绪二十八年（1902），新任广西巡抚丁振铎奏请将广西体用学堂改为广西大学堂。

每次国文课后都得给学生留作文题，唐景崧的作文命题关乎国运，切合生民，十分注重培养学生宽阔的视野和独立思考能力，特举三例，以启今日：

——《通商十六国为俄、英、法、德、美、瑞典、荷兰、西班牙、丹国、比国、意国、奥国、日本、秘鲁、巴西、葡萄牙，能言其强弱欤？通商利害，能言其要领欤？》

——《愚民、惰民、穷民易积为匪，防营、团练皆治匪于已然者也，欲健民不愚不惰不穷而遂不为匪，将操何术以治之欤？举其切实可行者以对》

——《鸦片烟出自外国而彼各国罕有吸食，独中国蒙其害，其故安在？或谓中国自种罂粟可塞漏卮补救，固应如是欤？》

着眼高质量培养广西近代新式人才，唐景崧每次给学生所留作文题，不仅立意高远，而且坚持逐一批改，谆谆诱导。如在命题作文《通商十六国……》学生唐铠所作答卷文尾批语曰：

中国与外邦定税则之始，关于洋例，故独受通商之害。夫税则者，国家自主之权也。泰西小国如瑞士，如丹马，如比利时，至弱小如塞尔维亚，如门的内哥之类，苟能自守其国，则本国税制，或增或减，非他国所得把持。……三十年前，中国士大夫罕通洋务，通商定约受亏已甚，于是有无才之叹，而不必虑也。凡人有志则有才，试举一事，为有志者劝。日本伊藤博文、大隈重信，一时赫赫之相臣也。……今视其才皆伟盛，而当日不知铁路造法，不知公债事例，不知泰西官商平等，偕领事至者不必皆上客。其始之与外人隔膜也如此，而有志竟成，至能强盛其国。然后知古今英杰，非必大异于人。吾士大夫先求有志，不患无才。诸生皆可驾伊藤、大隈而上之者也。

在学生齐云骥《同律度量衡论》作文的第二段，唐景崧更是不惜笔墨，耐心指教：

诸卷于此题说及律字，往往不合。或谓律已早亡，或谓度量衡之不同，仍宜以律同之，其谬已甚。皆由平日于经籍生疏，而于乐律，尤视为隐奥难明，并于律与度量衡交关之处，不甚经意。若问黄钟何以为万事根本，多嗫不能言，甚矣其陋也。夫元音自在天壤，未尝亡也，特后世习乐者惟贱工，习其音未能通其义，文人又不习乐，谓举世不知律则可，谓律亡则不可。度量衡由律而出，黄钟为万事根本，其理甚浅，并无奥义。盖上古未定分寸升斗两之制，长短轻重无以取准，于是以黍度黄钟之管，以一黍为一分，黄钟之管适得九十黍之长，是为九十分，于是十分为寸，十寸为尺，又十尺为丈，十丈为引，而度名焉。又以黄钟之管容千二百黍，是为一仑，于是两仑为合，十合为升，十升为斗，十斗为斛，而量名焉。又以一仑容千二百黍为重十二铢，两仑二十四铢为一两，十六两为一斤，三十斤为一钧，四钧为石，而衡名焉。

接着还给学生分析中国古代度量衡的演变历程，教导学生说：

此古人于未定分寸升斗斤两之时想此法，极为庞浅。所谓黄钟为万事根本者，因分寸斤两之数皆由黄钟之管系度而出，推用无穷，不可究极。试观天下之物有能外长短轻重者乎？非黄钟别具神通能为万物之根本，实则用竹筒谷粒定其长短轻重之起数而已。既立分寸升斗斤两名目，则造尺造升造权衡，而确有物焉，即不必再用律管。古时天文历法未备，故用律以测阴阳寒暑，葭管飞灰是其遗制。后世不讲律法，而度量衡历代各有定制，如今之工部尺、户部衡，天下所当共遵。乃各方私造，长短轻重以至不同，银法圜法参差尤甚，既不便于通用，而诈伪亦由是生。欲划一以为治，则以部式齐之可矣，何必再以律同之耶。

从批文中可以看出，唐景崧对中国古代度量衡的演变传承非常熟悉，知识面异常广博，分析精辟如理。最后，唐景崧中肯指出：

士人于古事今事，皆不了了，天下何以有人才？附录于此，以示学者。

批语中隐约批评了部分学者读书不专、不精，没有做到贯通古今，进而对广西体用学堂学生读书、做学问提出了殷切期望。

光绪二十七年（1901）春天，广西巡抚黄槐森特地到体用学堂巡视，唐景崧向其汇报了两年来学堂的管理、教学以及学生的学习情况，并展示几篇优秀学生作文。黄槐森看后深为体用学堂学生写作水平突飞猛进而高兴，建议选择优秀者印刷出版，以资鼓励。

黄抚的建议正合唐景崧心意，于是从学生平时的习作中选择优秀课程作业，增改润色，付诸出版，定名为《体用学堂课艺》。《课艺》是广西兴办新式学堂以来的第一部学生作文选，共收录各教师命题作文三十四题和学生作文五十九篇。每道作文题都注明命题教习（教师）的姓名，并附有指导教师的眉批和总评，用语恳切、实际，较少浮乏空洞的套话。其中以唐景崧亲自命题和指导的作文最多，最有特色。

唐景崧在《课艺序》中对广西体用学堂的创办缘起、考选、筹办等情况做了详细说明：

今上御极之二十有四年，廑念时变，诏开经济特科，敕天下立学堂，育人才，佐维新之治。首于京师，立大学堂，各省踵兴，寰球耸听。会香山黄植庭中丞，开府吾粤，奏建体用学堂于省城。诏曰："可。"于是以城南停办之官局，增斋舍，立讲堂，延景崧主讲，聘算师于闽广，采书籍于杭沪。己亥春，集生童五百人，旄节临于堂，亲试之，三试选士，如所请额。庚子、关会学使，调取高等生，入堂肄业。游子岱方伯助千金购书，弦诵彬彬，一时称盛举云。仰维朝廷所以立学堂之意，盖欲于章句贴括外，别求乎融贯中西新旧之才。桂林穷僻，士囿咫闻，有志者虽肄力于学，而于国家之经制、海外列强之大势，茫乎无据以考求，故开风气视他省难，而尤不可缓。景崧学殖荒落，愧无以道乡里，惟不敢拘牵忌讳，徇习俗，而误后生，以人海中乘风破浪之身，而与诸生卷曲于几席铅椠之下，批答辄千百言，亦惟冀诸生不仅能属文词，而研求乎救时之学，以备世用，盖矻矻者三年于兹矣。

在介绍体用学堂筹办、运行情况之后，唐景崧特别强调，是广西巡抚黄槐森关心学生成长，吩咐出版这本《课艺》，表现出应有的谦让和尊重：

黄中丞念多士攻苦，嘱刊课艺，惠以弁言。景崧择其可存者若干篇，分年编集，削润付梓。

主持广西体用学堂堂务伊始，唐景崧便在学堂内悬挂亲自撰书的一副对联：

群山耸秀，一水萦青，看此地如许风光，弦诵幸当太平日
千里延师，万金养士，为乡间未有盛事，裁成莫负长官贤

对联概括了主持广西体用学堂的指导思想，以及对学生勤奋

攻读，学有所成，早日为国效力的殷切期望。

事实也正如对联期望的那样，广西体用学堂办学时间虽然不长，但为广西培养了大批新学人才。学堂开办之初，招收学生一百人，其中经学六十人，算学四十人，外课生在外。进入学堂后，学生有各种新旧书籍阅读，眼界大开，既增加了读书兴趣，又得到各教习的讲解指导，学业上进步甚速。此外更有鼓励学生学业进步的按期考试。学堂规定，东西斋学生每月由教习出题考试一次，东斋另由分校出题考试一次，前十名均有奖金，前三名奖银二两，以下各奖银一两。每季又由广西巡抚考试一次，亦分给奖金。内外课生每月俱有一定的考试奖金，内课生每月还有膏火费。有此收入不仅可以维持个人生活，还可赡养家小，学生都无后顾之忧，安心求学。

体用学堂存在的两年多时间里，在唐景崧的精心管理下，为广西培养了大批新学人才，著名者有张书云、唐铠、王锡銮、陈文、马君武、张仁普、何锡龄、李钦、欧阳华、郑慕东、章其达、陈匡、张德昕、曾汝景、邓家彦等，以马君武为杰出代表。

马君武是西斋学生，唐景崧曾建议马君武："国家富强有赖于学习西方科学技术，还是多学一些有用的东西，如算学、英文最为重要。"由于唐景崧的鼓励和支持，马君武刻苦学习，算学成绩最优秀，英语进步非常大。后来马君武自费到德国留学，取得工科博士学位。辛亥革命后担任广西首任省长。1928年，新桂系创办广西第一所大学广西大学，马君武被任命为第一任校长。

第十五章
抱憾客逝

光绪二十九年二月四日（1903年3月2日），唐景崧病殁广州。

一

自结交康有为起，唐景崧便一直在筹谋应时而动，以图他日复出。他的努力主要在三个方面：

其一，庚子年（光绪二十六年，1900）秘密勤王。光绪二十六年五月底，唐景崧秘密派人赴新加坡向康有为报告：云南、贵州、广西人员齐备，勤王运动的组织工作已经做好，请求约定举行勤王起事的日期。流落海外的康有为得知这一消息，非常高兴，说"天助我也"，立即指示澳门办事处徐勤调整部署，决定以两广为基地，发动庚子勤王运动。

广西学者莫济杰在《马君武与辛亥革命》一文中，分析认定马君武与唐景崧共同参与了康有为领导的庚子勤王运动：

1898年，戊戌变法失败，康有为、梁启超亡命海外。马君武等广西体用学堂学生，愤恨以西太后为首的封建顽固派镇压维新运动，在作文中点评朝政，以示不满。学堂提调陈绶珣指责学生"犯上违禁"，加以惩戒。被罚学生愤而撕毁学堂告示，马君武旋与同学邓家彦、秦嗣宗等出走香港。邓、秦转往澳门，入储才学堂就读，19岁的马君武则远涉南洋，前往新加坡谒见康有为，请教救国大计。

　　此时，康有为正在海外策动"勤王"之役，图谋救出被西太后囚禁的光绪帝，复兴维新变法事业，实现"保皇、保国、保种"。行动部署是："以全力取桂、袭湘、攻鄂而直捣京师。"康有为企图在广西发动"勤王"举义，一方面联络广西会党首领李立廷等人，一方面想依仗桂林官绅唐景崧等起而内应。马君武在广西体用学堂曾尊唐景崧为恩师，过从甚密。康有为委马君武以"八桂始难"重任，令其返桂，待机举事。马君武慨然受命，赋诗曰："书生暂树勤王帜，铁屋瀛台救圣躬。"

　　费行简先生也在其著作《近代名人小传》中明确指出：唐景崧参与庚子勤王，欲谋复出，并于庚子年赴上海为康有为谋"富有票"。所谓"富有票"，是康有为、梁启超等密谋发动庚子勤王运动的一种联络信号。由此也可佐证，唐景崧参与了庚子年间康有为、梁启超等秘密发动的勤王运动。

　　然而，由于康有为等郁郁寡断，纸上谈兵，一再推延举事日期，特别是湖南唐才常自立军起事失败之后，庚子勤王运动虎头蛇尾，最后草草收场，没有取得任何成效。

其二，协办广西团练。在协办广西团练之前，唐景崧曾于光绪二十三年（1897）在乡办过团练。当时桂北发生会党起义，五月二十一日夜，会党首领王明卿率领数百人，攻克灌阳县城，焚烧衙署。唐景崧受广西巡抚派遣，带兵回乡创办团练，保卫桑梓。未几，会党被迫撤围，灌阳县境得以恢复平静。

光绪二十六年（1900），广西境内会党起义频发，局势动荡不安，引起广西巡抚、提督、布政使等地方官员的忧虑不安。恰逢唐景崇回桂林丁忧，广西巡抚便奏请礼部侍郎唐景崇在省城桂林设立团练总局，举办全省团练，同时上奏朝廷聘请闲居桂林的前台湾巡抚唐景崧、五品卿衔翰林院编修曹驯一同会办，清政府批准了这一奏请。

不过，由于各府县、都、里极度缺乏创办经费，广西团练办了几个月便草草宣告结束，唐景崧并没有过多表现的机会。

其三，谋求广西团练矿务大臣。光绪二十八年（1902），广西爆发会党大起义，全国震动，广西全省戒严。清政府严令广西地方官员加紧镇压会党起义，以稳定中国西南边陲。唐景崧看到了复出的又一次机遇，于是为此积极活动奔走，希望谋求担任广西团练矿务大臣一职。

此时的广西巡抚已换成王之春，七年前他曾与唐景崧密谋同法国立约保台。王之春深知唐景崧急谋复出的心情，也了解唐景崧可以为镇压广西会党起义出一把力。为此，王之春与唐景崧多次面谈，最后决定由王之春以广西巡抚的名义专折电奏总理衙署：

广西游、土各匪，愈积愈多。土匪恃游匪为护符，游匪以土匪资接济，乡民入会，遍地皆是。推□匪徒啸聚之故，实由地方太苦，游民太多。广西矿土产甲于他省，外洋富强之策，矿政与兵政相辅而行，故办团、开矿，皆属此时要务。然非有公绅督办，不足以联络乡庶，招致富商。查籍绅前台湾巡抚唐景崧乡望素孚，曾在关外带兵，边氓知其战绩，且熟悉本省矿务情形。春抵粤先向该绅商请兴办，该绅藉病一再逊辞。现在军务紧迫，非一面办团以清内匪，一面开矿以养游民，不能标本兼治。拟请明旨务谕令唐景崧保卫桑梓，宜亟出而任事。恳恩派为督办广西团练大臣，假以事权，俾得藉手梧州、南宁适中之区，通商要地，先就此两府，设局开办。春俟下游部署既定，既督师驰赴浔、宁一带，相机剿抚，以期速靖地方。

奏文言辞切切，请求任命唐景崧为广西团练矿务大臣。总理衙署群议后，批复说：

谕军机大臣等：电寄王之春。电悉。团练矿务着从缓办理。所请简派唐景崧督办之处，着毋庸议。

朝廷明确拒绝了王之春的请求，标志着唐景崧在这次绝佳的复出机会上的努力，也以失败告终。

二

种种努力均告失败，唐景崧决定出游广东，北上京城，为复出做最后一次努力。

光绪二十八年（1902）年底，唐景崧起程赴广州。此行有两个重要背景：

一者此时距离八国联军攻占北京已过去两年时间，全国局势基本稳定下来，慈禧太后和光绪皇帝从西安启程回京，全国各地大小官员纷纷进京觐见，以期谋取更好的官差。

二者以两江总督兼南洋大臣张之洞等为首，在北方义和团运动兴起之时，策划长江流域及以南各省"东南互保"，稳定了江南半壁江山，使大清统治得以存续。慈禧太后和光绪皇帝回銮之后，对张之洞器重有加，谕旨张之洞交接两江总督印篆，进京陛见，另有重任安排。

听闻这两个消息，唐景崧一扫多年的郁闷，狂笑而饮，似乎看到了东山再起的曙光。于是稍做准备，从桂林东门乘船起航，顺江而下，到达梧州；稍事休息后，转道广州，准备航至香港，由海道北上京城，为求复出而奔波。

果真是天有不测风云，人有旦夕祸福。光绪二十九年二月初四日（1903年3月2日），唐景崧因小疾，竟在广州大市街某住宅溘然长逝。

去世之前他还专程到香港拜访过广东好友潘飞声[1]。潘在自己的《在山泉诗话》中记载：

> 灌阳唐薇卿中丞自台湾内渡，壬寅（光绪二十八年，1902）复拟出山，航海至港，过访山居，余适外出未迓。越日，陪宴景泉，清谈宏奖，愧不敢承。中丞席上赋诗有"楼台海客金银气，帘几天吴锦绣纹"，感叹其工丽。

广州的友人听闻唐景崧去世的噩耗，无不震惊悲痛，纷纷前往吊唁。见其清贫如洗，便自发组织捐资料理后事，将他归葬于桂林东南大圩磨盘山。

香港、上海、天津三地主流大报《循环日报》《申报》和《大公报》也及时跟进做了报道。各界好友、学生纷纷撰写挽诗挽联，表示沉痛哀悼。

闲居家乡广东的丘逢甲听闻唐景崧病逝，当即撰写挽联以示对自己的老师兼朋友的哀悼之情：

---

[1] 潘飞声（1858—1934），字兰史，号剑士，又号独立山人，广东番禺人，香港南社诗人，"南社四剑"之一。

在中国是大冒险家，任成败论英雄，公自千秋冠新史
念生平有真知己感，觉死生成契阔，我从三月哭春风

好友潘飞声得知唐景崧病逝，亦挽长联曰：

建高牙长素统领全台，成败安足论英雄，
　恨无鹅鹳六军，击楫骑罴歼敌众
记布袜青鞋来寻野客，酬唱愧难陪大雅，
　唤取燕莺十部，神弦法曲酹诗魂

对唐景崧在台湾抗日作了恰当评价，对其骤然病逝表达了作为友人的深切哀悼之情。

好友郑辛樊闻知唐景崧病故，特撰挽联四副表示哀悼：

一

死惜九年迟，回头总统虚名，中史顿开民主局
论谁千载定，放眼台湾义举，后人谁继我公贤

二

保越大名垂，日记一编，战绩早教敌胆落
割台遗恨在，谏书七上，孤忠惟有帝心知

三

是二千年亚洲英雄，未许后人论成败

为四百兆国民恸哭，岂徒知己感生平

四

抚全台肇绩三宣，戎马书生，早岁威名驰绝域
处江湖不忘魏阙，攀鳞行在，千秋魂梦泣灵均

好友施士洁听闻唐景崧客逝广州，大愕，作诗至悼：

其一

身逐灵胥卷怒波，平泉花木奈公何。
登坛恨短词人气，伏历愁闻烈士歌。
陶侃运甓空有甓，鲁阳返舍更无戈。
招魂莫问田横岛，鲲鹿回头一刹那。

其二

杉湖莲荡甲西南，屈指耆英六十三。
已散俸钱贫似故，未安家食老何堪。
闲来书向空中咄，儒者兵于纸上谈。
犹幸筹边传一疏，请缨人说是奇男。

晚清著名诗人孙雄辑另有《怀唐维卿廉访》一诗，曰：

木落西山荡夕曛，故人消息久无闻，
潮回孤岛鱼翻浪，风断寒云雁叫群。

石国衣冠来滚滚，长安棋局自纷纷，
怨歌访徧金台路，可有英雄似使君。
铃阁词坛别一军，使君清德我曾薰，
书生面目英雄胆，太史风流吏部文。
忧国心肠原似火，向人意气总如云，
台瀛怅负重游约，酒市经过只自醺。

三

唐景崧去世后，中国社会各界给予了深深纪念。

胡适，近代中国著名学者，其父胡传曾经担任台湾营务处总巡和台东直隶州知州，参加了唐景崧领导的乙未台湾抗日保台斗争。1931年9月19日，时值日军在东北发动"九一八"事变的第二天，胡适回忆起几个月前好友陈寅恪请他在唐景崧遗墨上题词的事（陈寅恪夫人唐筼为唐景崧孙女）。于是，胡适便写了下面一首律诗，以之凭吊：

南天民主国，回首一伤神。
黑虎今何在，黄龙亦已陈。
几枝无用笔，半打有心人。
毕竟天难补，滔滔四十春！

1940年，广西省政府职员、文史专家重卿受广西省政府编译委员会之托，编著并出版《民族英雄唐景崧传》，书中评价道：

在近代中法、中日两次战争中，我国涌现出不少浴血抗战的英雄，而在越南抗法和乙未（1895）台湾抗日的战役当中，策划至多，主持至力，首推唐景崧先生。他是抗法、抗日的一代民族英雄。

白崇禧，国民革命军陆军一级上将，1947年，在台湾"二二八"起义被镇压后，他被派去组织善后和安抚工作。对台湾民众发表演讲时，他深有感触地说：

光绪二十一年（1895），台湾督抚唐景崧抵抗日本割据台湾，而称东亚第一任大总统，更表现可歌可泣、惊天动地的事迹，充分证明台湾不但为中华民族抗拒异族的根据地，更足见全台湾同胞倾向祖国的精神。

演说客观中肯，既高度评价唐景崧乙未抗日保台事迹"可歌可泣，惊天动地"，又对"台湾民主国"的性质做了明确界定，"台湾不但为中华民族抗拒异族的根据地，更足见全台湾同胞倾向祖国的精神"。

当代中国历史学界著名学者郑天挺、荣孟源在合著的《中国历史大词典·清史卷下》唐景崧简介条说：

唐景崧（1841—1903），广西灌阳人，字维卿，号南注生。同治进士。选庶吉士，改吏部主事。光绪八年（1882）法国侵越南，进窥中国西南边境，遂自请入越，联合刘永福所部黑旗军抗击法国侵略军。次年奉两广总督张之洞命募勇四营，号"景字军"。十年底率部进抵越南宣光地区，会同黑旗军与法军作战。因功授福建台湾道。十七年，迁台湾布政使。二十年，署台湾巡抚。中日甲午战争爆发后，亟起筹防。《马关条约》签订后，反对割让台湾。台湾士绅成立"台湾民主国"，被推为总统。二十一年五月，日军攻占基隆后，遂乘英轮渡回厦门。著有《请缨日记》。

著名历史学家陈旭麓在其主编的《中国近代史词典》中简介说：

唐景崧（1841—1903），广西灌阳人，字维卿，亦作薇卿。同治进士，选庶吉士，改吏部主事。1882年自请赴越，会同刘永福所部黑旗军抗击法国侵略军。次年受张之洞命募勇四营，号"景字军"。1885年1、2月间，率部会同黑旗军等与敌激战于越南宣光等地。战后晋福建台湾道道员。1891年，迁台湾布政使。1894年，署台湾巡抚。中日甲午战争爆发，曾策划防务。《马关条约》签订后，反对割让台湾，并筹措抗敌。清政府命其内渡，绅民愤极，决自主抗日，推他为"台湾民主国"总统。他勉强接受。于1895年6月上旬，在基隆被侵台日军占领后，弃台乘英轮渡厦门。后病死。著有《请缨日记》。

著名诗人、词人、国学大师钱仲联在其主编的《中国文学大辞典》中简介说：

唐景崧，近代诗人、戏曲作家。光绪八年（1882），法国侵略越南，进图中国，景崧自请入越，联合刘永福黑旗军抗击法军。光绪十一年（1885），以功授福建台湾道，后迁布政使，署巡抚。甲午中日战争期间（1894—1895），清廷战败割让台湾，台湾民众自立"台湾民主国"，推其为总统。事败，内渡归，隐居不仕，寄情丝竹。创作改编桂剧，合称《棋亭新曲》，今已佚。

以热血请缨而始，以抗法、抗日立功，以改革桂剧而终。唐景崧的一生虽多有波折遗憾，然而他身上那种中国传统知识分子的"以天下为己任"的禀性，是他人生中不可磨灭的印记，也是值得后人纪念的永恒光辉。

参考文献

1. 古辛:《唐景崧日记》,北京:中华书局,2013年。
2. 唐懋功:《得一山房诗集二卷》,清光绪十九年(1893)刻本。
3. 中国第一历史档案馆:《咸丰同治两朝上谕档》,桂林:广西师范大学出版社,1998年。
4. 中华书局:《清实录》,北京:中华书局,2008年。
5. 震钧:《天咫偶闻》,台北:文海出版社,1973年。
6. 张佩纶:《涧于集》,台北:文海出版社,1966年。
7. 赵德馨:《张之洞全集》,武汉:武汉出版社,2008年。
8. 故宫博物院文献馆:《清光绪朝中法交涉史料》,台北:文海出版社,1970年。
9. 张振鹍:《中法战争》,北京:中华书局,1996年。
10. 邵循正:《中法越南关系始末》,石家庄:河北教育出版社,2000年。
11. 郭廷以、王聿均:《中法越南交涉档》,台北:"中研院"近代史研究所,1983年。

12. 罗香林:《刘永福历史草》,南京:正中书局,1936年。

13. [法]菲利普·埃迪伊:《印度支那史》,上海:新知识出版社,1955年。

14. 岑毓英:《岑毓英集》,南宁:广西民族出版社,2005年。

15. 中国史学会:《中法战争》,上海:上海人民出版社,1957年。

16. [法]迪克·德·龙莱:《东京轶事》,上海:新知识出版社,1955年。

17. 许国莘、汪毅等:《光绪条约》,民国三年(1914)铅印本。

18. 周宪文、杨亮功、吴幅员等:《台湾文献史料丛刊》,北京:人民日报出版社,2009年。

19. 台湾历史博物馆、台湾大学:《明清台湾档案汇编》,台北:远流出版事业股份有限公司,2009年。

20. 徐博东、黄志平:《丘逢甲传》,北京:九州出版社,2011年。

21. 厦门大学台湾研究院:《台湾研究集刊》,2007年第4期。

22. 王彦威、王亮:《清季外交史料》,北京:书目文献出版社,1998年。

23. 苑书义、孙华峰等:《张之洞全集》,石家庄:河北人民出版社,1998年。

24. 吴德功:《让台记》,《近代史资料》1981年第1期。

25. 俞明震:《台湾八日记》,北京:中华书局,1933年。

26. 中国社会科学院近代史所:《近代史所藏清代名人稿本抄

本》，郑州：大象出版社，2011年。

27. 姚锡光：《姚锡光江鄂日记（外二种）》，北京：中华书局，2010年。

28. 戚其章：《中日战争·日军侵略台湾档案》，北京：中华书局，1994年。

29. 刘雄：《试析唐景崧应允留台思想上的自愿因素》，《东南学术》2007年第2期。

30. 张之洞：《张文襄公全集》，台北：文海出版社，1963年。

31. 黄志平、丘晨波：《丘逢甲集》，长沙：岳麓书社，2001年。

32. 张求会：《唐景崧内渡后的一份"自辩"跋〈唐景崧致春卿三弟函〉之一》，《中国文化》2013年第1期。

33. 连横：《台湾通史》，北京：商务印书馆，1983年。

34. 范文澜、蔡美彪：《中国通史》，北京：人民出版社，1995年。

35. 黄昭堂：《台湾民主国研究》，廖为智译，台北：前卫出版社，2006年。

36. 吴剑杰：《张之洞年谱长编》，上海：上海交通大学出版社，2009年。

37. ［日］伊能嘉矩：《台湾文化志》，台湾省文献委员会编译，台中：台湾省政府印刷厂，1985年。

38. 赵平：《桂林轶事》，北京：民族出版社，2006年。

39. 中国戏曲志编辑委员会：《中国戏曲志·广西卷》，北京：中国ISBN中心，1995年。

40. 湖南省文化厅:《湖南戏曲志简编》,长沙:湖南文艺出版社,2013年。

41. 唐景崧:《看棋亭杂剧十六种》,广西戏剧研究室,1982年。

42.《广西文史》研究馆:《广西文史选》,桂林:广西师范大学出版社,2008年。

43. 胡文辉:《陈寅恪诗笺释》,广州:广东人民出版社,2008年。

44. 上海书店申报影印组:《申报 影印本》,上海:上海书店出版社,2008年。

45. 李彦福等:《广西教育史料》,南宁:广西人民出版社,1990年。

46. 唐景崧:《广西体用学堂课艺记》,清光绪二十七年(1901)校刊。

47. 费行简:《近代名人小传》,台北:文海出版社,1967年。

48. 庾裕良、陈仁华:《广西会党资料汇编》,南宁:广西人民出版社,1989年。

49. 林苙桢、蒋良术:《灌阳县志》,民国三年(1914)刻本。

50. 钱仲联:《清诗纪事》,南京:江苏古籍出版社,1989年。

51. 桑兵:《庚子勤王与晚清政局》,北京:北京大学出版社,2015年。

52. 李伯元:《南亭四话》,南京:江苏古籍出版社,2000年。

53. 向丽频:《施士洁集》,台北:台湾秀威出版社,2013年。

54. 重卿:《民族英雄唐景崧》,广西省政府编译委员会,

1940年。

55. 陈旭麓等:《中国近代史词典》,上海:上海辞书出版社,1982年。

56. 钱仲联等:《中国文学大辞典》,上海:上海辞书出版社,1997年。

57. 智效民:《民国旧梦》,北京:新星出版社,2014年。

58. 张学继、徐凯峰:《白崇禧大传》,杭州:浙江大学出版社,2012年。

后 记

卷纸收笔,忽然有句:

饮酒百壶,道不尽晚清惨景,
秉烛二载,方识得唐公英雄。

从起笔至脱稿交评,《唐景崧传》的写作时间计有六个半月。能够如此快速完成,有赖两个条件:一是有较为充足的史料作基础,二是有工作团队的密切配合。

就史料而言,需要感谢灌阳县委、县人民政府的正确决策。2016年9月,灌阳县决定启动唐景崧同胞三翰林研究与开发。鉴于"三唐"史料奇缺,且甚多讹传,征求专家意见后,县委、县政府支持从最基础的资料工作做起,并要求做完整、做系统、做扎实。这是一个科学的、符合规律的决策。地方历史人物属于地情资源的范畴,在国家高度重视弘扬传统文化,提高国家文化软实力的大背景下,全国各地正大兴地情资源开发,促进地方经济社会发展。这是值得肯定的、顺应文化复兴的必然现象。

但这个过程中有个方法问题得解决好。一些地方就手头资料现炒现卖，初看起来热热闹闹，八面风光，但越走越没底气，以至于虎头蛇尾，草草收场。有些地方，如灌阳县，采取从基础做起，厚积薄发的方法，先把资料这个基础做扎实，进而开展深度研究，再做规划开发，虽然难度大一些，但步子坚定踏实，越走前景越广阔，其经验是值得学习和借鉴的。

就团队而言，首先得感谢编委会。当初，为了确保资料搜集及资料长编编纂的顺利进行，灌阳县委、县政府成立编委会，指定县委常委、宣传部长、副县长周恒志为办公室主任，宣传部常务副部长唐泽化为办公室副主任，对资料搜集整理和传记的写作给予特别关心和指导，并创建了良好的工作条件和环境。

其次，得感谢专家团队。自2016年9月起，三个专家团队始终如一，密切配合。在传记写作过程中，蒋人早老师承担起唐景崧从进京考试至越南抗法结束阶段的资料整理加工任务，邓祝仁教授负责唐景崧从任职台湾至仓皇内渡阶段的资料整理加工任务，唐咸明博士则担负唐景崧休致回籍至客逝广州阶段的资料整理加工任务，为传记写作打下了坚实基础。

再者，得感谢研究会。为稳步深入推进同胞三翰林研究与开发，县里从启动之日起便成立"灌阳县唐景崧同胞三翰林研究会"，派遣、聘请工作人员负责日常工作运转和服务专家团队。曹增平主持工作，戈春花负责文稿打印录入，以及小唐、小邓，都勤勤恳恳，甘于奉献，为写作提供了极大帮助。

杜甫晚年作《偶题》诗，有句曰：

> 文章千古事，得失寸心知。
> 作者皆殊列，名声岂浪垂。

《唐景崧传》就要付梓了，内心却陡生惶然，生怕笔墨粗糙有负先辈，生怕见识谫陋误导后生。然则宁不闻"如切如磋，如琢如磨"乎？欢迎读者批评指正。

是为记。

文崇礼

2018年10月16日

于桂林五公坝